搭建思维成长的阶梯

——指向学生思维素养发展的理论与实践探索

主　编　王东升

副主编　许凌云　杨　青　江淑芳

黑龙江大学出版社

HEILONGJIANG UNIVERSITY PRESS

哈尔滨

图书在版编目（CIP）数据

搭建思维成长的阶梯：指向学生思维素养发展的理论与实践探索 / 王东升主编. -- 哈尔滨：黑龙江大学出版社，2023.6（2025.4重印）

ISBN 978-7-5686-0940-1

Ⅰ．①搭… Ⅱ．①王… Ⅲ．①中小学－教学研究 Ⅳ．① G632.0

中国国家版本馆 CIP 数据核字（2023）第 038298 号

搭建思维成长的阶梯——指向学生思维素养发展的理论与实践探索
DAJIAN SIWEI CHENGZHANG DE JIETI——ZHIXIANG XUESHENG SIWEI SUYANG FAZHAN DE LILUN YU SHIJIAN TANSUO

主　编　王东升
副主编　许凌云　杨　青　江淑芳

责任编辑　魏　玲　杨琳琳
出版发行　黑龙江大学出版社
地　　址　哈尔滨市南岗区学府三道街 36 号
印　　刷　三河市金兆印刷装订有限公司
开　　本　720 毫米 ×1000 毫米　1/16
印　　张　18
字　　数　267 千
版　　次　2023 年 6 月第 1 版
印　　次　2025 年 4 月第 2 次印刷
书　　号　ISBN 978-7-5686-0940-1
定　　价　78.00 元

本书如有印装错误请与本社联系更换，联系电话：0451-86608666。

前　言

当今世界进入了信息化、数字化、智能化、全球化时代，日新月异的变化成为常态。为培养适应时代需求的人才，各国和国际教育组织纷纷针对人才培养和教育发展提出了自己的目标。尽管表述和内涵不尽相同，但这些目标共通的本质都是以人的高阶能力发展为导向，而这些高阶能力发展的基础和核心是学生思维的发展。

近年来，国家出台了一系列教育改革发展政策、文件，把发展学生核心素养作为学校教育的重要目标任务。然而，我国基础教育的现状与时代发展和国家政策对教育的要求之间还存在一定差距。尽管我们不断推进课程改革，推行以核心素养为本的课程改革实践，学校的教育教学也在改革中有所变化，教学质量普遍有了显著提升，但在某种程度上，以知识掌握为主的教和学的现状基本上没有改变，基础教育的现实状况与时代要求不能完美契合。究其原因，很重要的一点就是我们缺乏将教育理念、教育目标落实的有效策略和方法。教育实践告诉我们，仅仅有理念和目标是远远不够的，专家的理论和观点与一线教师的教学行为之间存有巨大的鸿沟。我们需要把教育理念"转译"成一线教师能够实施的具体要求，使之成为指导教学实践的操作指南，让教师不仅知道要教给学生什么，还要知道怎么教给学生，知道是否教会了学生。这需要来自课堂、来自教学一线的教师的实践智慧，需要一线教师探究将理念和目标在课堂有效落实的策略和方法。

基于此，我们把落实核心素养的核心——学生思维培养的策略和方法，作为一个重要问题开展研究，以期寻找到适合基层学校和一线教师操作的、能有效落实国家教育目标的实践路径。

2019 年，我们申请了中国教育学会的规划课题《学生思维培养的策略和方法研究》，开始了学生思维素养发展策略的研究与探索。此后三年，课题组克服重重困难，开展了大量线上线下相结合的研究与讨论活动。在此历程中，共有18家子课题单位参与了研究，取得了较为扎实的研究成果。课题组的研究主要围绕以下几个方面展开：

一是思维素养的表征研究。在理论研究中，我们发现思维素养的内涵没有清晰的界定，于是在理论研究的基础上，我们给出了思维素养的界定，即思维素养包括思维能力、思维品质和思维意向，同时梳理了各维度的关系及其影响因素。

二是思维素养培育现状的调查研究。我们设计了《新课程背景下学生思维素养培育现状调查问卷》，面向哈尔滨市中小学教师发放。在调研过程中，我们发现当前中小学生思维素养培育的现实问题较多，如：中小学教师对思维素养的概念认识不清晰；思维素养培育的学校课程建设不完善；教师思维素养培育教学策略的实践情况不乐观；针对思维素养培育的课堂引导和作业设置情况不理想；等等。

三是思维素养培育的校本课程构建。课题组认为学校思维课程是学生思维素养培育的直接载体。在实践过程中，我们探索出学校思维课程的三种建构类型，分别是独立搭建式、学科渗透式和融合发展式；梳理出思维课程实施的保障措施，如思维教材的开发与应用、教具的选择与应用、课时结构安排、思维教学评价体系构建等。

四是思维素养培育的教学模式与教学策略研究。课题组着重梳理思维素养培育的教学模式和教学策略，以期为更多的教师提供开展思维教学的一般步骤和实践抓手。子课题组梳理出的典型教学模式有哈尔滨市继红小学校的进阶式思维教学模式、哈尔滨市群力经纬中学校的问题式课堂教学模式、哈尔滨新区师范附属小学校的"445"教学模式、哈尔滨市花园小学校的"4X"种子课程教学范式等。在此基础上，课题组围绕课堂教学要素及教学案例，梳理出了一批典型的思维教学策略。

五是思维素养发展背景下的教师和学生成长。课题组旨在通过模式创新、理论引领、氛围营造等几个维度的实践促进学生的思维素养与教师的思维课程执教能力同步提升。在实践过程中，我们推出"课题实验课"实践研究模式,引领教师在真实的教学环节中理解"思维素养"的内涵,并将对"思维素养"的概念理解转化为具体的课堂教学活动设计,完成思维素养的教学画像,同时帮助教师完善对教育核心理念的理解,在架起概念和教学场景之间的桥梁之后,鼓励教师基于真实的教育教学情境,寻找提升学生思维素养的策略与方法。在这样的研究模式下,教师和学生实现了共同成长。与此同时,课题组和学校加强教师的理论学习,搭建教师展示和交流的平台,助力教师快速成长。

历经三年的扎实研究,课题组成员和相关学校付出了很多心血,做了很多努力,在理论认识和研究方法上均取得了一些突破性成果。在课堂实践层面,各校课题组教师建构了特色化的校本思维课程体系,梳理出了具有可操作性的思维培育模式和具体方法,积累了丰富的课题案例。我们能够在实验学校的实践和反馈中感受到教师和学生的真实变化。在"课题实验课"的观摩时刻,学生的外显性思维表达让我们激动不已。在教师所撰写的教育叙事中,我们读出了他们基于课堂教学实践得出的真实感想和收获。看到学生和教师在课程和教学设计与实施过程中的转变,我们感受到了自身研究的价值所在。尽管我们的研究还不够深入,成果的梳理也还显得有些粗糙,但研究成果对实践的指导效果却令我们非常欣喜,给了我们极大的鼓舞,于是我们决定将这些成果结集出版,与教育同人共享,希望对关注此问题的人有所启发,更希望有更多的人关注学生的思维培养,为我们的研究提出宝贵的建议,助力我们进一步探索。

在课题研究和成果出版过程中,我们得到很多人的关注和帮助。感谢中国教育学会和黑龙江省教育学会的关怀与指导;感谢黑龙江大学出版社编辑的耐心帮助;感谢课题组每一位参与教师的辛勤付出。

本书整理时间仓促,还存在很多不足之处,望读者批评指正。

王东升

2022 年 12 月于哈尔滨

目　录

绪论
学生思维素养发展的理论架构
与区域实践探索

一、学生思维素养发展研究的背景与价值

(一)提升学生思维素养是时代发展对教育的要求

21世纪以来,世界进入信息化、智能化、全球化时代,各国和国际教育组织纷纷针对人才培养和教育发展提出了自己的目标。其共通的本质是以人的高阶能力发展为导向,这种高阶能力,中国称之为"核心素养",欧盟称之为"关键能力",日本和新加坡称之为"21世纪能力",而这些高阶能力发展的基础和核心是思维的发展。

(二)提升学生思维素养是落实国家教育政策的需要

近年来,为培养适应21世纪国际竞争和国家发展战略需要的人才,国家先后发布了《教育部关于全面深化课程改革落实立德树人根本任务的意见》《国务院办公厅关于新时代推进普通高中育人方式改革的指导意见》《中共中央 国务院关于深化教育教学改革全面提高义务教育质量的意见》等一系列重要文件,把提升学生思维素养作为学校教育的重要任务。

(三)有效的策略与方法是提升学生思维素养的重要支撑与有力
保证

当前,我国基础教育的现状与时代发展对教育的要求(应然与实然)之
间存在一定差距,一个重要的原因是一线教师缺乏将教育理念、教育目标落
实的有效策略和方法。而要把教育理念转化成指导教学实践的操作指南,
需要来自课堂、来自教学一线的教师的实践智慧,需要一线教师探究将理念
和目标在课堂有效落实的策略和方法。这正是我们这个课题研究的价值,
也是中小学教育科研的意义和价值。

综上所述,开展学生思维培养的策略和方法研究,既是时代发展对教育
的要求,也是落实国家教育目标和教育政策的需要,是提升教育质量和教师
专业能力的有效路径,更是培育学生核心素养的重要基础和保证。

二、学生思维素养研究的核心概念界定与研究方法

(一)核心概念界定

思维素养——思维素养既是核心素养的重要内容,也是核心素养落实
的基础和前提,它不仅包括思维能力,还包括思维品质、思维意向等。从我
们前期对相关文献的研究看,对思维素养概念表征的研究比较匮乏,因此我
们把核心素养表征作为本研究的核心内容之一。

策略与方法——策略与方法主要是指有效提升学生思维素养的策略和
方法。“策略”指为了实现某一个目标,预先根据可能出现的问题制定若干
对应的方案,再根据形势的发展和变化选择相应的方案,或者根据形势的发
展和变化调整方案,最终实现目标的行动方针。“方法”是更为详细具体的
方式、手段和途径。

(二)研究方法

文献研究法:收集、整理和运用国内有关思维素养的相关理论观点和实

践经验,在比较的基础上,为课题研究寻找可靠的理论依据和实践佐证,对思维素养进行界定。

调查法:调查学生的思维素养培育现状及思维素养培育中存在的问题。

行动研究法:针对思维素养培育实践中存在的问题,进行系统研究和改进。

个案研究法:选取典型对象进行研究。对收集到的个案进行整理和分析,做出合理判断,并提出改善建议。

经验总结法:对实践活动中的具体情况进行归纳、分析、总结,使之系统化、理论化。

三、课题研究的主要结论

(一)对思维素养的界定是思维素养培育研究的基础

目前学术界对于思维素养的界定比较模糊,专家学者对于思维素养没有统一的认识,这使思维素养的培育研究面临很大的障碍。必须先弄清楚思维素养的要素及要素之间的关系,才能够有针对性地开展思维培养策略和方法的研究。为此课题组采取理论研究方法,对学生思维素养进行了表征研究。我们认为思维素养分为以下三个维度:思维能力、思维品质和思维意向。

思维能力(thinking abilities)是在思维过程中形成的,是思维主体完成思维活动所必须具有的能力。思维能力既包括理解力、分析力、综合力、比较力、概括力、抽象力、推理力、论证力、判断力等基本思维能力,也包括在综合各种基本思维能力的基础上形成的批判性思维能力、创造性思维能力、问题解决能力等复合性的高阶思维能力。它是智力的核心要素,参与并支配智力活动。

思维品质(thinking qualities)是指思维活动中智力与能力特点在个体身上的表现,其实质是人思维的个性特征,体现了个体的思维水平、思维能力的差异。思维品质可以体现一个人思维水平的高低,是衡量智力与能力的主要指标。思维品质主要包括深刻性、灵活性、独创性、批判性和敏捷性等。

思维意向(thinking dispositions)主要指思维结构中的非智力因素,是思维结构的主要成分,对思维活动起推动作用、定型作用。思维意向包括思维习惯、思维态度、思维倾向、思维情感等。

思维素养是一个人在思维活动和思维发展过程中形成和体现出的整体素养。思维素养具有结构化的特征,是一个非线性的、复杂的整体。思维能力是思维素养的行为表征,体现的是人会不会思考;思维品质是思维素养的差异性表征,体现的是人思维水平的高低;思维意向是思维素养中影响一个人思维活动的动力机制和倾向性因素,体现的是人愿不愿意思考、肯不肯思考。

思维素养的整体性和结构化特征以及思维素养各要素相互联系、相互影响、相互作用的机制要求我们在思维素养的培育过程中,在考虑学生思维发展阶段的基础上,选择策略和方法时既要考虑其对某一要素的影响,也要综合考虑每一个策略和方法对思维素养可能带来的整体性影响。同时,评估策略和方法对思维培养的效果也要综合分析其作用机制,谨慎对待根据单一要素分析得出的结论,避免简单化处理,要多从整体上采用多要素关联分析评价,使得结论相对客观、准确和有效。只有这样,我们教学策略的选择与改进才能更加科学有效。

(二)对现状的调研是开展思维素养培育研究的前提条件

为清晰掌握当前中小学生思维素养培育的现状,有的放矢开展针对性研究,课题组发布了《新课程背景下学生思维素养培育现状调查问卷》,问卷包括25道题,其中24道选择题,1道主观题。调查回收有效问卷10424份。

1. 参与调研教师基本情况

(1)参与调研教师的性别结构

参与调研的教师中,男教师2464人,占23.64%,女教师7960人,占76.36%。

(2)参与调研教师的教龄结构

参与调研的教师中,教龄0—5年的有1501人,占14.40%,教龄6—10年的有991人,占9.51%,教龄11—20年的有1838人,占17.63%,教龄21

年以上的有 6094 人,占 58.46%。

（3）参与调研教师的类别

参与调研的教师中,小学学段教师有 5267 人,占 50.53%,初中学段教师有 3455 人,占 33.14%,高中学段教师有 1042 人,占 10.00%,中专、职业学校教师 204 人,占 1.96%,其他类别教师有 456 人,占 4.37%。

上述数据显示,参与调研的教师分布在各个学段,性别结构、教龄结构等分布合理,具有较好的样本基础。

2. 中小学生思维素养培育现状

（1）多数教师有意识培育学生的思维素养,但对思维素养的概念理解有待于加强

问及"您的学生在思维素养方面的突出问题"（多选）时,教师反映出的问题较多,各选项都有涉及。其中 74.90% 的教师认为学生"思维的主动性不强",68.04% 的教师认为学生"思维的灵活性不强",50.62% 的教师认为学生"思维的深刻性不足",还有 51.28% 的教师表示学生"遇到挫折就停止思考"。统计结果表明,教师在日常教学中比较关注学生的思维特点,这是思维素养培育的基础。

问及"学生思维素养的培育是否有助于教学实施"时,教师普遍表示认可思维培养对教育教学的实践价值。45.26% 的教师认为"很有帮助",48.20% 的教师认为"有帮助",只有 5.55% 的教师认为"没多大帮助",0.99% 的教师认为"毫无帮助"。

问及"在中小学课堂上培育学生思维素养的可行性"时,教师的反馈比较积极。59.40% 的教师认为"可行",35.17% 的教师认为"一般",2.47% 的教师认为"不可行",还有 2.96% 的教师表示"没想过"。数据表明多数教师认可其可行性。

问及"您是否有意识地培养学生的思维能力"时,数据显示教师对思维培养的探究意识较强,28.39% 的教师已经在自己的课堂教学中开展思维培养的实践,还有 54.73% 的教师正在探索中。与此同时,14.30% 的教师停留在思考阶段,只有 2.58% 的教师没有相关思考。

问及"课堂上是否有体现思维素养培育的教学活动"时,37.38% 的教师

表示"经常有",46.92%的教师表示"有时有",13.89%的教师表示"很少有",另有1.81%的教师表示"没有"。数据显示教师在教学过程中有一定的思维培育意识和实践行动。

在问及"您对思维素养的了解程度如何"时,教师的回答情况如下:64.17%的教师表示对思维素养的概念是"有所了解"的。而"了解透彻"的人不多,只有16.41%,另外仍然有17.85%的教师表示"不太清楚",1.56%的教师表示"从未听过"思维素养这个概念。

综上,教师对学生思维培养有一定的认识,认可思维培养对教育教学的独特价值,也有部分教师尝试着在教学过程中培育学生的思维素养。但多数教师对思维素养的概念认识仍有些模糊,不清楚思维和思维素养的关系,不了解思维素养的内涵。在主观题调研中,部分教师反映自己不了解思维素养,工作中亦缺少专家引领,或理论与实践操作之间存在脱节现象,急需概念理解的相关培训。由此可见,对思维素养概念的界定是本次研究的重点之一,教师只有清晰认识思维素养的含义,才能够实施精准的教学实践。

(2)多数教师注重在教学环节渗透思维素养的培育,但教学策略实践仍然存在不足

问及"您是否知道如何运用教学策略培育学生的思维素养"时,有40.51%的教师表示"不太了解",1.83%的教师表示"完全不清楚"。表示"非常清楚"或"清楚"的教师分别为18.08%和39.57%。由此可见,教师在思维素养培育的教学策略实操方面仍然存在一定的困难。

在后续的具体教学策略调研项目中,也有类似的情况。问及"您是否会精选教学内容,发掘可提升学生思维素养的着力点"时,大多数教师表示在备课阶段就开始有意识地思考学生的思维问题,选择"经常会"和"有时会"的教师分别占42.25%和40.88%。但仍存在近17%的教师较少思考这一问题,选择"偶尔会"和"没有"的教师分别占14.85%和2.02%。

问及"您是否通过课堂提问、追问等引发学生深度思考,提高学生的思维品质"时,50.49%的教师表示"经常使用"该策略辅助学生思维发展,另有36.73%的教师"有时使用",11.20%的教师"偶尔使用",1.58%的教师"没有使用"。数据显示课堂提问策略受到教师的青睐。

问及"您是否创设生活情境,引导学生用所学知识解决问题"的时候,51.66%的教师表示"经常使用"这样的策略辅助学生思维成长,36.90%的教师表示"有时使用",另有9.95%的教师"偶尔使用",1.50%的教师"没有使用"。

问及"您是否会运用思维导图、关键词法等引导学生进行思维训练"时,教师反馈的数据也较为积极。41.99%的教师"经常使用",41.60%的教师"有时使用",13.68%的教师"偶尔使用",只有2.73%的教师"没有使用"。

问及"在布置学生作业时,您是否注重培育学生的思维素养"时,大多数教师表示较为重视作业布置这一策略的应用。33.92%的教师在布置"大部分作业"时,注重培养学生的思维素养,49.91%的教师在布置"部分作业"时注意到思维培养,但也有13.62%的教师很少关注作业对学生思维培养的价值,2.54%的教师表示没有思考过这一问题。

综上所述,部分教师在课堂提问、作业布置、情境创设等教学环节中思考过如何引导学生的思维发展,但这种引导缺乏系统性,没有连贯的设计和实践过程,这样偶发的思维训练和引导不能对学生思维素养培育起持续促进作用。由此可见,要保证思维素养培育的连续性和有效性,需要从学校课程和教学模式方面思考具体路径。

(3)学校开展学生思维素养培育课程存在现实困难

问及"学校开展思维素养培育课程面临的困难"(多选)时,教师反馈的问题较为集中,分别指向学校、家长、教师等几个方面。61.68%的教师表示"受学校课时限制",47.65%的教师表示"家长不理解",还有46.45%的教师表示"没有合适的教材",39.54%的教师认为"大多数教师不具备思维引导能力",27.48%的教师表示"没有适宜的课程"。

问及"您参加思维素养培育相关培训的情况"时,53.17%的教师表示"很少参加",14.76%的教师"从没有参加过",只有32.07%的教师"经常参加"相关培训,可见培训缺乏是影响教师思维素养概念理解和培育实践的因素之一。

问及"您认为学校开展思维素养培育课程,教师需要具备哪些技能"(多选)的时候,71.49%的教师认为应"对思维素养含义有充分的理解",73.90%

的教师认为"应对所教学科思维有清晰掌握",61.20%的教师认为是"能应用提升思维的相关教学策略",还有46.86%的教师认为是"具有较强的课堂组织能力"。

在主观题调研中,教师也反映有缺少相应教材、缺少交流氛围等影响思维素养培育的实际困难。综上所述,在学校开展学生思维素养培育课程的过程中,仍存在一些不足,需要进一步完善。

(三)思维课程是学生思维素养培育的有效载体

课题组在学校思维课程构建方面采取了行动研究法。有5家子课题单位着力开展以提升学生思维素养为目标的校本课程体系构建探索。经过系统化研究,我们认为思维课程是学生思维素养培育的有效载体,具体研究结论如下:

1.以思维素养提升为目标的课程构建类型

在实践探索过程中,我们将学校思维课程分为三种类型,分别是独立搭建式、学科渗透式和融合发展式。

(1)独立搭建式

独立搭建式是指学校根据学生思维发展的特征独立构建的思维课程。它通常以校本课程形式呈现,课题组中哈尔滨市经纬小学校和哈尔滨市继红小学校的思维课程属于此种类型。

(2)学科渗透式

学科渗透式是指学校在已有学科融合式校本课程的架构之上,开展思维教学的学科渗透路径研究与探索。哈尔滨德强学校小学部、哈尔滨市花园小学校的思维课程属于此种类型。

(3)融合发展式

融合发展式是指学校课程体系中既有独立的思维训练课程,也包含学科课程中的思维素养培育渗透。哈尔滨新区师范附属小学校的思维课程属于此种类型。

2.思维课程实施的保障

(1)思维教材的开发与应用

在前期调研过程中,部分教师反映影响学生思维培养的原因之一是没有可依照的教材,教学没有抓手,所以课题组在学校思维教材的开发方面进行了探索与尝试。哈尔滨市经纬小学校结合思维素养的培育目标编写了思维训练校本教材《数学真有趣》。该校本教材包含系统思维训练内容,为多层次、多角度地提升学生思维品质提供了有力保障。

(2)思维课程教具的选择与应用

在思维课程的构建与实施过程中,学校需要找到思维训练的适宜载体,以辅助学生思维过程外显,进而找到提升其思维素养的路径。实践过程中,我们发现教具的选择和应用对学生思维素养的培育有较大的影响。以哈尔滨市继红小学校为代表的一些学校选择了益智器具作为载体,收到较好的实践效果。

(3)课时结构安排

在前期调研中,有部分学校反映影响思维课程开设的主要原因之一是学校课时紧张,没有充足的课时保障。为此课题组在思维课程开设的课时保障方面做了探索。各子课题学校找到了精简、合并课时的策略,以保证思维课程的顺利开展。如哈尔滨市花园小学校采取长短课时搭配、必修选修组合的方式,保障思维课程落实科学高效。

(4)思维教学评价体系构建

过程性评价是课程实施质量的有效保障,以哈尔滨市花园小学校为代表的子课题学校开展了思维课题评价探索,借助"智慧课堂系统"和思维导图等工具,进行即时性的数据收集、分析,让学生思维过程化、结构化、可视化,进而探究课堂教学中思维培养的着力点,让思维素养培育更加精准。

(四)思维培养教学模式和教学策略为学生思维素养培育提供具体步骤和方法

思维素养培育的主阵地是课堂教学,只有教师在课堂教学中逐步掌握一定的思维培养策略与方法,才能保障学生思维素养的提升。在研究过程中,课题组着重开展以思维素养培育为目标的教学模式和教学策略研究。

1.思维教学模式构建——描述思维培养的一般步骤

在课堂教学策略探索过程中,很多学校在日常教学的基础上梳理出思维教学模式。这些教学模式在实践过程中为教师提供了思维教学的一般步骤,教师可以遵循教学模式开展教学探索,逐步掌握思维教学的流程和具体策略。例如哈尔滨市继红小学校的进阶式思维教学模式、哈尔滨市群力经纬中学校的问题式课堂教学模式、哈尔滨新区师范附属小学校的"445"教学模式、哈尔滨市雷锋小学校的"三探究三讨论"教学模式、哈尔滨市花园小学校的"4X"种子课程教学范式等。

2.思维教学策略——体现思维培养的方向和方法

课题组教师在日常课堂教学中注重教学策略的梳理与提炼,针对不同学科、不同学段的学生,提供了具体的、可操作性较强的思维教学方法。在案例的辅助下,教师可以迅速掌握方法,将之运用到自己的教学之中。在实践过程中,课题组总结和提炼的学生思维素养培育策略有以下特征:

(1)以思维培养的课堂要素为基点开展教学策略研究

课题组深入分析课堂中开展思维素养培育的关键节点,进行教学策略研究,例如哈尔滨市大同小学校课题组抓住"问题""方法""主动"三个关键点,进行教学策略提炼和实践探索,提出三条教学策略:问"好问题",让思维深刻起来;引领方法,让思维灵活起来;培养好习惯,让思维自觉起来。

(2)以课堂教学案例为基础开展思维教学策略梳理

教学案例是教学策略研究的重要来源,在教学案例的基础之上梳理出的教学策略与方法具备较好的迁移特质,有利于成果的转化和应用。哈尔滨市公园小学校针对几十节数学课开展数学学科案例研究,总结出了相应的培育学生思维素养策略:运用旧知探究新知,培养学生知识迁移能力;运用数形结合思想,培养学生数学思维能力;运用动手操作方法,培养学生创新思维能力;精心设计有效提问,培养学生深度思考能力;设计生活实践活动,培养学生解决问题能力。

(3)以突出教学应用价值为前提开展思维教学策略梳理

在课题研究中,教师们秉持思维培养与日常教学齐头并进的原则,注重思维培养在教育教学中的实际应用价值,据此梳理思维教学的具体策略和方法。在课题研究过程中,很多课题组依据学科自身特点开展思维培养探索,在提升学生思维素养的同时,也有效提升了其学科核心素养,二者相辅相成。

哈尔滨市第三中学校历史学科团队开展了思维工具在高中历史教学中的应用策略研究,将历史背景和条件分析工具、历史事件影响分析工具、历史事件动态影响评价工具、六顶思考帽等思考工具引入学科教学,在提升学生思维素养的同时,进一步提升了学生的历史学科素养。

(五)思维素养培育视角下的教师发展

课题研究的主要目标不应限于研究成果的梳理和发布,还应关注课题研究团队教师的发展。在本课题研究过程中,课题组采取创新研究方式、提供理论支撑、营造研究氛围等方法,辅助课题组教师快速成长。

1.范式创新,引领教师快速发展

长久以来,中小学教育科研课题研究存在一些实践困惑:一是课题研究与课堂教学实际相脱离;二是课题研究与教师专业发展脱钩;三是课题研究结论与研究过程脱节,研究成果缺少过程性数据支撑。若要解决上述问题,中小学课题研究就一定要与课堂教学实践相结合,而"课题实验课"实践研究范式为中小学教师提供了实践抓手。在本课题的研究过程中,"课题实验课"实践范式得到了充分的应用,同时课题组教师在实践过程中补充了"课题实验课"的理论体系。

(1)"课题实验课"的定义

"课题实验课"是指在日常课堂教学或德育实践活动中融入课题研究所需要的数据收集过程的实践研究课。中小学教师以"课题实验课"为单元开展的教育科研方式又称"课题实验课"实践范式。

(2)"课题实验课"的特征

"课题实验课"具有以下四个特征:第一,"课题实验课"有教学与研究的双重目标;第二,"课题实验课"的参与者既有合作又有分工;第三,"课题实验课"与课题研究密切相关;第四,"课题实验课"是由一系列研究课形成的具有内部结构的序列。

（3）"课题实验课"的价值与功能

"课题实验课"实践范式的实施具有以下价值与功能：一是使课题研究与教学实践结合，促进教育科研过程可视化。二是为课题研究提供证据支撑，促进课题研究过程科学化。三是为课题研究成果梳理提供了"进阶通道"，引导教师分阶段、分层次整理课题研究成果。四是突出中小学教育科研功能，促进教师专业化高质量发展。

在"课题实验课"实践范式引领下，教师初步学会了中小学实践问题的解决方式。在一次或若干次研究经历之后，他们学到的不仅仅是课堂教学方法、思维培养策略、班级管理策略等，还有针对具体问题研制策略的路径和方法。这是教师专业发展的必备能力，如果能够将这种能力迁移到今后的教育教学工作中，学校的"研究态"逐步形成，再多的实践困境都能得到解决。

"课题实验课"实践范式作为一种教育科研的管理与指导策略受到中小学课题研究团队的广泛欢迎。"课题实验课"为中小学教师提供了课题研究的熟悉领地，引导教师完成"教育科研"这一概念的实践建构。在本课题的研究过程中，很多教师运用这种实践范式开展课题研究，一批又一批有推广价值的成果涌现出来，教师也从中找到了职业自信。

2. 理论引领，辅助教师迅速进入研究状态

在本课题的研究过程中，课题组始终秉持"理论先行，实践跟进"的基本原则。课题负责人王东升会长深入各子课题学校开展理论培训讲座20余次，课题组主要成员先后深入实验学校开展"课题实验课"研究范式指导40余场。此外，课题组定期组织的思维素养理论研讨和"课题实验课"课例展示研讨活动，也帮助教师掌握基本理论，迅速进入研究状态，实现快速成长。

在课题研究过程中，各子课题学校也非常重视教师的发展与成长。哈尔滨市花园小学校设计并实施的"种子课程"让教师成为课程教学的"创新设计者"，学校以课程实施为载体，从教师和学生两个层面探索培育思维素养的方法与策略，促进教师专业水平的提升和学生的主动全面发展。

3.氛围营造,助力教师思维培养水平提升

在课题研究过程中,团队的研究氛围十分重要,良好的研究氛围是实现团队共同成长的基石。本课题组中的哈尔滨市继红小学校、哈尔滨新区师范附属小学校都在子课题团队建设方面进行了探索,帮助教师提升思维培养的执教能力。

哈尔滨市继红小学校着力营造益智氛围,构建特色化师生思维素养提升平台,将益智元素与学科教学、校园文化、主题活动、传统节日进行无痕融通,丰富与延展益智研究的体系,使益智教育核心理念成为学校的文化底色。

哈尔滨新区师范附属小学校推出了"阳光思维"主题课程实施的教师研修策略。教师通过仔细解读"学思维活动课"教材内容,学习"学思维活动课"教学设计及教学方法,每月开展一次"思维融合"集体备课,分享思维教学心得和经验,加强对思维教学的理解和实操信心。

四、有待进一步研究的问题

在本课题研究过程中,尽管课题组成员和相关学校付出了很多心血,做了很多努力,在理论认识和研究方法上取得了一定的突破性成果,但囿于研究时间较短,研究实践还不够深入,有效案例还不够丰富,成果提炼还不够精准,很多研究还有待进一步深化。

1.思维类课程的内容设置有待完善

目前,哈尔滨市中小学校开展思维校本课程的并不多见,只有21.54%的教师表示自己的学校开设过类似课程,13.58%的教师表示从没有听说过思维培训课程。从课程形式看,思维类课程可以分为独立搭建式、学科渗透式、融合发展式,而课程内容的设置还有待于进一步的完善。对照学生思维素养的三个维度(思维能力、思维品质、思维意向)培养目标,以本次新课标落实为契机,学校可以结合自身的实际,利用国家课程、地方课程的校本化实践和校本课程开发,有针对性地增加有关思维培养的课程内容。

2.思维培养教学有待于开展多学科应用与实践探究

参与思维素养培育教学策略研究的过程中,很多学校是在单一学科(语文、数学等)中开展的教学尝试与探索。课题组将梳理已有的研究成果,结合其他学科的特征开展多学科应用研究,结合目前课程改革中的跨学科学习、项目式学习模式,推进深度学习探索,不断提炼学生思维素养培育的有效策略和方法。

3.教师有关思维素养的学习路径和方式有待于进一步创新

前期调查结果显示,教师对思维素养的了解程度并不乐观,而教师们反映的学生思维主动性不强、灵活性不强,遇到挫折就停止思考等现实问题又很突出。可见教师对实践过程中学生思维的表现有一定的认知,但还比较模糊。接下来,课题组要进一步摸索教师学习思维素养相关理论的路径和方式,帮助教师基于理论解决实践问题。

4.思维素养培育案例有待于进一步收集整理与应用

在"课题实验课"研究范式的引领下,教师已经初步转变了教育科研的态度与研究方式,注重将课题研究与日常教学实践紧密结合,留意课堂教学中的典型案例。但还有一部分教师没有梳理的能力,需要进一步的辅助。案例收集是教学类成果推广应用的重要保障,接下来课题组会加强这一方面的梳理与应用研究。

板块一

---◆---

促进学生思维素养发展的学校课程建构

以益智器具为载体的校本思维课程构建

哈尔滨市继红小学校　孙欣　温与寒

多年来,哈尔滨市继红小学校(以下简称继红小学)始终致力于在教学实践中探索学生思维素养提升的有效路径。2019 年,在哈尔滨市教育学会的引领下,我校申请了《以益智器具为载体,提升小学生思维能力的策略研究》这一课题,旨在将对学生思维的培养由课堂延伸至课外。在研究过程中,学校构建了完备的研究体系,从益智课程构建、益智教学模式探索、益智器具实操、学生思维素养提升策略等方面整体推进,持续深入研究,阐释实践脉络,累积了丰厚的研究成果。

一、精选器具,构建进阶式益智课程体系

益智器具脱胎于中外经典益智玩具,有学生熟知的七巧板、孔明锁、魔方等经典器具,也有经过改进的五色对板、冲积三角洲等新器具,共计 80 余种。每种器具都有独特的几何特征及典型问题初始情境,构成亟待破解的难题,引发学生思维困顿,以达到刺激深度思考、激发思维潜能的目的。继红小学课题研究团队对每款器具的课堂教学应用价值及教学方式进行研究梳理,逐步形成了以益智器具为载体的校本课程体系和以“自主探究—尝试发现”为路径的教学方式,同时以促进学生思维素养提升为核心目标,通过开展系统、持续、有效的思维训练活动,使学生获得了丰富多样的思维经验,全面提升了思维能力和思维品质,同时养成良好的思维习惯。

为使研究更具科学性,我校将教学内容聚合成条理化、序列化的益智课程体系,结合益智器具的破解操作特征及其思维训练功能,进行课程目标设

定、课程内容构建与课程实施安排。校本课程体系包括巧解系列、巧拼巧组巧放系列、巧推系列、巧算系列四类子课程，每类子课程中包含若干种益智器具。同时课程实施遵循学生思维发展规律，根据年级由低到高划分为初始、拓展、强化、展示四个阶段，并在每个阶段设置了具体的课时要求。

作为思维培养载体的益智器具，依托于数学学科思维设计玩法，考验思维的逻辑性与灵活性，但又不需要特定的知识基础，每个年龄段的学生都可以在思考中破解难题。同时益智器具具有丰富的层级拓展空间，为实现思维训练的多重目标提供了广阔的平台。

我们将每一种器具作为一个训练教学单元，按层级递进的原则，划分课程实施的四个阶段：初始课程主要在低年级开展，多数巧解系列器具教学在这一阶段进行，此类课程以较少具有拓展和强化空间的"顿悟类"器具为主，共计14课时；拓展课程在中高年级开展，多数巧推系列、巧解系列器具及巧拼巧组巧放系列中具有丰富层级拓展和强化空间的器具在这一阶段进行教学，共计45课时；强化课程在高年级开展，以巧算系列、巧解系列器具为主，共计24课时；展示课程可以在各年级开展，以竞赛、表演等形式给学生提供活动展示平台，课时灵活机动。各个阶段都有特定的训练任务、侧重点不同的活动和相对应的教学策略，整个课程体系循序渐进地通过不同层级的益智课程提升学生的思维素养。下面简要介绍课程内容。

巧解系列课程以动手拆解活动为主，主要依托绳类、环类器具进行，涉及魔术针、"M"环、"兄弟连"、九连环等14种器具的教学。这些器具都有一个富有趣味性的待解问题情境，问题破解过程涉及复杂多样的思考过程，指向理解力、分析力、比较力等多种思维能力的训练提升，同时能潜移默化地影响学生思维习惯、思维态度等思维意向的发展。

巧拼巧组巧放系列课程包括巧放正方形、冲积三角洲、七巧块等45种器具的应用。巧拼、巧组、巧放三类器具组件形态各不相同，但又有显著的共同点，即点线面体等空间几何特征丰富多样，相互间的结构关联奇异复杂。其中巧拼类以平面组件的拼摆为主，巧放类则增加了放入特定容器这一约束条件，而巧组类大多涉及立体组块间的三维嵌套和组合。这个系列课程可以提升学生的综合力、判断力、推理力等思维能力，为学生空间认知能力发展提供具体的抓手。与此同时,此类课程中的相关训练指向诸如深刻性、灵活性、独创性等思维品质的提升。课程的拓展层级还涉及外部实物操作和内部心理操作两种活动的相互转换,可促进学生思维意向的发展。

巧推系列课程包括汉诺塔、华容道、"顾全大局"等18种器具的训练教学。这类课程的难题破解更依赖于有根据的准确预断和逻辑推演,以及解题过程中应对策略的选择和"走一步看几步"的全局谋划。其破解过程按不同思维路径可划分为三种:"正向分析",即沿着从手段到目标的正向路径思考;"反向分析",即沿着从目标到手段的逆向路径思考;"类比迁移分析",即把先前的破解经验迁移到新问题的解决上。因此相关课程更为复杂,其训练指向思维能力、思维品质和思维意向三个维度,可全面提升学生的思维素养。

巧算系列课程包括智慧翻板、九宫图等6种器具。这些器具的着眼点不在计算技能而在思维训练,巧算中的"算"只是问题解决的一个构成要素,而在"破解"过程中累积思维经验才是该系列课程的核心训练目标。

我校益智课程的持续构建有学校"创新杯"教学大赛和多媒体资源研发两大渠道,同时我们通过赛事引领推进课程实施,据此累积成熟的课程资源。由孙欣校长牵头编写的《益智校本课程指导用书》已在研究过程中投入使用。每个教学班每周都有两课时的益智校本课,此外益智课程团队教师在各学年中开展益智社团课,已研发了14大类150余个多媒体资源,每周在继红云课堂定时推送,供学生自主学习。

二、反复研磨,打造递进式课堂教学范式

依托科学的益智课程内容架构,教师在研课、磨课的过程中及时总结教与学的方法,逐渐摸索提炼出初级探究课、互助研习课、延展探索课、成果展示课四类课型。教学中,益智课程体现玩、思、解、融四个层次的思维培养目标,围绕问题导入、操作体验、探究发现、延伸迁移四个侧重点进行教学设计,通过"初识器具、明确规则"—"尝试操作、分析实践"—"思考点拨、探索规律"—"总结策略、创新应用"的"四步教学法",让学生经历完整的探究过程。

初级探究课——主要目标是使学生了解器具特点,拓展文化传承路径。教师引导学生挖掘器具操作过程中的数学知识及思维支撑点,破解器具操作关键点,在此基础上进行常规操作、变式操作的分层训练,最终进行策略总结。例如"冲积三角洲"一课,就是以地理学中的三角洲的形成机理作为文化支撑,构建问题解决情境。器具以三角形为限定框架,各个板块可进行难度递增的变换重构,学生需把握不同板块的几何特性和内在关联,找出影响全局的关键板块,同时合理规划实现目标的最佳步骤,这对空间认知和逻辑思维能力是极大的挑战。在教师的引领下,学生通过实际操作找到破解问题的关键,通过"划分单元格"的方式,获得"循规律、找线索"的思维经验,对多个图形有序编排,关注图形间边与角咬合的特点,在破解难题的同时获得思维的发展。

互助研习课——在初级探究课的基础上,教师引导学生通过互助发现问题,在生生交流中受到启发,力求做到学生合作有语境,教师梳理有支撑;或是在研习过程中采用兵教兵的方式加强学生操作熟练度,进而提升其器具操作速度。例如在"汉诺塔"一课的教学中,学生在掌握了3—5环的挪移窍门之后,教师可增加挪移的环数,加大对学生有序思维训练的难度,引导学生通过对比单数片和双数片圆环首片挪移位置,发现破解难题的关键,即首片应先放在目标柱还是过渡柱。从加强统筹规划能力到提升挪移速度进而提升思维敏捷度,互助研习课采用多种训练方法给学生创造互助研习的条件,从而强化其思维能力与操作技能,培养学生有意识地运用思维策略的习惯。

延展探索课——针对一些一课时无法完成的难度较高的器具,在初级探究的基础上,此课型将变式操作作为重点,针对突破点展开延续性探究。例如在"七巧板"一课的教学中,学生在第一课时认识组块、创意拼组,在此基础上尝试着还原正方体。教师可以让学生根据组块特点有目的地观察组块间凹凸嵌套的关系,继而引导学生发现组块个体与组块间对称的数学特点,领悟"步步对称"还原法,进一步训练学生盲拼、限时拼、创意拼。通过分层次、多类型的延展探索活动,学生能充分感知多种类型三维对象的特征及其复杂关系,提升空间结构认知的敏感度和准确度,增强批判性思维能力、创造性思维能力和解决问题的能力。

成果展示课——学生在掌握器具操作方法的基础上进行比拼,在相互展示和鉴赏中提炼操作经验。例如,学生在72段魔尺创意拼大赛中,改变游戏的既有规则和思路,充分展示自己的创意和思考成果,提升思维的灵活性,培养迁移能力。又如在"黑白棋"的教学中,学生通过对弈掌握基本规则和策略后,可以尝试将两人对弈改为多人对弈,进行规则的重新修订,培养学生思维的发散性和严谨性。

以上四类课型对学生的思维培养具有梯次递进性,形成了一种器具从初识到熟练的进阶学习模式。教师教学时要根据器具本身的特点选取相应的课型,在掌握技能的同时,体味问题中的逻辑关系,研习蕴含其中的思维路径。

三、注重实操,梳理思维素养提升策略

学校进行学生思维训练课程顶层设计,结合学生思维水平和器具的难易程度,构建了"年级专属、选修协同、梯次渐进"的特色课程培育体系,每学年有三项必修内容,在学生全部操作熟练的基础上加入解锁新技能的练习。班主任在班级中开展器具PK赛、益智小达人等活动调动学生积极性。有层次的延续推进,辅以资源的使用,使得器具实操在学校大面积铺开,并有序地发展。

在课题研究过程中,学校始终把目标定位在学生思维素养的提升上,依托课堂实践,总结指向思维力提升的策略与方法。参研教师在大量课堂实践的基础上总结出一些值得推广的教学法。

路径依赖阻断法——即学生在操作过程中总是会形成思维定式,教师通过问题介入、阶段任务达成等方式阻断学生的思维路径依赖,帮助其跳脱出定式思考。

反思试错修正法——是指器具操作过程需要多次试错,教师引导学生不断反思,修正错误想法,使其后续操作不再盲目。

观察对比分析法——即引导学生利用"比较—分类"的思维技能,对照组块间相同与相异的特征,通过比较把混杂的组块按照不同属性分类,在认识个性的基础上寻找共性,进一步认识器具本质,为后续拼摆做必要铺垫。

　　教师利用这些行之有效的方法对学生进行靶向训练，它们指向思维发展的不同维度：针对包含"递归"思想的器具，采用递进式训练形式，培养学生思维的条理性；针对破解玩法连贯性强的器具，纵横联通，培养学生思维的逻辑性；针对玩法变式多的器具，通过定向训练培养学生思维的灵活性，通过逆向训练培养其思维的深刻性；此外，器具操作过程中还可以通过反惯性训练培养学生思维的批判性，通过拓展训练培养其思维的广阔性与创新性。以上训练从全新的角度，丰富与延展了提升学生思考力的研究初衷。

四、营造氛围，构建特色化师生思维素养提升平台

　　学校在课题研究中始终坚持将益智元素融入校园生活：筹建益智功能教室、益智互动体验区，打造多维度的益智校园生态；将学校不同主题活动融入益智元素，如体育节组织棋王争霸赛，读书节组织益智故事会，元宵节组织益智灯谜会等。益智元素与学科教学、校园文化、主题活动、传统节日的无痕融通，丰富与延展了益智研究体系，使益智教育核心理念成为学校的文化底色。

　　益智氛围的营造也体现在学校对教师益智思维课程执教能力的培养上。由最初的教师益智沙龙，到每周的益智课堂集备，再到每学期的创新杯益智课堂大赛，多样的教研活动磨砺了教师的执教能力。开设益智课程以来，教师们针对40余种器具进行了课堂教学模式与方法的研究实践。学校积极为研究教师搭建展示平台，2020年"国培计划"实验教学专项培训活动中，我校九位教师为全省培训学员准备了六节精彩的益智实验课和三节思维实验说课，五个年级共计千名学生展示了大型"益智创意秀"，惊艳了与会人员。同年，温与寒老师在全国"益智课堂与思考力培养的实践研究"现场会上进行现场教学观摩展示。学校连续三年组织学生参加全国"国育杯"思维运动会，实现团体成绩从第六名到第一名的蜕变，共计40余人次进入单项全国百强。丰富的赛事和教研活动引导和激励教师将教育理念转化为教学行为，进而转化为学生的学习能力和思维品质，促进学生素养的全面提升。

　　益智课堂启迪灵动思维，知行合一助推特色发展。在多年的实践研究中，益智课堂带给教师和学生新视野、新思考，为学校的发展开辟了新路径。

继红小学始终秉持"追求优质教育,实践主动发展"的办学理念,在新认知、新实践中竞进求索,以益智课堂作为突破口,着力于创新特色发展,促进教师专业化成长、学生思维素养提升,并形成具有推广价值的思维课程与教育经验,真正实现了学校的高品质发展。

基于培育思维素养的"种子课程"建构与实施

哈尔滨市花园小学校　曹永鸣　王岩　王振巍

开展基于核心素养的课程与教学改革已成为我国学生发展核心素养的迫切需求。哈尔滨市花园小学校(以下简称花园小学)以此为主线,着力建设和完善指向学生核心素养的课程体系——"种子课程"。学校引导教师从教材教学的"执行者"转变为课程的"创新设计者",使学生从知识技能的被动接收者转变为积极参与者和合作者。在"种子课程"的建构与实施过程中,学校发现思维素养在核心素养中的独特价值,将学生思维素养的发展确定为"种子课程"建构与实施的主要目标之一,着力转变学生的学习方式,使学生在深度学习活动中提高思维能力,锻炼思维品质,提升思维素养,为核心素养的全面提升奠定基础。

一、"种子课程"具有鲜明的教育发展特征

花园小学的"种子课程"从 2013 年初具模型后,一直处于不断发展完善的过程中。随着基础教育课程改革的发展,为满足学生新时期的发展需求,"种子课程"经历了多次版本升级,不同时期的"种子课程"融入了鲜明的教育发展特征。

初期的"种子课程"注重学生的特长发展及个性需求。学校提供了上百种校本项目供学生选择,每个学生都能在选择和参与中发现自己的优势,成为最好的自己。随着"种子课程"实践的逐步深入,我们发现学生虽能习得某一方面技能、特长,但学习活动中思维的综合力、深刻性、独创性等没有得到充分关注和培养。基于学生学情及思维发展特点,我们再次升级"种子课

程",使之进入以"基础课程+配方课程"为结构的整合型课程阶段(如图1所示)。

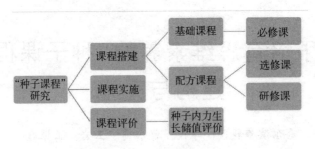

图1 "种子课程"体系

升级后的"种子课程"以"身心和谐、德才并举、个性与社会性相融、根脉传承与国际视野共生"为育人目标,将全面提升学生思维素养作为课程建构的重要目标之一,实现了包括课程搭建、课程实施、课程评价在内的完整课程体系构建。

"种子课程"的建构原则为集聚教师、家长、社会资源,着眼核心素养培育,打造"五一一"工程——即五个"穿越"、一部"直通车"和一个"体系":五个"穿越"即"穿越"教材边界、学科边界、学校边界、学区/区域边界、社会/生活边界;一部"直通车"就是"家校社"直通车;一个"体系"就是教育资源供给体系。

二、"种子课程"打通学生思维素养进阶通道

升级后的"种子课程"包括基础课程和配方课程两个部分,每个部分对学生思维素养的培育发挥不同作用。

1.基础课程提升全员思维素养

我们在遵照国家课程体系的基础上,采用合并策略,打通国家、地方课程壁垒,将原有的十一门学科整合为德育课程、数学课程、阅读课程、体育健康课程、艺术课程、信息科技课程、综合课程七个课程模块。这七个课程模块形成"金字塔"底座的基础课程,为必修课程。在基础课程实施过程中,教师运用深度学习理念设计和组织教学活动,培养学生的思维态度、思维习惯,切实有效地提升学生的理解力、分析力、综合力、比较力、概括力、推理力

等思维能力。

2.配方课程助推高阶思维成长

配方课程是基础课程的拓展部分,分为选修课程和研修课程。我们对所有学科教材进行梳理,将学科间、学年间重复交叉的教学内容运用删减策略精算压缩课时数,将节省下来的课时用于学校配方课程的实施,以满足学生成长的个性化需求。上述做法使学校的必修课程、选修课程、研修课程都有了课时保障。

选修课程在基础课程的基础上,以发现学习、探究学习、研究性学习等方式引导学生质疑、调查、探究,培养学生搜集和处理信息的能力、分析和解决问题的能力以及交流与合作的能力;帮助学生形成积极的思维意向,使其主动参与,乐于探究,勤于动手,在实践中提升思维能力、思维品质。选修课程是学生综合能力和思维素养得以集中体现和提升的课程。

研修课程侧重培养学生的"高阶思维能力",强调基于真实生活情境的沉浸式学习以及包含大主题、大任务、大问题的长线学习。研修课程以明确的项目目标和学习目标为导向,通过开放性的学习过程使学生的批判性思维能力、创造性思维能力、问题解决能力等高阶思维能力获得提升。

三、"种子课程"具有高效的实施策略保障

课程实施的良好效果离不开课程实施策略保障。在"种子课程"实践过程中,精准的课程实施策略保障了学生核心素养提升目标的达成。

1.长短课时搭配,必修选修组合,课程落实科学高效

学校根据课程内容特点、所需时长及学习方式等,科学规划课程实施时间。我们将"种子课程"课时按时间长短分为长、短、微三类,科学安排学生一日作息时间表,在完成国家标准课程要求的基础上,进行个性化课程规划,有效落实各类课程的实施。如数学课程、阅读课程采用40分钟长课时,保障探究学习时间充足;综合课程、艺术课程等适用30分钟短课时,高效灵活;具有积累性的配方课程,可以借用晨读、阳光体育运动等微小时间段,通过量变积累实现质的飞跃;研修课程则可以充分利用课后服务时间,以月或学期为单位,开展周期性学习。为了让每一名学生都拥有自己专属的配方

课程,我们允许学生自主选课,变"要我学"为"我要学",从而满足了选修课程的基础普及和个性化学习需求。

2. 多元课程样态,深度学习活动,保障思维素养全面提升

"种子课程"向五育融合发力,回归对思维素养的探求,融通学科本质,发挥学生的主体作用,形成了多元课程样态。我们设计了包含具体生活情境的学习主题,开展沉浸式学习大主题、大任务、大问题式长线学习,让学生通过参与一系列复杂的任务来解读真实世界中的问题,最终达成习得知识和技能、提高思维素养的目的。

我们以大单元统整理念激发学生的学习兴趣和求知欲,引导学生形成积极的思维态度、思维情感;将融合课程借助智能化终端"乐学卡"以"任务盲盒"的形式呈现,持续激发学生的学习热情。研修课程涉及科学、技术、工程、艺术及数学五个学科领域的项目式学习。如"小小工程师"社团让学生全程独立完成实践作业,从画设计图到制作,再到美化装饰,学生在体验中学会锯、刨、凿、锉、钻、表面处理等制作技巧,并熟练掌握木艺工具……学生在项目和问题的引领下,运用多学科知识解决真实问题,这是一种注重操作、注重体验、注重探究、注重思考的课程学习模式。"品茗之旅"课程有别于传统课程,这一课程以茶为媒介,将中国传统茶文化和研学体验创新性融合。在"研学体验"环节,教师带领学生走出课堂,拓展了学习空间。学生去茶园、赴茶场体验采茶过程,参与制茶流程,到茶叶博物馆体验品茶,静心感悟,寻根溯源,探寻茶文化的博大精深。

丰富的课程样态让学生沉浸其中,学生思维素养在整体化、结构化的课程实施过程中得到全面提升。

3. 提炼教学范式,思维素养培育向高质量发展

为了实现高质量的思维素养培育,我们在实践中按思维活动发生过程,从施教者、学习者、学习方式、达成目标几个层面构建了"4X"种子课程教学范式。"4X"指的是四学,即教师精心设计任务式学习活动板块——引学、探学、持学、拓学,学生在教师的引导下经历"想学—学会—会学—我还想学"的学习过程。

教师通过"引学"激发学生积极的思维态度、思维情感;在"探学"中,通

过运用"比较、抽象、综合、推理"等思维方法,帮助学生形成对客观事物的本质属性、内在规律的认识;在"持学"中,引导学生辩证地分析、解决综合问题;在"拓学"中,设计培养高阶思维的实践活动,让学生综合应用所学,拓展思维。在"信息化、生活化、情境化、实践化"的场景中,学生获得可持续发展的兴趣支持、知识经验支撑,其学习被引向深入,思维深刻性、灵活性等也得到全面培养和提升。

4.借助信息技术工具,让"思维素养"的培育突破局限

在课程实践中,技术的应用直接改变了教与学的原有方式,并且使教学突破时间、空间的局限,实现了学习环境智能化、学习方式多元化、学习组织扁平化。学习资源得到了爆炸式的呈现,学习的趣味性、直观性、拓展性得以凸显,有助于学生深度学习的实现。

5.学习评价精准化,让思维素养培育精准有效

在课程实践中,我们借助"智慧课堂系统"和思维导图等工具,进行即时性的数据收集、分析,让学生思维过程化、结构化、可视化,进而探究课堂教学中思维培养的着力点,让思维素养培育更加精准。学校构建了"种子内力生长素养评价体系",该体系从"五育""六力""七维"三个方面,启用自我评价、同伴评价、教师评价等多维度评价,让思维素养培育精准有效。

在"种子内力生长素养评价体系"的保障下,课程实施有了明确的方向和及时的反馈,教学从"有效"走向"高效"。每名学生都能在课程学习中寻找自己,发现自己,在深度学习中提升思维素养。学习由"记忆水平"向"思维水平"推进。

6.思维素养培育策略研修促进教师专业发展

"种子课程"让教师成为课程教学的"创新设计者",学校以课程实施为载体,从教师和学生两个层面探索培育思维素养的方法与策略,促进教师专业水平的提升和学生的主动全面发展。

挖掘梳理思维培养点,让思维素养的培育有章可循。教师针对不同学段、学科,基于教材、学情、课程,提炼总结出培育思维素养的关键点并形成相应策略。在课程实践过程中,教师以教学范式为基础,回归思维素养的探求,不断调整思维素养发展教学策略,让思维素养的培育有章可循,教学策

略的实施高效可行。

建构教师研修共同体，促进教学质量整体优质均衡发展。学校组织不同发展层级的教师组建研修共同体，共同进行课程开发、评价体系建构及思维素养培育策略等方面的研究，并将研究成果在"曹永鸣语文名师工作室""王岩数学名师工作室"等研修平台进行交流与推广。在以提升学生思维素养为核心的课程体系研究中，教师团队逐步实现了优化整合课堂教学，落实有效思维素养提升策略，提高教育教学质量，提升自身专业素养。

多年来，"种子课程"历经时代发展，逐步搭建起符合教育教学改革需求的、特色化的课程体系，其课程内容、课时安排、教学范式都具有鲜明的教育发展特征，符合当代学生的发展需求。一代代花园学子和年轻教师在课程的建构与实施过程中快速成长。未来我们将继续以提升学生核心素养为目标，将精炼思维素养培育的方法与策略作为研究重点，不断提升"种子课程"的课程品质，并以此为途径培养高素质创新型专业化教师队伍，实现学生核心素养的全面提升。

小学高年段数学思维训练
校本课程的开发与实施

哈尔滨市经纬小学校　徐辉　王悦秀

　　培养学生的思维能力是数学学科教学的核心任务之一,而在小学阶段对学生进行思维能力、思维品质的培养对其未来发展是极为重要的,拥有良好的思维素养能够让学生受益终身。在小学数学课堂上对学生进行思维训练,不仅可以帮助学生树立正确的数学观,还能够激发学生学习数学的动力,使学生发现数学学科的魅力,从而提高思维能力。我校针对高年段学生的思维特点,构建小学高年段数学思维训练校本课程,开发了相应校本教材,对学生开展全方位的思维训练。

一、开发思维训练校本课程,培养学生的思维能力

　　在课题研究初期,我校课题组的成员们对数学课堂教学现状进行了观察和分析,总结梳理出一些现实问题:一是学生小组合作、探究走过场,没有完全经历深入思考过程;二是教师留给学生自主思考学习的时间不够;三是教学过程只强调知识性学习,忽视了思维方法的指导;四是教师设计的问题难度和层级不够,没有充分点燃学生思维的火花;五是教学内容只停留在教材的表层,缺少学科核心概念的深入阐释;六是教师的评价语过于单一,没有起到点拨、唤醒、发散学生思维的作用。

　　针对上述现象,数学思维训练课题组结合本校实际情况,把"提升学生的思维水平"作为课题研究的重点,着力培养学生的理解力、分析力、综合力、比较力、概括力、抽象力、推理力、论证力、判断力等基本思维能力,开发出三类能对学生进行有效思维训练的校本课程——思维拓展课、益智游戏

课、数学会诊课。这三类校本课程有助于学生的观察、实践和探索,能辅助学生思维能力提升。

1. 思维拓展课

思维拓展课以数学教材为依托,打破教学进度限制,根据知识间的内在联系整合拓展教学内容。教师组编一些探索型、开放型、判断改错型、归纳与综合型的题目,为学生提供多种类型的思维训练素材,使学生在"问题获解"过程中不断提升思维能力和思维品质。我校在三至五学年,每周开设一节思维拓展课,如《奇妙的规律》《神奇的计算器》《有趣的数列》等主题课都深受学生喜爱。

2. 益智游戏课

游戏本身就是一种学习手段,能帮助学生获取经验,发展思维。我校以益智器具为载体开设益智游戏课,引入的器具有传统的魔方、七巧板、九连环、孔明锁、华容道、汉诺塔等,还有新型的双马双骑士、巧放四块、百变立方体、冲枳三角洲等。每位课题组教师设计一节益智游戏课。每个班级的学生在每个学期选择一种益智器具进行钻研揣摩。在益智游戏课堂上,益智游戏和有趣的数学知识有机融合,学生的思维能力在游戏中得到提升。

在学校每周三下午的社团活动时间,课题组教师担任益智游戏课专职教师开展教学。每周一节的益智游戏课成为"益智器具活动小组"的欢乐时光。社团活动小组打破了学年和班级的界限,让爱思考、乐思考的学生聚在一起,在游戏中锻炼动手操作能力,满足了他们思维能力提升的需求。在近两年中国教育科学研究院主办的"国育杯"思维运动会中,我校"益智器具活动小组"的学生多次代表我省参赛,并屡次跻身全国总决赛,为我省的思维运动争光。

3. 数学会诊课

会诊课是教师把学生日常学习中出现的"错误"变成一种课程资源,在辨析错因的过程中激发学生的问题意识,进而更好地促进学生思维发展的一种思维训练课程。数学会诊具体分为四个步骤:筛选"病源"—找准"症结"—开对"药方"—"药到病除"。

数学会诊课以学生的错题为载体,以"自我问诊""互助学习""集体问诊"的形式,通过对共性问题的分析与审视,引导学生发散思维,勾连已有知识,从而达到构建完整知识体系的目的。在这一课程的实施过程中,教师培养并训练学生的审辨式思维,取得了良好的效果。

二、编写校本课程教材,助力学生思维进阶发展

我校课题组成员结合思维素养的培养目标,以促进学生乐于思考、善于思考为目的,以关注学生成长、服务学生发展需求、切实培养学生的思维能力为初衷,编写了思维训练校本教材《数学真有趣》。该教材包含系统思维训练内容,为培养学生逻辑思维能力,多层次、多角度地发展学生思维品质提供了有力保障。

《数学真有趣》这本校本教材蕴含了数学的思想、精神、方法、观点、语言,以及数学学科的形成和发展史。书中还涉及数学家介绍、数学发展史中的人文成分、数学与社会的联系、数学与各种文化的关系等内容。这本教材旨在对学生的思维结构、思维逻辑及思维习惯进行训练,力求通过解析、透视、重组等步骤,改造其原本无序的思维状态,在思维发展方面给予学生有力的帮助。

这本教材共分六章:第一章是"趣解古题",第二章是"趣思巧算",第三章是"趣析几何",第四章是"趣动双手",第五章是"趣玩游戏",第六章是"趣味延伸"。这六章共包含41节课的内容。

我校课题组成员在编写这本校本教材的过程中,充分考虑学生的年龄特点和认知水平,针对不同年级的学生设置不同的难度标准。教材的编写本着让"不同的学生学习不同的数学,在数学上获得不同的发展"这一教学目标,力求提升学生的数学学科核心素养,让学生用数学的眼光观察现实世界,用数学的思维思考现实世界,用数学的语言表达现实世界。

这本校本教材诠释了思维训练的三个维度,即学生主体的参与度、学生思维的有效度、学生表达的鲜活度。教材在提供学生数学思维能力提升素材的同时,还渗透了相关的数学文化知识,营造了数学学科学习氛围。

《数学真有趣》一书随后在多所学校得以推广应用,实现了课题成果的优质共享。哈尔滨市新桥小学校建立了"小学数学课堂思维训练模式",不

断积累课堂思维训练设计案例,提高了学生的数学思维能力,提升了学生的学习水平;哈尔滨市保国第一小学校结合我校校本教材的开发,创设了具有该校特色的益智课程,并且申请了省级科研课题《益智游戏提升学生思维能力的实践探索和研究》,旨在培养学生的观察分析、逻辑推理、空间想象、视觉辨析、手眼协调能力;木兰县兆麟小学校在使用我校校本教材后,学生的数学思维能力得到了很好的发展,学生不再依赖老师,能自觉独立完成解题,思维变得敏捷,并能对老师讲授的内容举一反三、灵活运用。总之,我校校本教材《数学真有趣》在各校的应用实践中,均取得了良好的效果,对学生思维水平的促进起到了积极作用。

三、在校本课程实施及教材应用中梳理思维素养提升策略

研究团队在校本课程实施及校本教材的使用中,总结出培育学生思维素养的有效策略,现分享如下:

1. 在开放性问题设置中培养学生思维的广阔性

思维的广阔性表现为能从多方向、多角度、多侧面进行问题思考。课题组教师尝试在课堂教学中设置开放性问题,创设问题情境,引导学生发散思维,让学生拥有多个思维起点,探究多种解决问题的方式。

开放性问题设置在课堂中可呈现的形式多样,可采用的方法也很多,如教学素材延展法、例题功能发散法、热点话题求解法等。教学素材延展法即以某一教学材料为发散点,引发学生联系生活经验提出自己的想法、创意、假设等。例题功能发散法巧借例题传递知识,通过"一题多解""多题归一"的方法,拓展学生的思维。热点话题求解法则以热点话题为发散点,多向求解,鼓励学生提出多种设想。

针对课堂教学中涉及的难点问题、学生学习时遇到的疑难问题或引发的新问题等,教师引导学生采取自主合作探究的学习方式进行课外延伸。学生喜闻乐见的形式有:任务学习——学生到课外书籍中主动寻找答案;专题微报告——学生对拓展延伸型问题进行专题汇报;微型说理会——学生围绕课内教学的重难点内容,进行说理、辨析。这些活动的开展,激发学生课后学习的欲望与热情,转变了学生的被动学习方式。

2.训练学生思维的深刻性,培养学生理性思考

思维的深刻性表现为思考问题能够把握事物内在联系,善于透过现象和外部联系来揭示事物的本质和规律。

横向思维训练,以找到突破点。教师借助比较、分析、概括等思维加工方式,引导学生通过借鉴、联想、类比,充分地利用其他领域中的知识、信息、方法、材料等和自己头脑中的问题联系起来。训练过程中可以采用以下流程设计教学活动:1. 巧设活动过程,激发思维;2. 确定问题相关点,展开思维;3. 举一反三,寻找突破;4. 综合运用,解决问题。

纵向思维训练,以发现联系点。教师通过教学内容的重组、加工、再挖掘,遵循由低到高、由浅到深、由始到终的原则,引导学生发现知识纵深之间的联系,培养学生透过现象看本质的思维能力。训练过程中可以采用以下流程设计教学活动:1. 现象入手,进行预判;2. 提出假设,尝试解决;3. 纵深联系,解决问题;4. 归纳总结,得出方法。

3.提升学生思维的严密性,培养学生勤于反思

思维的严密性包括思维的科学性、辩证性、深刻性、逻辑性,主要表现为通过细致缜密的分析,从错综复杂的联系与关系中认识事物的本质。

质疑辨析:教师在课堂上引导学生质疑,指导学生解疑,在思中质,在质中解,在解中思。在不断的循环往复中,学生思维的严密性得到进一步锻炼。常用的引导学生质疑的问题有:为什么? 怎么会……? 如果……会怎样? 你是怎样理解的?

试错反思:在学习过程中,教师尊重学生解决问题的思路,让学生按照自己的方式思考,在其经历错误的尝试并发现问题后,再引导学生进行反思,从而发展其思维。具体方法为:估错(估计学生容易出错的地方)—诱错(诱使学生充分暴露错识)—试错(出现错误结果)—究错(探究错误原因)—纠错(纠正错误,反思错误,获得真知和技能)。学生在试错中发现自己的问题,化被动为主动,在反思中会不断提升思维的严密性。

4.培养学生思维的独创性,鼓励学生批判质疑

思维的独创性表现为凭借大脑储存的信息能发现和解决前人未曾发现或解决过的问题,它反映智力活动的独创程度。小学生培养思维的独创性,

需要具备积极的求异能力、敏锐的洞察能力、独特的想象能力和联想能力、活跃的灵感、新颖的表达。

培养学生思维的独创性,要能多角度辩证地引导学生独立思考,判断、分析问题,运用科学的思维方式认识事物、解决问题,在合作实践中,突破已有思维定式,最大限度地发散思维,拓展思维发展的空间。

在过去的几年中,我校数学科研团队针对学生思维培养现状开展了系列化的研究,初步构建了小学高年级思维训练校本课程,并开发了配套的校本教材《数学真有趣》。今后我们将继续把学生思维发展作为研究的重点,将思维训练做深做细,争取让每个孩子拥有良好的思维素养,并因之受益终身。

"阳光思维"主题课程的建构探索

哈尔滨新区师范附属小学校　王京　葛建奎

目前,以培养学生核心素养为目标的教育改革正席卷全球,各个国际教育组织、各个国家或地区几乎都提出了不同版本的核心素养框架,而思维素养是各个核心素养框架中必不可少的部分。作为一线教育单位,哈尔滨新区师范附属小学校积极探索思维素养落地途径,在校本思维课程设置和实施方面做出探索和尝试,努力建构适应于哈尔滨市小学生特质的本土化思维课程。学校基于"七彩阳光,活力童年"的办学理念和"让每一个阳光少年都绽放光彩"的育人目标,开设了"阳光思维"主题课程,开展学思维活动课程的校本应用和学科思维课程的开发与实践研究,使其最终成为学校"七彩阳光"课程体系中的核心组成部分。

一、"阳光思维"课程建构的理论支撑

"阳光思维"课程建构的理论支撑主要来自两个方面:一是 2022 年新修订的《义务教育课程方案和课程标准》,二是胡卫平教授的思维型教学理论。

新版《义务教育课程方案和课程标准》以核心素养为核心,体现了"综合""实践""思考""素养"四大亮点,且所有学科的教学目标均聚焦于学科核心素养的提升,而培育学科思维则是学科核心素养提升的重要基础和目标。因此,培养学生的思维能力,提升学生的思维品质,养成学生良好的思维习惯,是新课程理念落地的核心指向。课程与教学是学生思维素养提升的主要载体,学校要以结构化的课程为依托,以课堂教学为路径,帮助学生实现学科核心素养提升目标。

陕西师范大学现代教学技术教育部重点实验室胡卫平教授及其团队在心理学、认知神经科学、教育科学的研究基础上,历时近 30 年提出了思维型教学理论。思维型教学理论认为,思维活动是课堂教学中师生的核心活动,教学的本质是培养思维,学生的学习需要思考,它的目标指向核心素养。我校将胡卫平教授的学思维活动课程本土化,为"阳光思维"主题课程设立了"培养学生思维素养,提升学生绽放力"的"阳光思维"课程目标,并将其有机融合到"七彩阳光"课程体系之中。学校除了开设独立的思维活动课程之外,还注重思维训练与学科教学的融合,推出了语文、数学、科学学科思维课程。"阳光思维"课程旨在让学生能够在各种具体的、操作性强的活动中充分思考,体验自己与他人思维方式和风格的差异,领悟以前和目前思维路径的不同,监控自己的思维方向,进而提升思维品质、完善思维方法。由此课程充分发挥了思维培养的育人功能。

二、"阳光思维"主题课程的体系架构

"七彩阳光"课程体系包括"阳光生长""阳光绽放""阳光创新"三大课程群,其中"阳光绽放"课程群下又分为"阳光文化""阳光思维""阳光艺术"三大主题课程。"阳光思维"主题课程又包含学思维活动课程和学科思维课程。学思维活动课程作为独立的综合实践课程,旨在引导学生运用"学思维"教材开展思维训练活动,体验与感悟思维发生的过程,掌握各种基本思维方法,学会运用多种思维方法解决综合性问题。学思维活动课程以思维型教学理论中的五个基本原理,即动机激发、认知冲突、自主建构、自我监控、应用迁移为教学原则和指引,要求教师科学有效地开展学生思维训练活动。在学思维活动课程开设的基础之上,教师掌握了一定的思维训练理念和实操方法,学校就引导教师迁移思维型教学的基本模式、教学策略和教学组织策略,将之与各学科的教学融合,逐步开发了语文、数学、科学三门学科思维课程,为学生思维素养的学科融合发展提供有效路径。

三、"阳光思维"主题课程的实施策略

2021 年起,学校在 5 个学年 52 个教学班,为 2000 余名学生每周开设一

节学思维活动课程。各学科教师均承担学思维活动课的教学任务。为了丰富"阳光思维"主题课程的内容,教师将学思维活动课程与语文、数学、科学三大学科内容充分融合,开发出学科思维课程。每个月,三个学科组都会开设一节学科思维课。在"阳光思维"主题课程的实施阶段,学校教师也总结和提炼了一些具体的实施策略。

1．"阳光思维"主题课程实施的教师研修策略

教师通过仔细解读学思维活动课教材内容,学习学思维活动课教学设计及教学方法,每月开展一次思维融合集体备课,分享思维教学心得和经验,加强对思维型教学的理解和实操信心。为了促进"阳光思维"主题课程的实施,学校开展了活力思维教学设计大赛、教学观摩比赛、无生课堂竞赛,同时定期在线上或是线下开展"活力思维课堂教学模式"主题研讨活动,每月开展思维教学现场观摩研讨活动等。这些活动极大地调动了教师学思维、用思维、教思维的主观能动性。学校还邀请胡卫平教授的思维型教学专家团队成员每月来校或在线上开展讲座、听评课与研讨等,有的放矢、循序渐进地培养了一批教师,全面提升了教师素养,为"阳光思维"主题课程的实施提供了有力保障。

2．"阳光思维"主题课程实施的进阶目标设置策略

学校在激励教师学习思维型教学理论的同时,还鼓励教师不断尝试开发学科思维课程,着眼于各个学科的教材,不断挖掘其中适合培养学生思维能力的文本内容和思维训练要点,发现并总结教材中所包含的思维训练点之间的内在联系,进而构建不同学段针对同一思维能力训练的层级递进目标序列表,让学生的思维能够在其认知发展水平的基础上呈现螺旋上升的态势,分阶段地提升思维素养。例如在培养学生观察能力方面,各学年的训练目标就各不相同:一年级要训练学生能够按照一定顺序观察静态或动态的事物;二年级要训练学生观察事物发展的过程,并能够抓住变化中的关键特征;三年级要训练学生观察复杂的事件,并能抓住某一阶段的关键特征;四年级要训练学生对事物进行细致的观察,并能总结出事物的具体特征;五年级要训练学生进行分步观察。在此基础上,各学年最终形成全面、全程、有序的培养学生观察力的序列表。思维训练的关键在于依据学生思维发展

的特点,研究制定思维训练的层级目标,这样才可以科学地设定思维课程,有效实施思维训练,最终达到提升学生思维素养的目标。

3."阳光思维"主题课程实施的课堂教学模式策略

课题实验教师在教授学思维活动课程和开发学科思维课程的过程中,自身的思维能力和思维训练执教能力也得以发展。他们总结提炼出"445"活力思维课堂教学模式,即"4步4思5结合"模式。

"4步"是指课堂教学的基本步骤,即情境启思—探究促思—展学言思—迁移拓思。首先,教师要通过创设问题情境,引发学生的学习动机,让学生从心理上对学习产生探究倾向及高层次的学习需求;其次,组织学生通过自主探究、合作交流,进行思维碰撞,促进学生的思维发展;再次,教师设计多元化的学习成果展示形式,引导学生对课堂所学进行有效的总结反思,让学生通过论述、评价等形式将学习到的知识与方法表达出来;最后,引导学生将掌握的知识与方法,迁移到真实的生活情境之中,并学会在生活中分析问题和解决问题。

"4思"即启思—促思—言思—拓思,它们呈现出学生在课堂上的思维发展过程。启思在于引发学生的认知冲突,促思在于促进学生的自主建构,言思在于实现学生的自我监控,拓思在于引导学生对知识的应用迁移。

"5结合"是教学设计的主要依据,即思维内容与教材相结合,思维能力与教学目标相结合,思维活动与教学方法相结合,思维方法与教学策略相结合,思维作品与作业设计相结合。

"445"活力思维课堂教学模式是"阳光思维"主题课程的实施基础,为思维型教学搭建了基本路径,使教师明确了教学活动的核心就是思维引导,也指引教学由教师的教向学生的学转变。

四、"阳光思维"主题课程实践案例及效果

自从学校引入思维型教学理论,开设学思维活动课程,研发语文、数学、科学思维课程以来,教师思维型课堂执教能力大大提升,学生的思维培养有了强有力的抓手和可行的路径。实验教师将学思维活动课的实践经验加以总结,迁移应用于自己的学科课堂教学之中,不仅从学科知识层面上解决了

教学中的难点问题,还为发展学生的思维找到了最佳的策略与方法。

例如,在教授学思维活动课四年级下册的《故事里的智慧》这一课时,教师首先要明确的是本课的思维培养目标——提升学生思维的深刻性、灵活性和独创性,培养学生的故事创作能力。在教学时,教师以故事开头,激发学生对语言艺术的兴趣。在活动过程中,教师先带领学生分析故事接龙,首句是"今晚的月光很好"。选手 A 说:"今晚的月光很好,比赛结束后,我独自走在回家的路上,身后忽然传来异样的声响。"选手 B 说:"我慌忙回头一看,只见警察在追捕一个歹徒。"选手 C 说:"经过几轮搏斗,警察终于制伏了歹徒。"这时,全班同学化身选手 D,任务是创编新的结局。教师要引导学生认识到前面三个选手似乎已经讲述了一个完整的故事,而第四个选手必须跳出常规思维,想到新颖的结局,才能胜出。接下来,学生展开想象,进行小组合作交流,设计新颖别致的结局,并相互评判故事结尾的合理性。通过这样的学习,学生在表达、讨论、评价、反思中渐渐明白只有打破定式、合理想象,才能写出富有新意又吸引人的故事,从而培养了故事创作的思维能力。在课堂尾声处,教师又提供了一个生活情境:游客在参观鳄鱼池的时候,总会向里面扔垃圾或食物,请你设计一条警示牌标语。学生在此前学会了打破定式、合理想象的思维方法,很快想出许多精彩的语句,如"凡是向鳄鱼池扔垃圾者,必须自己捡回"等。

在"阳光思维"主题课程实施过程中,课堂教学的每个环节中都包含多种引导策略:导入环节——在上面的课例中,教师在活动导入时运用了故事情境策略,其实学思维活动课程的每一课都需要不同的导入策略,如提供问题策略、矛盾法等。活动环节——在上面的课例中,教师运用了反向思维策略以激发学生的创新思维。除此之外,学思维活动课程还提供了归类法、发明创造法等策略。教学组织环节——在上面的课例中,教师组织教学时运用了辩论教学策略、跨学科教学策略等,这些都是思维型教学的常见策略。这些有助于提升教学质量、训练学生思维的策略与方法极大地丰富了教师的教学经验,同时也拓展了教师教学设计的思路,提升了教师的教学水平。于学生而言,续编故事也好,创编故事也好,其实都是学习中的难点,然而通过这样有趣的思维课程学习,学生会自然而然地发现思维路径,探究思维方法,在活动中体味思维训练的快乐,思维素养也会渐渐提升。

为了提升学生的思维素养,教师还将思维导图(泡泡图、鱼骨图、根状图、树形图、太阳图等)引入学科课堂教学中,引导学生通过录制短视频、制作手抄报、手工绘画等,最终呈现形式多样、种类繁多的思维作品。创作作品前,学生能够将复杂的问题分解和细化,列出执行计划表,优化问题解决的意识和手段。创作中,为了让思维作品看起来更加直观、易辨,学生还会对作品做精心的修饰,如字体用不同颜色表示,线条加粗,在幻灯片中插入图片、音乐等。创作后,学生还会撰写简洁的文字说明,展现作品的内涵与主题。思维作品的设计不仅提升了学生的审美能力,也激发了学生的想象力,提升了其思维的灵活性和独创性。

多年来,哈尔滨新区师范附属小学校在思维课程建构与实施方面做出了一些探索和努力。下一阶段,我们将以建构"阳光思维"主题课程的评价体系作为研究重点,继续探索和努力,为学生的思维素养提升贡献力量。

畅游祖国山河,滋养胸中丘壑
——在学科融合中涵育思维素养

哈尔滨德强学校小学部 李丹 秦洋

分科教学是中小学课程设置与实施的主要形式,这种编排方式可以保证单一学科逻辑的完整性,保证学科教学内容、学科思维方式的稳定传授。然而,这种课程编排方式也容易造成学生的知识结构孤立、片面化,使学生不能感知学科知识间的相互联系,无法建构完整的知识体系。在这样的课程背景下,学生综合、抽象、概括等基本思维能力的发展受到一定限制,思维品质(如深刻性、灵活性、批判性等)以及包括思维习惯、思维态度、思维倾向、思维情感在内的思维意向的发展也受到了很大的制约。

为弥补分科课程背景下学生思维素养发展的不足,哈尔滨德强学校小学部从学科融合视角出发,构建了美术、语文、地方、音乐等学科融合的校本课程《畅游中国》,为学生思维能力、思维品质和思维意向的发展提供融合性平台。

《畅游中国》以我国34个省级行政区域为主题设置学习模块。在每一个模块的学习过程中,四门学科以统一的主题共同开展课程内容设计,从而建立学科间的横向联系。学生在不同学科内容和学科思维的交叉渗透中,不但能对该省级行政区的地形地貌、气候环境、自然生态、历史人文及社会形态形成较为清晰的认识,还能建构系统化、结构化的思维方式,提高综合性、概括性思维能力。

《畅游中国》校本课程的实施对象是学校一至五学年全体学生。教师根据不同学段学生的思维发展水平,设置语文、地方、音乐、美术四个学科相融合的课程内容和实施方式。每个学年每月聚焦其中一个省级行政区学习模块。课程具体实施方式如下：每月第一周，学生搜集相关省级行政区学习模块的资料。从第二周开始，语文、地方、音乐、美术四个学科分别设置一个课时，在课堂上从不同学科视角完成同一个省级行政区学习模块的学习。

一、《畅游中国》校本课程体系

如图 1 所示，《畅游中国》课程体系中包含语文、音乐、美术、地方四个学科，每个学科都有对应的教学内容。在《畅游中国》课程的开发与实施过程中，不同学科着力培养学生学科逻辑下的学科思维方式，也同时以融合的形式培养学生的综合思维素养。

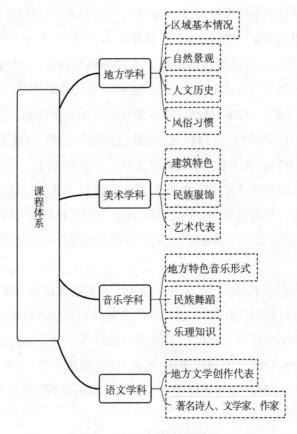

图 1 《畅游中国》课程体系

1. 语文学科

语文学科是其他学科学习的基础。《畅游中国》系列课程中的语文学科教学目标是使学生不仅掌握语文知识,还要具备综合运用语言文字的能力。其一,通过阅读与鉴赏、表达与交流、梳理与探究等语文学习活动,培养和强化学生的辩证思维能力,促进学生深刻性、敏捷性、灵活性、批判性和独创性等思维品质的提升。其二,在语文课程教学中注重抓住时机,循循善诱,发现学生创造性思维的火花,采取灵活多样的教学方式,辅以正确的指导和训练,提高学生的发散思维能力,切实培养学生的创造能力。其三,在语文课程实施过程中,着力培养学生的联想性思维(即由某一事物或现象联系到另一事物或现象,并归纳出其共同或类似规律的思维方式),帮助学生记忆和理解知识,建立知识间的联系,在头脑中形成具有一定结构的知识网络,进而创造性地解决语文课堂上的实际问题。

2. 音乐学科

音乐教育是学校实施美育的主渠道,对培养学生音乐审美的感知能力、提高其音乐艺术素养有着重要的作用和影响。《畅游中国》系列课程音乐学科的学习,使学生不仅感受到各地民歌的风格,还了解了各民族的传统音乐文化。在欣赏歌曲的同时,学生拓展了情感体验,丰富了音乐审美经验,理解了音乐作品中蕴含的相关知识,提高了对音乐的审美情趣。其一,通过欣赏不同地区的音乐作品,学生提高了音乐艺术素养,能够真切地体会到音乐中所表达的情感,提升思维的灵活性和敏捷性。其二,在歌曲教学环节中,教师注重探索学生突破性、创新性思维的训练策略,引导学生在感受歌曲美感的同时以新颖的方式表现、演唱或演奏歌曲,提升其创新能力。其三,不同地区的音乐作品风格特点有所不同,在欣赏不同地区歌曲的同时,教师引导学生思索不同歌曲风格所含蕴的地域文化,在拓宽学生视野的同时,建立作品风格和地域文化之间的关联性,将学生的思维引向深入。

3. 地方学科

《畅游中国》的地方课程内容较为丰富和多元,包含不同地区最具代表性的自然、历史和社会发展等方面的知识。学生在多元化内容的学习过程中,增强了思维的多元化、综合化体验。其一,学生课前搜集整理各个地区的基本概况、美食、名胜古迹等材料,在综合性学习中筛选资料,运用资料,解决课堂问题。此过程培养了学生搜集、整理和归纳信息的能力。其二,学生要在对名胜古迹有所了解的基础之上,设计合理的旅游路线。这一任务培养学生的创造性思维能力。其三,地方学科内容涉猎很广,从南海的波涛到黑龙江的雪景,从上海黄浦江畔的日出到新疆大漠深处的日落,从江南的郁郁葱葱到陕北的黄土漫漫,祖国各地美景都得到了尽情的展现。在不同的学习模块里,学生了解到了不同的地貌地形、气候条件和各个类型的自然景观,锻炼了综合性思维,从整体的角度全面、系统、动态地认识了我们的祖国。

4. 美术学科

美术学科是培养学生创造性思维能力的有效平台。通过《畅游中国》系列美术课程,学生不仅学习了美术知识,还领略了祖国传统的民间艺术。如学生在剪纸设计和制作过程中建立审美意识,提高了手工制作能力和创新能力。其一,教师通过组织欣赏与评述、造型与表现、设计与应用、综合与探索等美术学习活动,培养和提升学生的创造性思维能力。学生感受美、创造美,丰富了审美体验,学习和领会民族艺术精髓,了解文化的多样性,在开阔艺术视野的同时,增强了民族自信心与自豪感。其二,在美术课程教学中,教师注重教学环节的设计,以游戏活动链接学习框架,帮助学生提高学习内容的自我建构能力。其三,在美术课堂教学中,教师注重引导学生用作品表达自己的感受,让学生感受创新的魅力,建立学习的自信心,加强学习和思考的动力。

二、《畅游中国》校本课程的思维培养策略及实操案例

在《畅游中国——走进西藏》的模块教学中,我校教师在美术、语文、地方、音乐四个学科运用上述思维培养策略,引领学生围绕地形地貌、气候环境、自然生态,历史人文及社会形态等学习内容,全方位了解西藏。

1. 利用情景教学,激发求知欲望

在学习《畅游中国——走进西藏》语文课程时,教师首先展示西藏诗人作品的多媒体视频,使学生对西藏有了初步的感悟,调动起学习兴趣。接下来,教师设计了语言文字重组、编写、润色等学习环节,学生根据自身的理解,完成诗文仿写活动。在这节语文课上,学生经历读诗文、悟诗文、创作诗

文等进阶式学习活动,实现了思维能力的梯度提升。

2.联系生活实际,引发联想沟通

在学习《畅游中国——走进西藏》地方课时,学生通过搜集西藏的名胜古迹信息,根据自己的兴趣组建学习小组,以小组为单位设计个性化的西藏旅游攻略。在设计过程中,学生充满好奇心和求知欲,经过不断的修改、创新,最终找到适合自己小组的最佳西藏旅游攻略。联系生活实际正是使学生培养创新意识、提高创造思维能力和掌握创造方法不可缺少的推动力。

3.运用直观教具,加强实践操作

俗话说,"百闻不如一见"。学生由于受到生活阅历和年龄的限制,对于事物的认知有一定的局限性,而利用直观教具教学能让学生看得见、摸得着,从而化抽象知识为具体记忆。少数民族的美食独具风味,藏式甜茶尤为特别。因此在《畅游中国——走进西藏》地方课上,学生在教师指导下制作藏式甜茶,在动手实践中感受西藏特色饮食。在这一过程中,教师引导学生发现问题——怎样制作甜茶,然后辅助学生研究、讨论出制作甜茶的步骤,接下来动手煮甜茶。在甜茶制作的实践背景下,学生体验了确定问题—探究解决方案—实践解决方案的全过程,提升了问题解决能力。

4.变换不同角度,引导质疑辨析

变换角度就是指学生在思考问题时能够从多个层面,沿着不同的方向思考。思考问题的角度是解决问题的起点,角度不一样,解决问题的方法也就不同。美术教学不应局限于绘画的基本功训练,还应注重学生创造力和发散性思维的培养。所谓发散性思维,就是指从一点向四面八方想开去的思维,它是创造性思维的一种基本形式。在《畅游中国——走进西藏》美术课教学中,教师以岩画为导线,带领学生欣赏不同时期的代表作品,例如通过岩画的一个圆形,可以联想到人的头部、石头、动物身体……在艺术创作中,一个图形有不同的表现方式,教师的有效引导可以帮助学生增强思维的发散性。

5.课前律动体验,提升思维能力

律动是让学生借助身体来体验节奏感,通过动作来诱发自身的音乐潜能。律动能很好地培养学生的节奏感和韵律感,提高学生对音乐作品情感的体会能力。

在《畅游中国——走进西藏》音乐课上，教师设置了具有藏族特色的音乐律动教学环节，目的就是引导学生积极参与，体验音乐，快速融入课堂教学情境。学生跟随藏族特有的少数民族音乐韵律，以上身的肢体摆动感受音乐节奏，脚下的踩踏感受音乐节拍，从而完成课前音乐律动、节奏创编等带来的创新思维体验，实现动作辅助下的音乐学习。

《畅游中国》校本课程通过融合的方式为学生提供了多元化的学习平台。课程的主要实施方式是让学生自主收集信息、获取知识、探索方案，进而合作解决具有现实意义的问题。通过两年的实践，学科融合校本课程拓宽了学生的视野，丰富了学生的文化底蕴，使其初步形成人与自然和谐相处的意识。在此过程中，全体学生的思维素养得到不同程度的提升，他们学会更加全面地思考问题，学会遇到困难不退缩，而是与伙伴相互交流辩论以选择最佳解决办法。

经过几年的研究与实践，《畅游中国》校本课程已经具有较为丰富和完备的课程内容架构和具体的实施策略。教师在课堂教学实践中积累了大量的学生思维素养提升策略与方法。在今后的研究中，我们将立足学科核心素养，以培养学生思维能力作为研究的重点，依托融合式校本课程，继续开展学生思维素养提升的课堂实践。

板块二

促进学生思维素养发展的课堂教学策略

运用可视化思维教学策略
促进师生协同发展

哈尔滨工业大学附属中学校小学部　李荫莲　孙悦

为培养适应 21 世纪国际竞争和国家发展战略需要的人才,国家先后发布了《教育部关于全面深化课程改革落实立德树人根本任务的意见》《中共中央 国务院关于深化教育教学改革全面提高义务教育质量的意见》《义务教育课程方案和课程标准(2022 年版)》等一系列重要文件和课程指导,把发展学生思维列为学校教育的重要任务之一。在这一国家教育政策背景下,学校对于学生思维培养的策略与实施路径研究也迫在眉睫。我校在《运用思维可视化,促进小学生深度学习的策略》这一课题的研究过程中,将思维可视化工具作为着力点,促进学生深度学习,并以六条思维可视化策略为教学实施路径,使得学生的思维能力、思维品质得到提升和发展。

一、思维可视化促进校园文化建设

在两年的实践研究中,校园处处彰显着文化可视化这一特点,学校的每一个角落都是思维的生长地、发散地、创新地。

校园里有"长满书的大树",走廊内有可视化的"汉字小时候"……除此之外,学校通过开设具有节日文化特色的课程等丰富多彩的活动方式,多元培养学生的思维品质。

每个班级教室内的三面黑板也为学生开设了一片思维的天地,这里是师生思想情感的交流场、创意思维成果的展示场。这里的思维看得见,它展现了每个班级不同学生的奇思妙想。黑板上还设有"问题角",其目的是用问题激发学生思考。

图形、图像、色彩、符号相比于简单的文字更直观、更具思维可视的魅力。教室外墙上画着可视化剧本故事,每天从这里经过,同学们都会驻足停留。故事里的人物、情节在他们的头脑里迸发出不同的思维火花,他们会用语言、动作等表达自己的所思所想。

二、以"六条思维可视化教学策略"为指引,探寻学生思维发展路径

在思维可视化的课堂上,与"三学"教学模式相融合,六条思维可视化教学策略为课题研究和课堂实践提供了明晰的思维路线图。教师在运用思维可视化教学策略全面提高课堂效能,促进学生深度思考的同时,也着重提升了学生的思维能力、思维品质。

1.把思维声情并茂地"读"出来

在人教版《语文》二年级下册第一单元的课文《古诗二首》中,有一首人们耳熟能详的诗歌《咏柳》。在朗读课上,教师配乐范读后,学生尽情朗读,通过解诗题、知诗人、明诗意,感受诗人传递出来的热爱大自然的美好情感。同时,教师引导学生运用表情符号描述诗人的心情,如"碧玉妆成一树高,万条垂下绿丝绦"——诗人描绘出春天柳枝的妖娆及独特的"绿",很多学生都画了笑脸来表现。

在学习的过程中,教师还引导学生抓住关键词想象画面,然后借助课文中的插图,结合学生的表达,适时进行拓展,如提出问题"春风还可以裁什么?"朗读时,教师用手势引导学生注意诗句的起伏节奏,帮助学生入情入境。这种思维可视化的教学形式,让学生更加了解作者的情感,在沉浸式朗读当中感受文字的魅力。

通过师生朗读、分角色朗读、情境朗读等多种朗读形式,学生在充分朗读的基础上能更好地感受诗意。同时,教师要多次进行示范朗读,引导学生感受语言的节奏及音韵美,巧妙地运用标点符号,把握语音、语调、语气,读好相关文本。

2.把思维形象直观地"做"出来

体育学科中的"障碍赛"活动中,教师尝试将思维形象直观地"做"出来。

学生以小组为单位讨论所需要的道具,研究如何设计赛道,再自主选取道具进行摆放并讲解如何过障碍,最后进行各组的接力往返跑。在游戏中,学生自主思考,在教师指导下不断改编创新游戏。通过自主选择道具和创设自己喜欢的运动场景,学生加深了对体育知识的理解,同时提升了思维创新能力。

在科学课堂上,科学实验尤为重要,教师在课堂上演示实验过程可以引发学生的深入思考。在科学学科"谁重谁轻"这一节课中,根据课程的特点,教师指导学生做实验比较物体谁重谁轻,学生用简易天平将两个物体进行比较,同时讲解出自己的实验步骤,并判断结果。此项环节的设置,有助于学生主动思考,提高动手能力,而边做边讲解的过程也让其思维外显且更加清晰可视。

此外,我们鼓励学生观察周围的一草一木,关注生活里的点点滴滴,再结合自己的观察,运用逻辑思维能力去制作有趣的科学小创作。在此过程中,学生树立了坚持探索、敢于质疑的科学精神。

3. 把思维惟妙惟肖地"演"出来

戏剧课堂上,教师带领学生将剧本中人物的所思所想用语言、动作、表情等惟妙惟肖地表演出来。戏剧角色的塑造需经过学生头脑中个人的思考对人物形象进行二度创作。在表演中,学生探寻角色的性格、思想,每一个戏剧人物都体现了学生对角色的深度思考和理解。

在英语学习中,通过表演故事的形式将语言与情境结合起来,能使学生对故事里的对白产生浓厚的兴趣,进而更加积极、主动地去学习故事中的相关词汇和句子。将语言情景化、交际化的学习,让孩子们在轻松愉快的语言环境中"演"出自己的想法和创意。

4. 把思维条理清晰地"说"出来

在人教版《数学》二年级上册第 8 单元《数学广角——搭配》的教学中,学生要掌握简单的排列和组合知识。这部分知识是学生以后学习排列组合的基础,在日常生活中有广泛的应用。

例题给出了三个数字 1、2、3,要求组成两位数且十位和个位上的数字不能相同,问能组成几个不同的两位数。学生在阅读题目中的数学信息和数学问题后找到关键词,明确解决问题的第一步,就是先从三个数字中选出两个,有学生说:"我用列举的方法选择其中的两个数,1和2、1和3、2和3。"也有同学说:"我在三个数字当中选择两个,就是有一个不要,所以可以不要1剩2和3,不要2剩1和3,或者不要3剩1和2。"解决问题的第二步就是给选中的两个数字放在指定的数位上。有学生说:"由于排列的顺序不同组成的数就不同,所以我们可以交换每组数字中的两个数的位置,组成两个不同的两位数,一共有三组数字,所以能组成6个不同的两位数。"

排列问题考查学生思维的严密性,学生必须按照一定的逻辑顺序思考,才能够找到所有可能的情况。同学们描述解决此类问题的两个步骤,真正地理解了排列的意义,且思路清晰,正确解答了问题。

5.把思维清清楚楚地"画"出来

在"有趣的鱼类"这节科学课中,教师将思维可视化策略融入课堂教学,借助演示法将鱼利用鳃呼吸的过程展示出来。课后拓展延伸部分,学生结合本课内容,绘制有关鱼类知识的思维导图,对本课内容进行梳理,锻炼思维能力。很多同学不仅用画与写结合的方式呈现课堂拓展内容,还在课后通过查找资料的方式,学习了更多的鱼类知识,这些都体现在了他们设计的思维导图中。

6.把思维生动具体地"写"出来

书法学科以"汉字家族"的众多部首为提纲,介绍常用部首及其衍生汉字族群,揭示汉字造字规律,进一步提升学生辨析字义、推断未学汉字含义的大语文拓展能力。在书法课堂上,教师不仅教写字,还从字理的角度将汉字进行拆解,同时借助多媒体设备呈现汉字的起源以及演变的具体过程,让学生了解每一个汉字"小时候"的故事,用故事牵引思维,激发学生书写的乐趣,将汉字之美真实地呈现在学生面前。

三、思维可视化的多元教学评价,促进师生和谐发展

我校将思维可视化策略运用到学科教学中,探索教学方式的变革,使各个学科均实现了教学"四化":零散知识系统化、抽象知识图像化、隐性思维显性化、解题规律模型化。在思维可视化的教学过程中,多元评价使得教师

和学生都有了明显的变化。所谓"教学相长",在研究的过程中,师生思维方式都同样发生着微妙的变化。

1. 思维内驱力作为学生思想的内部引擎,推动着学生思维的发展

思维可视化策略提高了学生的学习积极性,使学生主动参与学习活动,他们强烈的好奇心和探究欲在各个学科的课堂上得到了"说""做""演""画"等各方面的满足。在每一节课堂上,学生的思维都会得到不同程度的锻炼,在不同学科的思维可视化的教学引领下,学生主动思考的积极性不断提高。

思维可视化策略让学生学会用思维能力解决问题。学生更加关注事物本身,不再以个人的喜好、情感为引导,能理解和掌握基本的科学原理和方法,尊重事实和证据,有实证意识和严谨的求知态度,能运用科学的思维方式认识事物、指导行为、解决问题。

2. 思维可视化策略让学生更加勇于质疑

在课堂上,发言的学生多了,更可贵的是学生能大胆表达自己的想法,勇于和老师、同学共同讨论,这成为课堂学习中的一大亮点。思维的碰撞,促使学生在实践活动中主动寻找问题的答案,他们不再百分百地依赖老师,而更愿意独立思考、独立判断,尝试多角度、辩证地分析问题,做出自己的选择和决定。

3. 思维可视化策略让学生更加善于探究

在学习过程中,学生能大胆猜想、假设,并动手操作进行验证。他们注重小组合作,能积极展示小组研究成果;不畏困难,有坚持不懈的探索精神;能大胆尝试,积极寻求有效的问题解决方法。学生在多种探究活动中习得了学习的方法,还会将自己在探究中所获的体会、感悟记录下来。在课题研究过程中,先后有300余名学生的思维可视化作品在多种活动中获奖。

4. 思维可视化促进课堂转变,推动教师教学能力的全面提升

随着思维可视化教学策略的推广和应用,教师在备课、授课过程中也发生了转变。如备课中,教师利用思维导图进行单元知识点整合、课程标准的学习和框架梳理,教学设计、板书设计也丰富起来。此外,教师能及时掌握学生、同学科教师的反馈信息以及实施建议,结合自身的实践体验,总结阶

段性成果,教学能力不断提升。

5. 课堂教学思想发生转变,师生关系变得更加平等、融洽

教师的教学行为发生了深刻的变化,由"以教定学"向"以学定教"转变,由重结果向"重结果更重思维的变化和思考的过程"转变,由"教学模式化"向"教学个性化"转变,这种转变源于教师对学生思维关注度的改变。由此师生交流、合作、互动的行为明显增多,师生关系变得更加平等和谐。

6. 思维可视化教学策略促进教学评价改进

教师所做的课堂教学评价不再局限于教学结果,而是更注重学生的思考过程,评价方式也更加多元。教师更加关注学生的思维能力、思维品质,多元的评价方式能够更好地激励学生,增强他们的自信心和成就感。

在课题研究过程中,学校共开展学科课题集体备课60余次、思维可视化研讨课100余节。本着"公开课就是研究课、研究课就是常态课"的教学研究理念,学校强调课堂教学与课题研究的紧密结合。课题研究锻炼和培养了一批科研型优秀青年教师,教师队伍专业化水平由此得到提升。

思维可视化教学策略极大地促进了我校师生的协同发展,各个学科的教师创新思维可视化的教学情境和教学方式,让学生在自然、自我和自为的状态下进行学习探究,呈现出真实完整的思维过程和探究路径。教师在此基础上掌握学生的认知特点及思维状况,指导学生深度学习,使知识更容易被理解、被评价、被迁移。多元化评价更加关注学生对知识的应用,更加契合新课标引领学生情感、态度、价值观的要求,使得学习方式真正促进学生的思维发展,让学生走向"主动参与、探究发现、合作交流"。将思维可视化策略与学科课程有效融合,提高了课堂教学效能,师生协同发展,实现了为未来而教、为未来而学的教育目的。

促进小学生思维发展的"问题解决"教学模式及案例

哈尔滨市铁岭小学校　姚颖　陈严

思维训练最重要的功能或目的之一是"解决问题"。为了区别于日常用语中的"解决问题",心理学家通常使用"问题解决"这一专门术语进行表述。问题解决的心理过程,不同于人们解决日常问题的心理过程。它是人们在活动中面临新情境或新问题又没有现成的有效对策时,所产生的一种积极寻求问题答案的心理活动过程。问题解决的思维过程,不仅需要运用各种基本思维技能,而且需要在此基础上形成与思维任务特点相适应的其他认知技能。学生在"问题解决"的过程中,既可以获得大量基本思维技能的运用经验,也可以获得问题解决所涉及的综合思维技能的运用经验。

一、关于"问题解决"教学模式的思考

问题是一种情景,在这种情景中,个体知道想做某件事,但不能马上知道做这件事所需采取的一系列行动。因此问题解决就是由一定情景引起的,按照一定的目标,应用各种认知活动、技能等,经过一系列思维操作使问题得以解决的过程。

通过两年多的课题实验,我校构建了"问题解决"课堂教学模式,建立了民主平等、教学相长的新型师生关系,并充分发挥学生的主体精神及自主探究意识,使之养成了乐学善思的良好习惯,促进了学生基本思维素养的发展。

"问题解决"课堂上,学生在"动眼、动手、动口、动脑"等一系列活动中,通过"创设情境,提出问题"—"活动体验,解决问题"—"总结提升,迁移应

用"等学习步骤,发现问题、提出问题、分析问题、解决问题,从而体验学习活动和感受生活,发展思维品质,提升思维水平。对学校来说,本研究为学校实现"减负增质"的目标、改善教学实践中"重知识、轻能力、轻发展"的现状提供了一个可行的路径,同时为学校校本课程的开发和建设打开一条现实可行的通道。对教师来说,本研究可以促进教师教育教学观念的转变,帮助其进一步改进教学方式、方法,提升教学水平。对学生来说,本研究通过问题情境求解激发学生思维潜能,有助于进一步培养其思维习惯和思维品质等。

二、"问题解决"教学模式的一般流程与结构

到目前为止,许多学者提出了多种"问题解决"模式。杜威将"问题解决"过程分为五个阶段,即感觉问题的存在、确定问题的性质、提出各种可能的解决办法、考虑各种办法的可能结果、选择一种解答的方法;波利亚则将其分为四个步骤,即理解问题、拟订计划、实行计划、回顾解答;瓦拉斯提出问题解决的四阶段为准备、沉思、灵感、验证;布朗斯福特和斯特恩开发了五步问题解决模式,即问题识别、问题表征、策略选择、策略应用、结果评价。

上述这些问题解决模式的实质是个体(或学生)在解决问题时所采用的全部可能步骤、阶段或过程,是依据个体(或学生)解决问题时的心理认知程序进行划分的。基于以上各教学模式,我校根据教学实际情况和数学教学的基本流程,提出了"问题解决"教学模式的三个步骤:"创设情境,提出问题","活动体验,解决问题","总结提升,迁移应用"。基本教学模式的程序如下:

1. 创设情境,提出问题

教师在课堂中把知识点以问题的形式融入情境中。这个情境的设置不仅要有新奇性、欣赏性,最重要的是要有探索性,能引起学生观察、思考、发问的浓厚兴趣。教师精心设计难度适当而又有助于学生形成认知冲突的问题,让学生产生一种认知困惑,形成积极的探究动机。在创设问题情境的基础上,由教师或学生根据情境中的知识提出问题。

2. 活动体验,解决问题

数学教学是数学活动的教学,是师生之间、学生之间交往互动与共同发展的过程。在解决问题的探索实践中,教师要引导学生开展观察、操作、比较、猜想、推理、交流等多种形式的活动,利用合作交流设计解决思路使问题情境中的问题与认识结构联系起来,以激活相关的背景观念和先前所获得的解决问题的方法,探索解决问题的途径。

3. 总结提升,迁移应用

教师引导学生将从具体问题中抽象出来的数学模型再应用到现实生活中去,以此来拓展模型的应用。借助模型解决问题,有利于培养学生的问题解决能力。具体做法是由学生收集、整理材料,经分析、概括得出结论,把总结得到的方法、规律应用到新知识中,实现迁移,然后把它用于同类新问题的解决之中。

三、"问题解决"教学模式及案例

1. 创设情境,提出问题

创设问题情境就是在讲授内容和学生求知心理间制造一种"不和谐",将学生引入一种与问题有关的情境中。要注重问题情境的创设必须与教学内容、教学目标相一致。问题情境的设计,不单单指问题本身的设计,还包括对问题的引入方式、利用方式、预计解决方式、引发新问题的方式等的设计。

我们坚持在教学中以问题为主线,让问题成为知识的纽带,引导学生发现问题、提出问题,解析和处理问题,组织学生通过合作探索有效解决问题,这样才能抓住课堂教学中思维培养这个"魂",抓住课堂教学的根本。

以"植树问题"这一节课的教学为例,本节课教师创设了校园三个班植树的情境,巧妙地把三种植树问题融在了同一情境之中。三个班的不同植树要求暗含着植树路段两端的三种植树方式,因此段数(间隔数)与棵数之间就对应着不同的关系。探究二者之间的关系,建立植树问题的数学模型正是本节课的重点。而这一情境的创设有适当的挑战性,能激发学生探究的需求,直指研究重点。这种情境创设有利于学生对植树问题的三种情况进行比较研究,进而与生活实际联系到一起,为学生探究解决植树问题的思想方法提供整体环境。教学情境是教学的突破口,情境的创设不仅有助于学生在不自觉中达到认知活动与情感活动的有机"渗透"与"融合",而且可以使学生的情感和兴趣始终处于最佳状态,从而全身心地投入到学习之中,点燃头脑中的思维火花。

2. 活动体验,解决问题

提出问题是手段,教学的最终目的在于要让学生创造性地解决问题。学生自己能够解决的问题,教师决不代替;学生自己能够思考的问题,教师决不暗示。那么如何恰到好处地帮助学生解决问题呢?可以让学生通过参与各种数学活动,掌握基本的数学知识和技能,初步学会从数学的角度去观察事物和思考问题,促进思维的发展。

活动体验并不是体验活动本身。实践证明,优质的数学活动,要有观察、操作、分析、交流、反思等环节以及丰富多彩的师生、生生互动。在活动中学生能逐步体会数学知识的产生、形成过程,受到数学思想方法的熏陶,获得数学学习的积极情感,感受数学的力量,发展思维素养。

在"四边形内角和"的教学过程中,教师提出问题:"是不是像同学们想的那样,四边形的内角和都是360°呢?我们一起分析与操作,验证一下我们的猜测。"

随后,学生进行小组合作探究,大家通过算一算、剪一剪、拼一拼、分一分、量一量等方法开展学习。课堂上学生经历观察、思考、推理、归纳的过程,利用转化思想探究多边形内角和,归纳解决问题的方法,发现一般四边形内角和是可以通过多种方式方法去进行验证的,如可以用量的方法、分的方法、剪的方法、拼的方法等。学生在经历中体验感悟,在感悟中提升自己的思维水平。解决问题不仅仅要把问题解决了,更重要的是在此过程中收获方法和经验,继而运用这样的方法和经验解决更多的问题。

3. 总结提升,迁移应用

学生在小学学习数学,不仅要弄清课堂所提的问题,掌握数学知识和技能,而且要知道如何运用课堂所想的问题、所学的方法,自觉地、有意识地去认识和理解周围的事物,处理有关的问题,使所学的知识成为与生活和社会实践有密切联系的内容,从而进一步提升思维水平。因此,在教学中,教师还要从如下几方面引导学生应用所学的知识解决一些实践性的问题:

知识拓展层面:数学具有严密的逻辑性和抽象性,相关学习内容的呈现遵循从简单到复杂的规律,学生思维方式也经历从具体到抽象的一个循序渐进的过程,前面学习的知识往往是后面进一步学习的基础。要培养学生思维的灵活性,可以先让学生学会对知识进行迁移。在"四边形内角和"一课的教学中,当学生总结得出四边形内角和为360°之后,还可以将四边形的内角和探究方法应用到五边形、六边形等多边形的内角和的探究上。如此既能对学生进行思维训练,又能培养学生应用知识的能力,更能培养学生的创新意识和创新能力。

现实生活层面:小学数学所学的知识,在现实生活中有着广泛的应用,如购物价格计算,长度、面积、体积和容积的测定等。教学时,教师要为学生提供尽可能多的用所学知识到社会实践中应用的机会。如教学"米、厘米的认识"后,可以让学生量一量教室地面的长和宽,量一量黑板、书桌、课本、文具盒的长与宽,或是回到家里量一量各种家具的长、宽,量一量爸爸、妈妈的身高,等等。这样既能调动学生学习的积极性,又能让学生从中品尝到学以致用的乐趣。

教师可以鼓励学生把自己在现实生活中发现的数学问题说出来,写下来,通过交流、评比,提高他们到实践中去学数学的自觉性。对于三四年级学生,我们要求他们能用简单的数学术语表达思想,有层次地说明思考问题的过程,边操作、边解释,能质疑;对于五年级的学生,我们则要求他们能使用学过的数学术语表达思想,讲明算理,质疑问难,对不同意见能展开讨论,还可以撰写数学札记、数学小论文等。

问题情境层面:教学要创设情境,以帮助学生发现教学与实际问题的联系。如学习了百分数应用题以后,可以编制这样的题目:"小英把积攒的零用钱120元从2019年10月1日开始在储蓄所存定期一年,那么到2020年10月1日,她可以得到多少元钱?"

这样的问题新鲜有趣,与生活贴近,易引起学生的兴趣。他们会自觉地去了解利率、利息等知识,并将之与百分数知识相联系。通过学习思考、调查访问、实际计算,学生不仅能学会数学知识,而且还能了解到一些金融知识,从而增长见识,培养在实际生活中应用数学的能力。

通过"问题解决"教学模式,学生发现、分析和解决问题的能力有所提升,思维品质和思维水平亦获得提升。思维的培养是教育的一种过程、一种艺术、一种境界。它不仅关注学生的品德发展水平、学业发展水平、身心发展水平,更关注学生的兴趣特长培养,关注学生对世界的认识、对社会的观察、对人生的思考。它能引导学生发现自己、帮助学生发展自己、指导学生提升自己、培养学生创造自己。它以提升学生核心素养为中心,全面培养学生的人文底蕴、科学精神、实践创新等素养,为学生的终身发展打下坚实基础。

让思维之花在语文教学中绽放

哈尔滨市南马路小学校　程艳　李冬蕾

2022年版《义务教育语文课程标准》明确指出:语文课程核心素养分为四个方面,即文化自信、语言运用、思维能力、审美创造。叶圣陶先生也曾指出:语文教育在基本训练中,最重要的还是思维的训练。不要只顾到语言文字方面,忽略了思维的训练。① 语文教师应遵循学生思维发展的规律,注重思维的启迪,探索思维能力培养的策略与方法,让思维之花在语文教学中绽放。

一、运用可视化思维支架,让思维能力培养有迹可循

教育的核心是发展思维,而思维是隐性的,通常无法被看到,因此如果我们能够把看不见的思维过程清晰地呈现出来,就能帮助学生更好地理解、记忆和思考。"思维可视化"就是运用图示或图示组合把本不可见的思维路径、思维结构呈现出来。它是发展高阶思维能力的重要工具。

思维导图是思维可视化工具之一。它让抽象复杂的思维过程变得一目了然,使隐性思维显性化。在语文教学中,我们课题组借助思维导图如时间轴、路线图、情节梯等作为思维支架,利用大脑对"图"更为敏感的特性,将思维的过程"画"出来,以帮助学生理解和迁移知识点,突破思维的局限性,让思维的过程清晰可见,进而提高学生思维信息传递及加工的效能,促进其思维能力的提高。

---

① 任苏民:《叶圣陶教育思想研究》,山西人民出版社2018年版,第123页。

时间轴是把一个事件或者多个事件按照时间顺序串联起来,在图文结合中将文章内容相对完整地呈现出来的一种思维导图形式。课题组成员在执教《飞向蓝天的恐龙》一课时,带领学生学习恐龙变成鸟类的漫长而复杂的多个阶段:先引导学生圈画恐龙向鸟类演化的主要时间点"两亿四千万年前""数千万年后""亿万年前"等,并在时间轴上标注出来;再让学生找到猎食性恐龙和奔跑中学会飞的恐龙的关系;最后将猎食性恐龙身体的变化在时间轴上标注出来。时间轴使恐龙演化为鸟类的过程一目了然。运用可视化的方法,文中抽象的文字转变成了图示,抽象的内容变得直观,为学生理清恐龙的演化过程提供了帮助。

路线图是通过图示说明从某个地方到另一个地方,或从某个事件发生地到另一个事件发生地的说明性图示。《在牛肚子里旅行》一课即适合使用路线图创设学习情境,帮助学生梳理文本内容。教师画有牛肚子轮廓图让文本中的情境通过图片直观显示出来,点燃了学生探究的热情。学生在图上用红色的点标出"红头"所经过的地点,再沿着"红头"的足迹把它的旅行过程用线连起来,如此便能清楚地看到"红头"所经地点及牛胃消化食物的情况。借助路线图,学生试着应用表示顺序的词语复述课文,在语言文字的表述中训练思维的逻辑性。学生积极思考,理清文脉,整合语段,在读读、想想、说说的过程中将文本语言内化为自己的语言,促进了言语建构,将隐性的思维过程显性化,在言语训练中培育了思维能力。

情节梯也是语文思维训练的支架之一。针对文本中一波三折的故事情节,提炼重要情节填入阶梯式的图示中,能使学生清晰地看到事情的发展和情节的起伏。《义务教育语文课程标准(2022年版)》要求第三学段的学生在阅读叙事型作品时能了解事件梗概,能简单描述印象最深的场景、人物、细节,说出自己的感受。学生在自主阅读中会产生不同的阅读体验,教师引导学生根据自己的阅读体验绘制故事发展的情节梯,有助于学生增强对文本主要内容和文章主旨的理解。

语文教学课型众多,教学文章体裁、题材各有特点,还可以采用对照表、概念图、情绪图、鱼骨图、泡泡图等不同的思维支架开展学习活动,在语文学习中培养学生探究、想象、概括、分析、判断的能力,提高其思维的独创性、灵活性和深刻性。

二、遵循学生身心发展规律,使思维训练系统化

学生的思维发展是有规律可循的,在不同学段,思维训练的侧重点也各有不同。在语文教学中,我们要关注思维能力形成的螺旋上升特点,遵循学生年龄和思维发展规律,结合各学段的语文要素和思维能力培养目标,使思维训练内容相互衔接,努力实现思维训练的系统化。

1. 小学低年级学生——形象思维占主导地位

语言的积累与运用是低年级学生的重要学习任务,形象思维能力的培育需要在具体的语言实践活动中进行。教师要指导学生在有序观察和联系生活实际想象两方面积累与运用语言。

"创意识字"是培养低年级学生思维能力的一项活动。教师引导学生去观察汉字,通过观察、想象,结合查找的资料再把字的本义及与这个字有关的故事讲给同学听。还可以结合汉字字形编顺口溜,如:"'禾'是田中小秧苗,戴个小草帽。""同学上课要坐直,身体不正就要'歪'。"结合字形编故事,如:"'裹'是有个小孩穿着长衣裳,走到林中摘果子。果子多了怎么办?他脱下衣服包果子,高高兴兴地抱着回家了。这就是'衣'中藏'果'的缘故。"结合这个汉字古时候的样子,推测字义,如:学生在学习"牧"的时候,查到了其古体字,发现古体字的反文旁像人手里拿着的棍棒,又通过查资料发现反文旁的字大都跟棍棒打击有关系。根据这些资料,一个人拿着棍子在放牛就成为学生对"牧"字意思的推测。学生通过思考、想象和推测发现汉字的有趣之处,感受到汉字独特的文化魅力。

2. 小学中、高学段学生——思维的发展已经从形象思维逐步向抽象思维过渡

分析、归纳、评价、概括等思维能力的培养是小学中、高学段学生思维训练的重要内容。在语文教学中,教师可以抓住文章的关键问题,直指学习的疑难点,引导学生去比较,去思考,帮助学生打开思维之门。

在教学《爬山虎的脚》一课时,教师带领学生一起探究爬山虎是怎样爬行的。学生将描写爬山虎向上爬的动词圈出来,并用手当作爬山虎的脚,根

据课文内容在小组中表演爬山虎的爬行情况。小组同学通过认真观察,评价和判断哪个动作表演得好,哪个动作还有更好的改进建议。学生在合作表演中发现"触"这个动作表演时应该是手指轻轻地碰到桌面,"巴"这个动作表演的时候,手指就该用力些……在句子和词语的比较中,学生不仅理清了问题,也促进了观察力和思辨力的提升。

在《巨人的花园》一课的教学中,教师提出"当花园又生机勃勃的时候,巨人明白了什么?"教参中给出的答案是"快乐应当和大家一起分享"。在教学中,针对四年级学生,教师还要注重引导他们在学习文章的基础上,进行思考,并能说出自己对巨人的判断。学生们纷纷表示要学习巨人知错能改的精神,不要学习他的自私、冷酷,并且说出"没有孩子的地方就没有春天""人不能太自私"等自己的主观感悟。这就是由低阶思维向高阶思维的过渡和发展。教师充分尊重学生的自主阅读感受,不强求答案的一致,学生将自己的理解与文章要表达的思想进行融合,形成自己的评价,在交流中将童话传递的真善美浸润心中,在理解和分析中培育了高阶思维。

可见,课堂教学只有遵循学生身心发展规律,系统化训练学生的思维,才能不断提升学生的思维能力。

三、培养问题意识,提升思维品质

教育心理学家马秋斯金认为,思维起源于问题。一个好的问题比好的回答更有价值,因为疑问是思维的开始,也是创造的动力。因此,培养学生的问题意识并鼓励学生质疑,应该成为我们课堂教学的重要内容。在教学中我们常常发现,学生会根据课文内容提出各种各样的问题,有的很浅显,有的能够引发思考,而提出能够引发深度思考的问题不仅反映一个人的理解力强,更体现出学生思维具有深刻性、灵活性、独创性、批判性和敏捷性,这也是一个人良好思维品质的体现。王东升会长在《思维素养内涵的解析》一文中写道:"思维能力的高低可以用思维品质来衡量,同时,思维能力的发展会促进思维品质的提升;而思维品质不仅可以体现一个人思维能力的高低,思维品质自身也可以在思维活动中得到提升并促进各种思维能力的发展。"①因此,基于这样的理解,我们在教学中不仅要鼓励学生勇于提问题,更应该关注学生提出的问题是否恰当,是否是在深入思考的情况下提出的。这对提升学生的思维品质至关重要。

如在语文备课中,我们就非常重视问题的设计。通过课题研究,教师一致认为要在学生不易领会、易于忽略或难以深入的关键处设计问题,做到少而精,要给学生充分的时间质疑、解疑。"提出问题、解决问题"是语文的学科要素之一,在不同学年都有不同的要求,体现一定的序列性。教师要做好引疑工作,就要结合教材"提出问题和解决问题序列性"的要求,带领学生学习提问的方法和策略,让学生疑在新旧知识的结合处,问在难点处、重点处,从而提升其思维的深刻性和敏捷性。

"提出不懂的问题,并试着解决"是《飞上蓝天的恐龙》一课的语文要素。在课前预学时,教师指导学生从内容、写法和受到的启示等方面提问题。师生一起梳理问题时,学生发现:同学们所提的问题中有些问题虽然问法不同,但指向同一个答案;有些问题的答案还能牵出其他问题;有的问题包含在另一个问题之中。比如"为什么恐龙要到树上生活?""恐龙的身体变化是怎样发生的?"这两个问题就包含在"第一种恐龙的后代为什么会繁衍成形态各异的庞大家族?"这个问题中。教师带领学生对照"问题清单",把已经弄懂的问题打上对钩,通过合并相似问题理清问题间的关系。例如可以把"恐龙是怎么学会飞的?""恐龙的演化过程是什么样的?""恐龙是怎么演化成鸟类的?""恐龙和鸟有什么关系?"合并为"恐龙是怎么演化成鸟类的?"此外,"第一种恐龙的后代为什么会繁衍成形态各异的庞大家族?"和"恐龙是怎样飞上蓝天的?"这两个问题是出现频率最高的问题,对此大家可以一起探究。这样的问题设计辐射全文,学生在问题的导引下能直接找到课文中最重要的部分,激发思考的投入度和阅读的兴趣。学生读懂文章的过程就是师生精选问题和理清问题间关系的过程。学生的思维在问题的提出与解决中逐步走向清晰和深刻。

---

① 王东升:《思维素养内涵的解析》,载《黑龙江教育(教育与教学)》,2022年第7期,第45页。

我们的课堂教学应该由"疑"而起，因"疑"探究，解"疑"收获，让"疑"贯穿在教学活动中，点燃学生主动发现、主动探究的思想火花，让学生的学习向语文素养培育转化，促进思维能力的纵向、横向发展。

四、有效的课外延伸，拓展学生思维的深度和广度

阅读是学生搜集处理信息、认识世界、发展思维、获得审判体验的重要途径。通过主题阅读、群文阅读、整本书阅读等不同的形式打通课内外的阅读通道，可以帮助学生在海量的阅读中拓展思维的深度和广度。

传统的单篇精读教学模式已经无法满足学生的学习需求，而群文阅读就能作为单篇阅读的拓展与有效补充应用于教学中，如《探索海底世界》全文共 746 个字，我们在教学中加入散文《说几句爱海的孩子气的话》、诗歌《致大海》、科学小品《深海生物》后，文本达到 5 155 个字，阅读量是原来的 7 倍。在四年级上册神话单元学习中，我们进行了《中国神话故事》整本书阅读的拓展。课题组教师根据书中故事的起因、经过、结果主线清晰和情节起伏的特点，指导学生复述故事。老师们发现跌宕的故事情节多是被学生平淡地讲述出来，有些重要的情节还容易出现遗漏。我们让学生抓住事件的起因、经过、结果，为文本划分层次，按"人物+事件"的方法提炼内容，写在情节梯、情节绳或思维导图相应的位置上，再试着复述给别人听。学生运用阅读支架在概述或复述时能形成视觉思维，思维顺畅了，复述不仅情节完整还能引发其他学生的情感共鸣，整本书阅读也为学生思维的发展提供了实战场地。

阅读与思考同等重要，如鸟之双翼，车之双轮，不可偏废。在五年级进行《中国民间故事》的拓展阅读中，我们让学生运用已有的经验，梳理多篇民间故事的叙事结构，总结文章的结构特点。在比较阅读中，学生发现这些文章不仅叙事结构相似，主题也有相似的模式。学生还发现，主人公都具有善良、勤劳、勇敢的品质，是人们心中真善美的化身，但过于脸谱化和理想化。教师引导学生了解这些文学作品产生的社会背景后，学生渐渐发现民间故事的产生表达了当时人们对现实的不满，以及对理想生活的向往之情。民间故事的主题模式化、人物类型化，反映了一定的价值取向和价值追求，是

中华民族传统文化的一部分。学生在文本阅读中触及社会问题和价值取向,虽然他们不一定有多么深刻的理解,但在长期的熏陶与浸润中,那些美好的中华传统精神会在学生心中生根。

在核心素养实施的背景下,课题组成员在语文教学中将学生语言的运用积累与思维素养的培育相结合,遵循学生的年龄特点,进行科学有序的探索实践,学生的思维素养得到了切实的培育,思维之花在语文教学中绽放。

在数学课堂教学中培养学生
思维素养的案例研究

哈尔滨市公园小学校　杨波

思维是人脑对客观事物的一般特性和规律的一种间接的、概括的反映过程。开展思维训练,培养学生的思维素养,是小学教学的主要任务之一,也是实施素质教育开发学生智能、提高学生素养的重要措施。我校课题研究的主要内容是培养学生思维素养的教学方法和教学策略。基于几十节数学课开展的数学学科案例研究,我们总结出了以下有效策略。

一、运用旧知探究新知,培养学生的知识迁移能力

知识迁移指一种学习对另一种学习的影响。对数学课程一般原则的理解和概括,是实现学习迁移最重要的途径,因此在教学中要注重学生对学科基本概念、定理、推论的理解,引导学生利用已有的知识和经验来理解新情境下的知识。在知识迁移的过程中,学生要经历知识的回顾、概括、归纳、分析、比较,建立良好的知识网络,从而使自主探索成为可能。而"回顾、概括、归纳、分析、比较"正是思维的基本要素。因此,知识迁移可以实现学生的深度学习和高阶思维培养。

以我校教师上的一堂课题实验课"笔算乘法例1"为例。这堂课主要学习 14×12。上课伊始,教师没有马上教学生怎样计算,而是通过创设情境,从学生旧知"两位数乘一位数"和"两位数乘整十数"入手,让学生自主计算 14×2 和 14×10,然后在情境中出示新知 14×12,再结合点子图(如图1所示)让学生自己尝试计算。

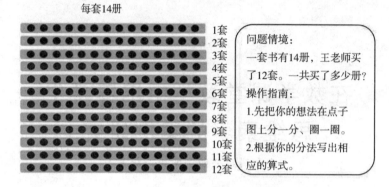

图1

学生在思考怎样计算 14×12 时,联系刚刚复习过的旧知,就会想到可以把其中的一个数拆成一个一位数和一个整十数,这就是用旧知来解决新知,这个过程是学生独立思考、分析、比较完成的。学生在归纳、演绎过程中仔细研究、逐步分析,最后得出明确结论。这个思维过程,就是学生的思维能力得到不断提升的过程。

二、运用数形结合思想,培养学生的数学思维能力

数形结合是指数与形之间形成一一对应关系。数形结合就是把抽象的数学语言、数量关系与直观的几何图形、位置关系结合起来,通过"以形助数"或"以数解形"即抽象思维与形象思维的结合,使复杂问题简单化,抽象问题具体化,从而实现优化解题途径的目的。数形结合思想是一种非常重要的数学思想。

还以"笔算乘法例1"一课为例,教师为了让学生主动探究 14×12 的计算过程及计算过程中各数表示的意义,采用数形结合的方法,运用点子图来突破教学重点(如图2所示):

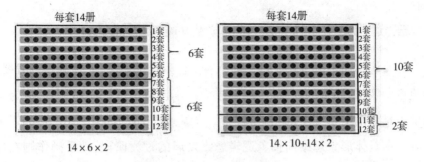

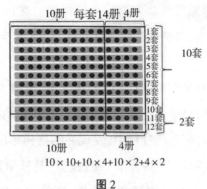

图2

学生在圈画时独立地思考如何计算14×12,并且能将竖式中的各数与点子图的各部分相联系。学生分别呈现了三种情况:14×6×2、14×10+14×2、10×10+10×4+10×2+4×2。这三种情况都可以和点子图中的不同画法对应,从而使学生在数形结合中一步步理解笔算乘法的算理。

再如课题实验课"租船"一课上,教师引导学生采用数形结合的方法解决问题:"22个学生去划船,每条船最多坐4人。他们至少要租多少条船?"学生在利用小棒拼摆、利用画圈直观操作的过程中寻找解决方法。

通过这些案例的研究,我们可以得出结论:运用数形结合的思想,可以使某些抽象的数学问题直观化、生动化,能够变抽象思维为形象思维,有助于学生把握数学问题的本质,这样很多问题便迎刃而解,且解法容易理解和消化。数形结合是一种基础的、重要的数学思想,是解决数学问题的有效方法,可以为学生思考数理提供恰当的形象素材,可以提升学生的学习兴趣,让学生在练习中感悟数学思想,不断提升思维能力。

三、运用动手操作方法,培养学生的创新思维能力

苏霍姆林斯基说过:"手脑之间有着千丝万缕的联系:手使脑得到发展,使之更明智,脑使手得到发展,使手成为从事创造活动的聪明工具,成为思想的工具和镜子。"①动手操作是智力的起源,是思维的起点。小学生的思维正处于由具体形象思维向抽象逻辑思维发展的过渡阶段,动手操作则在抽象逻辑思维和具体形象思维之间架起一座桥梁。在进行操作的过程中,学生需要认真观察、思考,对整个过程进行总结,从而培养思维能力,养成思维习惯。

在课题实验课"梯形的面积"一课的教学中,教师为了让学生自主推导出梯形的面积公式,引导学生把梯形转化成已经学过的图形,再计算它的面积,让学生在主动参与探索的过程中,发现并掌握梯形的面积计算方法。学生采用"拼组法""分割法""割补法"在拼、剪、割补中推导梯形面积公式。合作学习激发了学生的学习兴趣和创造性,有的学生用两个完全一样的梯形通过旋转平移后拼成平行四边形,或用两个完全一样的直角梯形拼成长方形/正方形;也有的把一个梯形分割成两个三角形或一个三角形和一个平行四边形;还有的将梯形沿着它两腰的中点连线,分割成上下两个小梯形,然后把上半部分绕中点旋转补到右边,使之与下半部分拼成了一个平行四边形,最后找到新旧图形间的关系进而推导出梯形面积公式。一系列的思维活动过程中,学生在教师的引导下双手快速地做着思维的体操,思维素养自然形成。

教师教学时应注意把动手操作与学生的深层次思考紧密结合在一起,引导学生在头脑中建构起相应的数学对象或数学概念的心理表征,强调"操作活动的内化",用操作活化、深化学生的数学思考,培养其探究习惯,真正发挥动手操作的内在价值。教师还应为学生提供更多的动手操作机会,课堂上学生们的创意展示反映着他们的数学思维的敏捷性、创造性、探究性。

---

① 苏霍姆林斯基:《给教师的建议》,周蕖、王义高、刘启娴等译,长江文艺出版社 2014 年版,第124 页。

“别出心裁、标新立异、大胆尝试、勇于创新”，这些词语成为数学课堂教学的主旋律。正如教育家陶行知所说，教育要解放孩子的双手。解放了孩子的双手就是放飞了孩子的思维，这才是我们追求的教育的本真。

四、精心设计有效提问，培养学生的深度思考能力

除上述策略外，课堂提问也是不可或缺的重要策略。在案例研究中我们发现，很多课堂上的提问停留于浅表思维，属于碎问碎答。顾泠沅教授曾指出：“许多本该达到理解水平的课，正向记忆水平下降。……所谓‘边讲边问，小步快进’，其实‘讲是为了灌输知识，问是看学生收到了没有’；把教学混同于学科习题的机械训练和简单强化，思考力水平明显下降。”①可见，教师的有效提问，对培养学生的思维素养意义有多重要。

其实在日常教学中，数学课堂上比较有效的泛问是：“你是怎么想出来的？”“还有其他方法吗？”“操作中你发现了什么？”“谁可以到前面来讲一讲？”虽然每课教学内容不同，问题也不同，但这些“泛问题”对引导学生深度学习、培养思维素养是十分有效的。比如在教学“商的变化规律”（见图 3）一课时，教师提的几个问题是这样的：1. 观察这组题，你能发现什么？ 2. 谁能把你的发现归纳概括一下？ 3. 这些规律在平时的计算中有什么作用呢？

观察这组题，你能发现什么？

6	÷	3	=	2
60	÷	30	=	2
600	÷	300	=	2
6000	÷	3000	=	2

观察这组题，你又能发现什么？

6	÷	3	=	2
×10 ↓↑ ÷10		×10 ↓↑ ÷10		
60	÷	30	=	2
×10 ↓↑ ÷10		×10 ↓↑ ÷10		
600	÷	300	=	2
×10 ↓↑ ÷10		×10 ↓↑ ÷10		
6000	÷	3000	=	2

图 3

当第一个问题提出后，学生的观察是侧重于“数”的，比如数扩大 10 倍等，但随着观察的深入，学生会发现几个算式间的联系，从而提出“被除数乘 10，除数也乘 10，商不变”，还能够换个角度观察，“被除数除以 10，除数也除以 10，商也不变”。概括规律时学生一开始概括不全面，但随着思考的深入，他们最终会自己得出结论：“在除法算式中，被除数和除数同时乘或除以一

① 顾泠沅：《教育改革的行动与诠释》，人民教育出版社 2003 年版，第 364 页。

个不为 0 的数,商不变。"

这三个问题从不同方面由浅入深地对学生进行了思维训练。首先第一个问题设计的核心词是"开放"。这个问题并没有限定学生观察什么,只是给了学生思维开放的空间,让学生在观察中去思考,去发现。第二个问题设计的核心词是"归纳",也就是教师引导学生在进行有效的观察后学会归纳和概括。开始学生会先入为主地直观看到数字是否有变化,符号是否有变化,观察顺序或从上到下或从下到上。但随着授课教师的参与(或鼓励,或提示),学生就会在引导下一步步将自己通过观察得出的结论进行归纳和概括,最后将本节课所学的知识散点串成线,形成知识的框架结构。学生们在问题的引领下,思维能力获得提升。第三个问题设计的核心词是"应用"。在学生经历了自己主动探索的过程后,教师顺势提出数学的应用性问题,促使学生由浅入深地对所学数学知识进行更加深入的思考,这样学生学习数学的过程就是思维不断提升的过程。数学课程标准一直强调要让学生学习有用的数学。在本节课中,学生结合已有的积的变化规律的经验,不难猜出只要掌握了商不变的规律,就可以大大提升计算能力。有些题目凭借着这个规律可以进行简算,一眼就能看出结果。学生在课堂上呈现出跃跃欲试的小表情,已经迫不及待地想去应用这个规律解决实际问题了。

通过这个案例我们能发现:学生在这三个问题的指引下,学会了有序观察、比较分析,在举例、归纳的进程中感受推理过程,有效地培养了归纳推理能力,切实提升了数学素养。正如布鲁纳所说,向学生提出挑战性的问题,可以引导学生发展智慧。

五、设计生活实践活动,培养学生的解决问题能力

通过课题研究我们发现,在教学中多利用课堂教学和课外活动给学生开展实践性学习的机会,创造条件让学生在生活中学数学、用数学(如引导学生在日常生活中发现问题,产生研究的兴趣,形成初步的设想并采取具体的行动),可以不断提高学生运用数学知识分析问题和解决实际问题的能力,进而培养学生的创新精神和实践能力。

比如,在线上教学"归一和归总问题"一课时,我们创设了真实生活情

境:"爸爸、妈妈要分别买不同数量、不同价钱的口罩,请你通过算一算、比一比、分一分的方式来回答哪种口罩贵、谁花的钱多,然后再考虑口罩的功能、家人的年龄等因素,回答还可以怎样购买……"问题的设计立足于学生的真实体验,根源于学生的日常生活,引发了学生极大的兴趣。他们纷纷分析、计算,动手操作,对单价、数量和总价知识理解得十分深刻。学生普遍感觉数学原来如此有趣,小小的口罩原来可以引出这么丰富的数学问题,数学与生活联系得如此紧密。这样的问题情境不仅加深了学生原来对单价、数量、总价之间关系的理解,他们自己也能探究归一问题和归总问题的解决策略。

由此案例可见,教育不是灌输,而是点燃,是唤醒。小学阶段的很多数学知识都是和我们的生活紧密结合的。现实生活既是数学学习的起点,又是数学学习的归宿。让学生在生活情境中感知数学,不仅可以深层次地激发学生学习数学的兴趣,还能激发其深层次的思考。为此我们的教学要能够和学生的生活实际相结合,让学生通过训练能够利用数学知识去解决生活实际问题,从而进一步强化数学思维,如此也能更好地让学生认识到学习数学的意义所在。

以上在数学课堂教学中培养学生思维素养的案例,为我们研究课堂教学的有效性提供了理论与实践的参考,研究中我们对一个个鲜活灵动的案例不断分析、反思、研判,教师的研究水平与课堂执教能力不断提升。两年来,我们的研究取得了一些成果,但是培养学生思维素养的研究之路还很长,我们将坚持研究下去,为培养出更多国家和时代需要的创新性人才做好奠基工作。

提升思维品质，打造思维课堂

哈尔滨市大同小学校　李文学　钱宇波

2019年，哈尔滨市大同小学校承担了哈尔滨市教育学会一般规划课题《学生思维培养的策略和方法研究》子课题的研究，确定了《小学语文阅读教学中思维能力培养的策略研究》这一研究主题。此后，学校课题组重点开展小学语文阅读教学中提升学生思维品质的策略研究，在实践中形成了思维课堂教学策略，并在校内各学科推广应用。

为提升学生的思维品质，课题组抓住了"问题""方法""习惯"三个关键点展开研究。提高对这三个要素的认识，掌握落实这三个要素的策略，即可找到思维品质提升的"金钥匙"。

一、问"好问题"，让思维深刻起来

"学贵有疑"，课题组从学生和教师两方面研究有探究价值、有思考意义的好问题，引发学生的思考兴趣，提升学生的创造性思维。

（一）"好问题"特点

一是能够引发兴趣。好问题需要学生静下心读书，经过分析、综合、比较、联想等思维过程才能够解答，因此能够引发学生读书与思考的兴趣。

二是具有探究价值。好问题一般指向文本的重点和难点，涵盖较大的信息量，可从多个角度、多个层面来展开思考，学生可以结合文本想开去、想进去。

(二)"好问题"原则

第一,让问题"鲜活"起来。首先,运用儿童化语言,配合恰当的语气、语调,辅以肢体语言,让问题"亲切"起来、"活"起来。其次,问题不能满足于口头提出,要创设条件把问题展示在学生面前,如借助板书演示、课件展示等。

第二,让问题有"探究"空间。无论是针对通篇文章的框架性问题,还是针对某句某词的细节性问题,问题提出以后,教师要提供给学生充足的时间和空间,让学生充分地自主探究、品味。学生可以查资料、圈点勾画关键词,可以凝神思考,可以写出感悟与困惑。经常这样静静地研读,学生的心灵自然会归于安静,思维也会走向深刻与理性。

如课题组成员教师李金彩在执教《在牛肚子里旅行》一文时,通过有效设计问题,使学生的思维得到了很好的训练。上课伊始,教师提问:"'红头'在牛肚子里的旅行路线是怎样的?借助路线图,用自己的话说一说'红头'在牛肚子里的旅行过程。"学生快速浏览课文,圈出关键词后,完成路线图。教师根据学生完成的路线图情况,分析学生整体把握文章内容的能力。从整体入手把握文意,避免了机械分析,更注重学生的情感体验,能使其思维的深刻性得到训练。

(三)"好问题"操作策略

1.培养学生在预学中发现问题

给学生创造自学的机会,提供充分的独立思考的时间与空间,使学生主动学习,从而在自学过程中养成发现问题的习惯,提高提出问题的能力。

2.培养学生在汇报中归纳问题

发现问题并提出后,教师需要引导学生进行汇报,在小组合作学习、全班交流中梳理、归纳问题。学生集体讨论后,教师筛选出重点问题和共性问题,并汇总在一起,形成一至两个"好问题"作为本节课重点学习的内容,为下一步学习奠定基础。

3.培养学生在精学中解决问题

"好问题"重在解决。教师引导学生通过默读感悟、品词析句、交流感受、有感情朗读等,对"好问题"步步深入地思考,最终得出结论。由此,其形象思维、抽象思维、逻辑思维均得以锻炼和发展。

4.培养学生在训练中提升问题

及时、有针对性地进行训练,把知识积累和技能训练落到实处,能够进一步使"好问题"得以提升。有层次、有梯度地进行训练,使课内"好问题"衍生新的"好问题"或课外"好问题",由此学生思维不断拓宽或向纵深发展。

以上操作策略有效地促进了学生理解力、分析力、综合力、比较力、论证力等基本思维能力的培养,同时,又促进了其批判性思维能力、问题解决能力等复合性的高阶思维能力的发展。

以课题组成员教师王丽执教的《鸟的天堂》一课为例,教师组织学生围绕以上四个策略进行"好问题"的学习,取得了非常好的效果。课前,教师按惯例布置课前预习任务,同学们被大榕树的美丽所吸引,对此篇文章非常感兴趣。大多数同学能够将文本内的好词佳句圈画出来,初步把握课文大意,但人家都对课义最后一句话提出疑问:"'"鸟的天堂"的确是鸟的天堂啊!'前一个带双引号的'鸟的天堂'指的是什么?后面不带双引号的'鸟的天堂'又指的是什么?为什么有两个'鸟的天堂'?"很多同学在上课伊始老师组织汇报学习收获时,均提出这个问题。于是,课堂上,老师引导学生讨论交流、梳理共性问题后,带领学生从此问题入手,抓住"一株""众鸟纷飞"等词语体会大榕树大、绿、奇、美的特点,深入探究文本内容。学生通过小组合作学习、讨论交流、有感情朗读等,逐渐明白第一个"鸟的天堂"加上双引号表示这株特别大的榕树,后面不带双引号的"鸟的天堂"是用天堂来比喻这里是鸟儿理想的栖息之地,是鸟的乐园,以表达作者巴金深深的赞美之情。问题解决了,老师又适时补充学习资料,对被命名为"鸟的天堂"的这株大榕树进行介绍,并把自己去游览的视频播放给同学们观看,还鼓励学生课后收集相关资料进行学习。有的学生将自己收集到的资料发到班级群中共享,其中包括榕树的生长特点、广东省常见鸟类等。本文的学习具有跨学科、内容深、融合多、思维广等特点。老师对能够在预学中提出"好问题"的学生给予大力表扬,同时,对在课堂中积极发表个人观点,课后乐于分享学习资料的学生也一并表扬,并颁发"思考达人"学习奖章。

问"好问题",能够使学生的思维意识、思维习惯、思维倾向均向纵深发展,最终,孩子们会觉得语文学科魅力无穷,从此爱上语文学习。语文课堂,轻松学堂;思考课堂,快乐学堂!

二、引领方法,让思维灵活起来

(一)引领习得方法

小学语文阅读教学,既包含理解文本内容的方法,也包括领悟文本表达的方法。理解文本内容的方法又涵盖预习、朗读、背诵、理解词句段、概括主要内容、感悟事物特点、拓展阅读等各种基本方法。概括主要内容也有许多方法:找中心句、抓六要素、找关键词、合并段意等。这些方法中的每一个又都有具体的方法。教师在教学中,要注重引领学生习得以上方法。

如课题组成员教师孟莉娜在教学《美丽的小兴安岭》一课时,带领学生找第二自然段的中心句。老师带领学生小步子前进,分成四步走:第一步,数数自然段共有几句话,即数句子;第二步,思考每句话讲了什么,即想句意;第三步,概括这个自然段主要讲了什么,即说段意;第四步,找到中心句。

(二)强化习得过程

学习不能急于求成,只有方法得当,"细嚼慢咽",具有隐性特征的思维品质才能得到培养与提升。教师对于习得学习方法的过程要给予重视和强化,把习得的过程原原本本地展示出来。

数句子—想句意—说段意—找中心句,这四个步骤走下来,学生经历了从理解词句的意思到掌握语言的内涵、从认识句式到表达运用、从立足课文语境练说到概括地表达的过程,全方位地感受到了文本所表达出的对小兴安岭的赞美之情。

从思维能力的角度说,学生从中经历、体悟了一系列学习方法,在今后的学习中适时调用原有的学习经验与方法,才能够让思维灵活起来。也就是说,"思维灵活"的基础是掌握多种学习方法并熟练运用,否则便如空中楼阁,没有基本学习力的支撑,何谈"灵活"!

三、培养好习惯，让思维自觉起来

在小学语文阅读教学中，教师要采取各种形式，培养学生主动思考的习惯，让学生在学习过程中口、手、脑并用，主动积极地探究、发现问题。

例如，课题组成员张旭老师在执教《枣核》一课时，以学定教，就聚焦思维能力发展和指向思维品质提升两方面进行教学设计。民间故事《枣核》是一篇略读课文，所属单元要落实两大语文要素：一是"了解故事的主要内容，复述故事"；二是"根据提示，展开想象，尝试编童话故事"。在教学《枣核》一课时，如何既让学生感受民间故事的文体特点、语言风格，又能在扎实落实本单元语文要素的同时，培养学生主动思考的习惯，提升其思维品质，张老师的教学给我们做了很好的示范。

（一）情境探究，聚焦思维能力发展

1. 创设游戏情境，激发学的内驱力

上课伊始，张老师用竞猜的方式，逐个出示学生熟悉的故事形象——女娲、哪吒、葫芦娃等，创设了游戏化情境，激起了学生的兴趣。教学中，张老师教学生用表格熟记故事情节，还别出心裁地将表格做到盲盒里，故作神秘地说："推荐大家一个法宝，我把这个法宝藏在一个盲盒里。"此举吊足了学生胃口，学生学习的内驱力被彻底激发。

2. 注重引导探究，激发学的思维力

张老师精心设置了两个问题引导学生自主探究。问题一："从哪里看出枣核聪明？"这一问题指向文本的结构形式，"暗引"学生明白民间故事都有高潮部分，渗透了民间故事学习中的焦点思维。问题二："枣核为什么要吆喝三次、蹦跳三次？"这同样指向民间故事的叙述形式——反复，"一次肯定不够，两次有点少，三次刚刚好"。反复契合孩童的思维方式，也是大部分民间故事的叙事特色。张老师精心解读教材，精准地引领学生感知言语与思维。

(二)统整想象,指向思维品质提升

1.借助学习支架,统整思考内容

为了让学生讲好故事,张老师引入学习支架——表格,在讲授"戏耍衙役"时"扶着学",在梳理"智斗县官"时让学生独立学。表格填写交流过程中,教师让学生关注"三次吆喝"和"三次蹦跳"的言语之妙,把握民间故事的叙事特点,将零散的学习过程进行了统整。

2.发挥想象编故事,训练发散思维

"县官被打掉牙齿后会善罢甘休吗?"张老师抓住这一艺术空白,让学生发挥想象,小组合作创编故事。学生的思维被打开,有的说县官不会善罢甘休,会将枣核埋在地下;有的说枣核钻进了县官的肚子里……学生创编的故事,角度独特,精彩纷呈,而且大多用上了反复技巧。

(三)横纵链接,构建思维框架

导课时,张老师链接三个故事《女娲补天》《哪吒闹海》《葫芦娃》。初看它们似乎与《枣核》的阅读关系不大,但是随着教学的深入,学生大多发现了几篇文章的内在联系——主人公都与众不同。结课时,张老师重提课前问题:"枣核这个人的出身、故事和女娲、哪吒、葫芦娃有哪些共同的特点?"这就使学生的思维从感性上升到理性,老师进而总结出了某一类故事(民间故事)的特性,形成了类别"图式"。通过构建思维框架,这一类文章的特点清晰地展现在学生面前。

科学奠基人培根说:"习惯真是一种顽强而巨大的力量,它可以主宰人的一生。"好的思维习惯,会帮助学生开发出更多与生俱来的潜能,成就梦想,踏上幸福之路。因此教师应引导孩子爱思考、会思考,遇到事情或问题,多问几个为什么,在经验、认知范围内尽量深入思考,不陷入思维定式,不执着于唯一的解决途径,让思维自觉起来,让爱思考的好习惯萦绕成长的始终。

在为期三年的课题研究工作中,在哈尔滨市教育学会的大力指导下,我校课题组重点研究了以上提升思维品质的策略,完成了各项计划任务,取得了丰硕的成果。成员教师收获满满,教育教学水平大幅度提高,学生的思维能力也有明显提升,在各级各类比赛中屡获佳绩。同时,以上策略在校内各学科组进行了应用推广,全校努力打造"思维的课堂、竞争的课堂、自主的课堂、轻松的课堂"。课堂上,学生的笑容多了,愁颜少了;大胆质疑的多了,沉默不思的少了;敢于发言的多了,怯怯无语的少了……

思维课堂,积极求思,主动沉思,寓教于思,深虑熟思。

课堂中提升小学生高阶思维能力的策略研究

哈尔滨市新阳路小学校　崔玫　刘红玉

《课堂教学中提升学生高阶思维能力的策略研究》这一课题是基于学校课堂教学实践提升学生思维素养的前提开展的。提升学生思维素养,主要体现在提高思维能力、建立思维意向和培养思维品质三个维度。在课题研究中,哈尔滨市新阳路小学校(以下简称新阳路小学)课题团队经过反复实践和探索,改变了传统教学过于关注分数的思维培养模式,重构了具有高阶思维价值导向的课堂教学新样态:以"语言类、科学类、体验类"三大学科课程为载体,以"自主探究—对比分析—概括洞察—综合应用—提升能力"为教学活动的基本范式,开展提升学生高阶思维能力的课堂实践研究。

两年来,学校探索出提升学生高阶思维能力的方法和策略,通过群文阅读、实验课程、机器人课程、项目式学习等,为学生分析、评价、创新等思维活动创造条件。学生能够独立思考、勇于质疑、大胆尝试,想象力、探究力、创造力得到了全面发展。课堂上,教师将知识的传授过程转化为问题的解决过程,将知识的习得过程转化为思维的形成过程,通过师生之间、生生之间的合作探索,建立一种教学相长的新型师生关系。学生的创意表达和独特见解得到前所未有的尊重和包容,他们养成了乐思、善思的良好习惯,探究能力和创新品质均有提升。

一、培养"问题意识",激发高阶思维原动力

近几年,新阳路小学在"阅读+"课程和原有的"问题式课堂教学模式"的研究基础上,以"群文阅读"为突破口,以整本书阅读和大单元教学为推

手,首先开启了语言类课程提升学生高阶思维能力的策略研究,从而带动科学类、体验类课程的全学科探索研究进程。

语言类课程研究团队明确了"群文阅读"的"群文"并非"单篇"的简单叠加,而是围绕特定主题聚合在一起的一组具有结构化特点的文本,学生借此可以从不同角度来分析、评判,形成自己的思维认知。群文阅读通过师生共同参与,发展学生的系统思维、创新思维、批判思维等高阶思维能力,使其在多文本的人文滋养中,获取正确的道德认知与方法论,凝炼终身受益的核心素养。

以刘红玉老师讲授的群文阅读课为例,老师将语文教材中《青蛙卖泥塘》《蜘蛛开店》《慢性子裁缝和急性子顾客》三篇课文作为一组群文,开展群文教学。学生在通读三篇文章的基础上,找到共同信息,即三篇文章讲述的都是商家和顾客之间的故事。为了让学生进一步理解文本特点,老师借助系列问题引导学生深入阅读,从而展开深度思考:首先学生围绕三个故事中"顾客是否满意"这个议题,提取出共同信息、关键信息,这是对学生进行思维训练的基础环节。紧接着老师引导学生对提取的信息进行比较分析,并提出主干性问题:"对比商家和顾客的语言、神态、心理活动等描写,你发现了什么? 在小组中讨论一下,并形成你们的结论,要求阐述结论要有理有据。"学生进行阅读、思考、分析比较,从而发现并理解三个商人的理念与行为的异同。之后老师整合诠释,引导学生将信息整合在"商家经营服务与顾客需求之间的关系"上,从而得到结论,"三种不同的竞争行为,最终有着不同的结果"。这是学生进行深度阅读、深度思考的结果。最后评价反思,老师指导学生根据文本提供的材料,对顾客满意度或者商家诚信度进行调查测评,借此进行高阶思维的培养。

通过在各个学科反复地实践探索,学校逐步总结归纳出若干个"主干问题设计策略",让课堂教学中的问题设计有明确的思维训练指向:一是隐藏着思维陷阱或者知识易混点的模糊性问题,目标直指学生思维的严密性训练;二是能从一点引发不同思维结果或者不同思维方法的开放式问题,目标直指学生思维的发散性训练;三是具有认知冲突或逻辑矛盾的不合理问题,目标直指学生思维的批判性训练;四是在逻辑线索上环环相扣、层层递进的连环式问题,目标直指学生思维的深刻性训练。

二、构建"思维型教学流程",促进深度学习

学校有意识地把高阶思维能力的训练融合到日常的学科教学中,梳理出"思维型教学流程"。此教学流程无学科限制,各个学科的教师都可以在教学内容适用的情况下运用。

(一)巧设情境,助力进阶

教师应遵循思维由低阶向高阶过渡的原则,创设与生活相关的教学情境,从演示与理解到设计与探究再到比较和应用,引导学生经历归纳、演绎、比较、推理等思维过程。

科学学科的探究性特点对培养学生的思维能力发挥着独特的作用。马老师在教学《动物的相同点和不同点》一课时,不仅仅让学生上网搜集相关资料,而且给学生设计了"如果你是⋯⋯(动物)"的亲身体验活动,让学生通过感触、思考、思辨实现从知识到能力的转化。课上,学生通过触摸金鱼和蚂蚁,认真仔细地观察,然后把金鱼、蚂蚁画下来,并将它们各部位名称介绍给自己的小伙伴听。最后学生根据两者外部形态特征思考"哪些特点和习性让它们更适应现在各自的生活环境条件",再结合搜集的资料进行分析,将结果填写在观察记录表格中。这节课上,老师借助模拟情景,开展了观察、比较、分析、综合等探究性活动,学生通过有理有据的观点表达提高了思维能力,对被观察物留下深刻、生动的印象,形成了实事求是的科学态度和严谨的思维方式。

(二)合作探究,突破难点

教师应结合学科特性开展实验探究,通过分析、思考、讨论培养学生的证据意识、科学推理能力。

近两年新阳路小学引进了创客教育,开展跨学科课程,先后开设了机器人社团、3D打印笔社团、航模社团。学校将机器人课程引入课堂,学生经过教师指导和团队内的深入思考、合作探究,进一步解决现实问题,如"机器人

动作时如何掌握平衡",形成了"不断实验—修正—再实验—再修正"的合作探究过程。在这个过程中,教师进行科学设计,让探究、游戏与合作学习相结合,动手实践与科学思维、计算思维、工程思维相结合,跨学科素养与学科核心能力的培育相结合,放手与引导相结合,科学精神与创客精神相结合,让学生体验到了通过强化思维训练把想象变成现实的乐趣。

(三)迁移应用,加深理解

深度学习最终的目的是迁移,课题组在教学中设计了迁移的具体生活案例,帮助学生进行知识应用与迁移,提升其将知识转化为方法的能力。

学校语文教师深入开展的整本书阅读活动,就借助文本中有趣的故事情节、人物的不同经历等引发学生深度思考,为学生的思维发展提供了足够的想象空间。比如在《不老泉》读书交流会上,老师抛出这样的话题:"如果你就是书中的主人公温妮,发现了这口泉水喝不喝?""假如你拥有这不老的泉水,你会选择让谁喝?"……让书本与学生的生活建立链接,让思维素养服务于生命的成长。

(四)评价反馈,总结提升

在检测学习成果时,教师不仅仅要关注学生的记忆理解应用能力(低阶),更要关注学生的分析评价创造能力(高阶),促进其高阶思维的发展。

以孔庆敏老师进行的大单元教学为例,人教版《语文》五年级下册第七单元安排了《威尼斯的小艇》《牧场之国》《金字塔》三篇课文,它们在表达方法上既有共性,又有不同之处。这三篇课文合起来其实又是一个整体,兼顾"动态—静态""城市—乡村""现代—古代""地理—历史"……孔老师整合单元内容,利用两课时完成基础教学,五课时引导学生经过思考发现几篇文本的共性描写方式,再通过找不同之处感受不同国家、不同地域的历史、文化、习俗等人文特点,最后再用两课时进行教学跟进,完成课后练习和语文园地的内容。整个教学过程通过思辨、评价和总结、反馈环节,提升学生的文学素养和思维素养,给学生以通过一组文本了解"世界各地"的整体感知。

三、应用"可视化思维工具",提升思维深度与广度

学校鼓励教师结合教学内容,适当运用"思维导图""六项思考帽""图形组织器"等多元思维工具,让思维可视化、形象化。

思维导图又叫心智导图。学生通过发挥想象,找到关联条件,进行总结归纳、分类整理、拓展延伸,可以在混乱的信息中理出条理,再从条理中寻找规律,培养良好的思维习惯。

"六项思考帽"是"创新思维学之父"爱德华·德·博诺(Edward de Bono)博士开发的一种思维训练模式,或者说是一个全面思考问题的模型。它提供了"平行思维"的工具,主要以六种不同颜色的帽子代表不同的思维方式:白色代表客观,强调陈述问题;绿色代表创造,强调解决问题;黄色代表建设性观点;黑色代表质疑;红色代表直觉判断;蓝色代表总结。在教学过程中,教师着力帮助学生掌握思维方法,培养思维品质,提高思维能力。尤其是在习作的讲评中,学生根据"六项思考帽"的思维方式运用正向和逆向思维,分析评判,从多种角度进行习作互评,更有效地提升了思维素养和思维品质。"六项思考帽"让老师和孩子们实现了"作家之梦"。"戴上六项思考帽"作文讲评课让学生插上了"隐形的翅膀",师生平等对话,甚至"百家争鸣"。

英语学科的教学中,教师采用鱼骨图等教学工具为学生搭建支架,引导学生掌握英语拼写规律,通过比较、归纳、总结等思考过程,做到听其音知其形,见其形知其音,提高学生的英语听说能力。

四、开展"项目式学习",激活高阶思维

我校突破课堂的时空界限,在部分学科开展项目式学习,以"学习者、经历、活动"为核心,在学生的"最近发展区"提出"有意思+有意义"的研究项目。

韩老师在教学《月相的变化》一课时,课前先引导学生阅读相关绘本做好基础的知识储备,再采用生生互动、师生互动的方式进行科学学科关于月球与地球的关系等知识的讲解,最后借助饼干呈现月相变化的状态。上述

步骤将知识掌握与思维训练紧密融合,这种融合综合了实践、语文和科学三个学科的特点。项目式学习不仅引导学生主动明确了思维意向,而且极大地提升了学生的思维能力,深受学生喜爱。

学校还通过开设戏剧课程让学生真听、真看、真感受,将学到的知识进行迁移,提升孩子的整体素质以及各种能力。无论是戏剧课程还是学科整合性课程,每一次项目式学习的过程中,学生全程都在做中学、用中学、创中学,经历发现问题、解决问题、建构知识、运用知识的过程,通过创造性的思维进阶活动,培养创新精神和实践能力,做到知行合一。

五、遵循"四大法则",为高阶思维课堂教学保驾护航

通过实践与研究,课题组逐步总结出构建高阶思维课堂教学的"四大法则",并逐渐将之作为教学设计与实施的主要策略与应用准则。

(一)让学生集体承担建构知识的责任法则

构建高阶思维课堂应采用合作探究学习方式,让每个学生贡献观点、意见、问题或新资料,从而丰富讨论。此法则意在让每个小组分担知识建构的责任,以积极的态度参与讨论,并能欣赏他人的贡献。

(二)对权威性的观点建设性地批判使用的法则

此法则意在禁止学生用"复制粘贴"的方式处理所收集到的权威性论述。学生可以收集多样化的权威性论述,并系统地、有条理地用自己的语言表达出来,形成自己的独特见解。

(三)对真实的问题进行深入知识建构的法则

对于在日常生活中发现的有趣的问题,要将之转化为可供大家研讨的主题或议题,此法则强调要进行深入的探究和构建,而不能浅尝辄止。

(四)坚持相互沟通、优势互补、教学相长的法则

此法则强调采用合作探究的学习方式,充分发挥学生的主体作用,加强

同伴间的沟通和交流,老师只以参与者的姿态融入其中,从而达到取长补短、共同进步的目的。

思维素养是整体化和结构化的统一,提升学生思维素养的三个维度的关系又密不可分,互相影响。学生思维素养的培养是教育者不断探索研究的方向,这就要求我们不断提升教师教育教学科研能力,继续探索提升小学生高阶思维能力和培养学生思维素养的策略,完善适于学生思维高阶发展的教学模式,服务于学生的全面健康成长。

依托"三探究三讨论"教学模式
提升益智课堂教学效率

哈尔滨市雷锋小学校　李丰艳　刘慧鑫

随着基础教育课程改革的深入,以核心素养为培养目标的课程导向已成为教育界普遍共识。在落实核心素养的过程中,思维日益受到人们的重视。要落实核心素养,就必须重视学生的思维发展。为此,哈尔滨市雷锋小学校(以下简称雷锋小学)经过多年实践研究,开发了"益智课堂"思维课程群,注重培养学生在多学科融合下的思维品质与关键能力,如问题意识、科学思维等。2020年,雷锋小学在哈尔滨市教育学会带领下参加了《在益智课堂中培养学生思维素养的实践研究》这一子课题的研究。在研究过程中,我校以开发学生的思维潜能、提升其思维品质为目标,以"益智课堂"思维课程群为依托,深入开展了"三探究三讨论"教学模式的实践探索,极大提升了益智课堂教学效率。

一、益智课堂"三探究三讨论"教学模式

雷锋小学以"三探究三讨论"教学模式的益智课堂实践为依托,多层次拓展学习空间,实现以问题困境为起点,在游戏中激发学生思考并充分地自主探究的意识。益智课堂能培养学生从多角度、多层次、多方式发现问题、分析问题并解决问题的思维习惯,促进学生思维素养的发展。

益智课堂以益智器具为活动载体,以"三探究三讨论"为教学模式,在实际教学中,教师借助有效的策略和方法,潜移默化地把相关知识、能力、品质以及态度、情感、习惯融入学生的学习实践中。培养学生代数、几何的图形概念理解及应用能力,改善其视觉观察和空间规划能力;培养学生面对问题

时熟练应对的能力,以及有序思维技巧;让学生打破惯性思维,培养逆向思维、创新思维,提高学生的动手能力、社交能力、决策能力……这些培养目标直接指向学生思维能力、思维意向和思维品质的全面提升。

二、益智课堂"三探究三讨论"教学模式的实践与应用

1. 一探一讨,找准思维能力发展的生长点

一探一讨,初步探究学生思维素养的原生情况,在益智课程中尝试找准思维能力发展的生长点,培养其良好的思维习惯、思维态度、思维倾向。

学习活动是丰富多样的,而益智课堂上的游戏器具基于其本身的问题性、情境性、可操作性等特点,可以成为学生在原有课程基础上进行探究性、体验性学习的有效载体。

在"九连环"教学活动中,针对拆解九环的最终目标,教师设计了探究问题群,即解环个数、第一次拆解的连环和最少步数之间的关联,设置了由易到难的三次探究任务,并通过问题驱动引发学生思考。

第一次探究任务为"初步探究解一至三环并记录步骤",教师提出"为什么一二环要一起上下?""所有的环能不能直接拆下来呢?"等问题让学生边操作边思考边调整。之后,教师通过追问"为什么一定要留着第二环?""你认为拆的过程中最关键的一步是什么?"等多个问题,再次引导学生找准问题的切入点加以探究,为思维能力的发展奠定良好的基础。

在这个环节的探究中,学生在教师的带领下,起始的盲目操作逐渐转为有了思考的方向和路径。首先,进行了问题转化,步入模型建构的场域。教师通过引导学生及时进行操作步骤的观察、记录,无形中将器具中的问题情境转化为了对数学问题的观察、思考,为总结规律、尝试建模提供了可能性。其次,发现了联系,奠定模型建构的基础。学生在较少环数的简单任务中,很快体会到上、下环之间的联系即拆解和还原过程的互逆关系,并通过"解环必须隔一环解一环"的特点发现了不同连环中奇数环、偶数环的拆解规律,让陌生的器具富有生命与温度,让思维能力得到发展与延伸。

2.二探二讨,促进思维能力多维度提升

二探二讨立足于益智课堂,进一步引导学生在学习实践中探究每款益智器具对思维能力的培养策略。在猜测、思考、讨论、验证的过程中,学生尝试多层面、多角度、多方式地思考问题,夯实了理解力、分析力、综合力、比较力、概括力、抽象力、推理力、判断力等基本思维能力,在综合各种基本思维能力的基础上形成了批判性思维能力、创造性思维能力、问题解决能力等复合性的高阶思维能力。

我校十余位教师在课堂实践中,利用推理与数独、双马双骑士、飞叠杯、魔方、九连环、汉诺塔、九巧板等多款器具进行了课堂教学与理论相结合的研究,探索"益智课堂"的教学模式。在引导学生思维能力的多维度发展与延伸上,益智团队的教师还以问题解决的策略与思维能力训练的方法为切入点,分别从推理与数独等方面设计案例,进行教学研究与交流。

运用数学推理的方法进行数独游戏,这不仅是在向学生渗透简单的推理方法,而且还培养了学生有顺序地、全面地思考问题的意识。简单的推理不仅是进行数独游戏的基础,也是日常生活中应用比较广泛的思维形式,同时也是发展学生抽象思维能力和逻辑思维能力的好方法。作为实验教师团队的成员,刘瑞滨老师在执教人教版《数学》二年级下册"数学广角——推理"时,将数学推理和数独游戏进行整合,引发孩子对数学、对数字的兴趣,让学生借助趣味数学游戏领略数学之美,并以此课程的开发作为培养学生分析问题、逻辑推理、语言表达等核心素养的有效载体。

在"数学广角——推理"一课的"二探二讨"环节,师生共同完成六宫格数独和九宫格数独,将1—9这9个数字分别填入行、列、区里,要求既不能重复,也不可缺失。教师引导学生利用表格,借助符号、运用排除法进行推理,并通过六宫格和九宫格的尝试理解推理的原理,由浅入深地在自主尝试、调整的过程中解决问题。学生在经历困惑、失败的过程后体验到成功的喜悦,在潜移默化中积累了推理的经验,同时开始有序、全面地思考问题,有条理地进行数学表达。

在课例实施的过程中,无论是课程背景的研究、目标的确立,还是核心素养的培养,都体现了数学与生活的紧密联系。通过中期指导课教学,学生由浅入深地掌握了数独游戏的规则,掌握了解决数独游戏的基本方法,同时学习了多种推理模式,并学会用语言表述推理过程。益智课堂数独游戏活动培养了学生开动脑筋、主动思考的良好习惯,其理解力、分析力、综合力、比较力、概括力、抽象力、推理力、判断力等基本思维能力得到了有效的锻炼和提升,并且接受了新知识,拓展了视野。

3. 三探三讨,强化思维能力的纵深发展

三探三讨指根据已获取的思维经验再次梳理调整,总结解决问题时获得的思维经验、思维方法,以深入培养和训练学生思维品质的深刻性、灵活性、独创性、批判性和敏捷性,将之有效地加以拓展与迁移。在探究讨论过程中,教师指导学生通过拼一拼、量一量、摆一摆、做一做等自主实践活动,探究解决问题的方法、途径、策略,探索规律拓展思维。

刘杨老师在"四巧板"益智课程的教学过程中,结合器具板块少、基本图形多的特点,将其与《数学》五年级上册第六单元"多边形的面积"知识进行整合,在拼摆图形的过程中,引导学生发现拼摆技巧并计算拼摆图形的面积,在益智课程中进行数学知识的拓展与迁移,收到了较好的教学效果。

在"三探三讨"的巩固提升环节中,刘杨教师提问:"你能计算出四巧板中的五边形板的面积吗?如果将图形进行这样的分割,你认为好不好?"通过计算组合图形的面积,学生学会依据特定情境和具体条件,选择制订合理的解决方案,从而寻找解决问题最简单、最有效的方法,实现方法的最优化。

接着,刘老师请学生拼摆出下面的图形(见图1),并计算出它们的面积。"将这两个图形的面积和'T'字形、'箭头'形的面积相比,你发现了什么?"

图1　四巧板图形

"等积变形"是解决图形知识时常用的数学思想方法。通过对一副四巧板拼摆的不同图形面积的比较,学生清楚、直观地理解了这种抽象的数学思想,丰富了人文积淀。

最后，同桌合作，从两副四巧板中任选几块，拼摆出一个组合图形，并测量数据，计算出这个图形的面积。

学生在自主探索、动手操作、合作交流的实践活动中，拓展了思维，培养了自主解决问题的能力。拼摆并计算的过程中，学生根据不同情境选择或调整学习策略和方法等，进一步巩固了组合图形面积的计算方法。

在进行"箭头"图案的面积计算时，学生呈现了分割法、填补法、割补法三种不同的计算方法。学生能够独立思考、独立判断，利用转化的思想，多角度、辩证地分析问题，能根据题目的不同条件，从中选择适合自己的学习方法，有效培养了批判性思维能力、创造性思维能力、问题解决能力等复合性的高阶思维能力。

"三探究三讨论"教学模式贯穿于益智课堂的每节课中，有利于学生掌握运算等方面的基础知识、基本技能，体会学科知识与生活之间的密切联系，进而运用数理逻辑思维思考问题，增强发现问题和提出问题、分析问题和解决问题的能力，提高学习兴趣，养成良好的学习习惯，培育初步的创新意识和实事求是的科学态度，最终提升整体思维素养。

问题式课堂教学模式，让"思维型"教与学深度发生

哈尔滨市群力经纬中学校　尚勇　管弘

哈尔滨市群力经纬中学校在哈尔滨市教育学会《学生思维培养的策略和方法研究》总课题组的指导下开展了"问题式思维型课堂教学模式"的实践与研究。两年的课题研究让我们明晰了思维素养的概念与内涵，厘清了思维素养的结构及各要素的关系。结合课堂教学实践，我们梳理出了"问题式思维型课堂教学模式"，为高质量教学提供了保障。

一、问题式思维型课堂教学的模式

问题式课堂教学模式是依据教学内容，由教师创设问题情境，以问题的发现、探究和解决来激发学生的求知欲，培养学生的思维素养、实践与创新能力的一种教学模式。它包含四个步骤，每一个步骤在训练思维的过程中既有交叉，又有不同侧重。

（一）用好思维意向，创设问题情境——助力学生生成探究问题的兴趣

在问题式课堂教学模式中，问题情境的创设是教师准备和实施问题式课堂教学的着力点，问题情境创设的质量影响学生学习的过程与效果。创设良好的问题情境须站在学生的角度，将课程本身与现实生活中学生熟悉的问题或已有的学习经历及经验联系起来，过程中要充分发挥思维意向（非智力因素）功能，将学生的学习设置在有意义的情境中，诱发学生的认知兴趣，激发学生探究问题和自主思考的内驱力。

一是充分利用生活中的事例进行问题创设。例如在讲授"二分法"这节课时,教师借助电视节目中的一个游戏——在最短时间内对某物品进行估价激发学生的兴趣。同学们立即热情高涨,以中间价进行估计,主持人会提醒价格估得过高还是过低了,然后学生在相应的价格段再取中间值。由这个生活实例顺利地过渡到二分法的教学,使学生真正感觉到自己是在学有意义的"数学",真正体会到生活与数学的密切联系。在导入式问题教学内容被学生"解决"以后,教师再引出学生感兴趣的其他系列二分法的应用问题,提升学生的知识迁移能力。

二是充分利用丰富的背景知识进行问题创设。例如教学"数列"这一章时,教师由古代的三角形数、正方形数引入数列的概念,由高斯算法引入等差数列,由古印度国际象棋趣事引入等比数列等,这些数学典故有的反映了知识的形成过程,有的反映了知识点的本质。这样的故事情境不仅能够加深学生对知识的理解,还能增强学生探究数学世界的兴趣。

三是运用应用性问题进行问题创设。问题创设可以借助于一些应用性较强的问题,让学生熟悉问题的背景,从实际出发建立数学概念、模型,从而形成数学思想。如在进行"均值不等式"的教学时,可设计这样的应用问题:"某商品在进行降价促销活动,打算分两次降价。有三种讨论方案,甲方案是第一次打 a 折销售,第二次打 b 折销售;乙方案是第一次打 b 折销售,第二次打 a 折销售;丙方案是两次都打(a+b)/2折销售。作为消费者,你认为哪一种方案更实惠?"由一个经济生活中的问题,给学生提供了一个抽象的、概括的数学化思维过程,在这样的问题情境下,学生非常感兴趣,乐于去思考,从而更有助于问题的解决,也就有利于提高学生解决问题的思维能力。

(二)激活思维能力,设计思考问题的链条——助力学生生成思考问题的逻辑

问题链的设计有三个步骤。首先,基于核心素养目标确定单元学习主题中的核心观念。其次,依据核心观念设置与之关联的主干问题。最后,围绕主干问题铺设序列化子问题。

主干问题的设置需要注意以下几点:一是要促进核心观念产生,需揭示

核心观念背后的知识本质,反映知识的发展脉络,彰显其蕴含的基本思想。二是要设置与内容密切相关的少而精的关键问题,给学生提供充足的思考与探究的空间。三是要有一定的挑战性和开放性。四是主干问题之间在知识、方法、思维、价值观等方面应彼此关联。

设置序列化子问题时需充分展示子问题与主干问题关联的核心观念的生成与发展脉络,深入揭示其背后蕴含的知识与基本思想,让学生于"自主—合作—探究"的学习场中,实现"子问题—主干问题—核心观念—核心素养"的路径提升。教师可以根据教学目标,首先构建出一个核心问题,然后分解这个核心问题,产生若干子问题,再构建出这些问题间的逻辑关系,形成问题链。

以语文课堂"多件事写人文章"的共性阅读策略教学为例,教师可以这样构建核心问题:"这个人物对于作者的意义是什么?"然后分解这个核心问题,产生以下若干个子问题:"作者叙述了哪些事件?""这些事件之间是什么关系?""人物有哪些表现?这些表现发生在什么情形下?""这些表现的动机是什么?""作者为什么要写这个人?""这是一个怎么样的人?""作者用怎样的语言形式写这个人?为什么用这样的语言形式?""作者的思想感情变化过程是怎样的?"

(三)形成思维品质,开展解决问题的互动——助力学生生成回答问题的观点

在创设情境、提出问题后,分析问题就成为本模式的重要一环。这个环节包括学生自学、合作与探究、互相讨论和教师点拨等几个方面,这是一个求异和求同的过程。在问题链的牵引下,教师引导学生通过"自主—合作—探究"的学习方式解决问题,同步对学生的学习方法进行适当的指导。

自主解决问题的思维过程是让学生从学习体验中自主提取、归纳、概括的思维加工过程。教师通过选择适当的方法,确保学生直接与被传递的新知识产生联系,使学生通过自己的探索来学习,获得经验。例如物理、化学、生物要尽可能地把演示实验变为学生探索性实验,使学生从被动观察、被动记忆、被动理解中解脱出来,从而以积极尝试的态度来参与其中。

合作解决问题的思维过程是让学生在自主思维的基础上,以合作探究的形式逐步从多方面、多角度进行由旧知到新知的思维加工与认知重构。学生通过自读、自学、实验、讨论等方法解决问题,从而提高收集、处理有关资料、文献、数据的能力,并在探索中训练概括新知识的能力,提出解释或解决问题的方案,进而培养创新能力。

探究解决问题的思维过程是教师根据课堂实际创设恰当的引导问题,让学生在相关学习材料的加工过程中积极开展比较、归纳与概括等思维活动。教师的"导学"过程就是教师与学生、学生与学生间的对话过程。在对话过程中,教师着重在话题的方向上进行引导,引导的思维线索要遵循"问题链",也就是围绕"问题链"进行渐进式的、全方位的设问。例如,在"硝酸的性质"一课的教学中,教师展示硝酸样品让学生观察后,可设计下列问题:"纯净的硝酸应是无色的,为什么常见的浓硝酸是黄色的?""如何使变黄的浓硝酸变无色?""在中学学习范围内,溶液颜色是黄色的还有哪些?它们显黄色的原因是否相同?"以此激活学生思维,将学生对问题的理解引向深入,转化为理性认识。

(四)发展思维素养,生成问题的追问——助力学生养成善于思考的习惯

在学生经过自学、探究、展示、点评,基本达成学习目标之后,教师要引导学生对本节课所学的重点内容、规律和解题思路、方法、技巧,形成知识的整体框架,并在此基础上进行相关知识点的拓展,让学生运用课内所学新知解决拓展的问题,以进一步将本节课的学习目标内化到自己的认知结构之中。在这一过程中需要注意的是,部分学生常常照本宣科,或者暴露出一些理解不正确、不完善、不深刻的问题,此时就需要教师通过点拨或适当讲解把学生的思想偏差纠正过来,引导学生将感性认识上升为理性认识。

二、问题式思维型课堂教学模式的价值呈现

(一)为师生成长赋能

"问题式思维型教学模式"的实践与研究让教师通过"问题"教,激发了学生的自主学习动机,让学生掌握了自主学习的方法。无论是课堂呈现还是课后监测,学生的综合学业素养测评均呈现稳步上升的样态。问题式思维型课堂上学生的变化无形中激发了教师的专业研修动力。为了让自己的课堂能够有思维的感染力,教师们品味到了专业发展的魅力,开始了深度备课,有效促进了自身的专业化发展。问题式思维型课堂不仅为学生奠定了"思维"发展的基础,而且充分地展现了教师的教学灵气,绽放着师生的创新思想。

(二)让教学质量可持续高质量发展

以思维素养提升为主线,将问题式思维型课堂教学研究融入教学常规管理,借助全面质量管理理念搭建问题式课堂教学常规管理模型,让教学质量在思维素养发展规律中可持续、可循环,覆盖教学"设计—实施—评价"的全过程,学校分别针对相关标准开发出可供教师实时操作的工具型教案、工具型听课本、工具型质量分析、工具型命题框架等实操载体,保障了思维型课堂教学模式成果的实时性与不断完善性。

在梳理问题式思维型课堂教学模式的基础上,接下来,我们将围绕问题式思维型教学开展系列协同研究,深化学校教学改革,让每一节课都能实现"每一点思维碰撞都能产生智慧和灵感"的师生美好发展愿景,让我们的学生在思维灵动的课堂中实现高效学习、高质量成长,让我们的教学实现高质量发展。

集文史融合之力，提升学生思维素养

——以语文课堂教学为例

哈尔滨市第四十五中学校　王彦波　董雅涛

一个人的素养不仅包括知识、能力，还包括态度、情感、行为习惯、行为倾向（由人格决定）等。思维素养主要体现在三个维度上：思维能力、思维品质、思维意向。基于此理论基础，结合校情，我们在 2019 年申请了《通过文史学科融合培育学生思维素养的策略与方法的实践研究》这一课题。在两年的课题研究过程中，课题组立足课堂教学实际，总结梳理了一些文史融合的有效策略与方法，取得了良好效果。下面以语文课为例，阐释文史融合策略对培养学生语文思维素养的有效性。

一、借助史料学习文本，培养学生对文本主旨的深刻理解力

中学语文教材涉及的历史知识是极其丰富、非常广泛的，语文学科提倡跨学科学习，与其他课程相结合，以提高学生的综合素质。人们常说"文史不分家"，在语文学科的教学过程中辅以历史知识可以加深学生对语文知识的理解、助力语文文本的阅读赏析，从而影响学生的思维习惯、思维态度、思维倾向、思维情感等。

以《〈孟子〉三章》中的《得道多助，失道寡助》一文为例，如果仅凭着文言文的翻译，学生感受到的是在战争中怎样做才能取胜，即"天时不如地利，地利不如人和"。但是老师在导学案中布置了这样一个任务：自主了解孟子其人及孟子所处的时代、孟子的政治主张。学生在了解、掌握这些历史之后，再经过老师的课上点拨，最终能领悟到这篇文章表面上是在谈论战争，事实上谈的是治国之道。学生对文题中的"道"也会有更深刻的理解，"道"即是

施行"仁政"。在战国时期，诸侯争霸、战乱频仍，孟子反对兼并战争，他认为战争太过于残酷，主张以"仁政"统一天下。这也是孟子"仁学"思想的体现。孟子提倡"以民为本"，认为"民为贵，社稷次之，君为轻"。学生在学习文言文知识的同时，借助历史知识更深入地了解了孟子其人、孟子生活的时代，也感受了上古先贤的伟大人格魅力及其先进的、发展的、富有人性的思想主张，这势必对学生的思想形成一定的正面导向。教师在小结处可以提出几个值得探讨的新课题：为什么孟子雄辩而他的"仁政"却不为当时的统治者所实行？孟子的观点对此后两千年的中国社会和世界历史有什么影响？……这一系列问题以跨学科融合的张力展现了认知与逻辑的魅力，引导学生进行独立思考，提升了学生的理解力、分析力、概括力、抽象力、推理力、判断力等基本思维能力，也促使学生形成了批判性思维能力、创造性思维能力等复合性的高阶思维能力。

二、开展文史主题综合实践活动，丰富学生对文本学习的个性体验

倡导个性化教育属于我国新课程标准的重要特点，个性化思维的养成可以帮助初中生解放天性，发展为富有个性的个体，对学生核心素养的培育及其一生的身心健康发展也具有积极的意义。研究期间，我们课题组共同开发了文史主题综合实践课《走近萧红》。为了更好地了解萧红这位女作家，上好《走近萧红》这一课，2019年11月，我校七年级学生进行了一次"走近萧红"的主题综合实践活动。学校组织学生参观了萧红故居和萧红纪念馆。活动中，学生们纷纷拍照、录视频、录讲解的内容。活动结束后，学生们又结合参观时的所思所感，充分发挥想象力，突破原有的知识圈，纵横发散，将知识串联、综合沟通，并通过知识、观念的重新组合，寻找更新更多的设想、答案或方法，制作了关于萧红的手抄报，撰写了观后感，并且把萧红的故事讲给身边人听。最后各班将此次主题综合实践活动的精彩瞬间制成短视频，从撰稿到照片的选择都由学生分小组来完成，作品在班级群、家长群、学校群进行展出，老师和家长都为孩子们的创意纷纷点赞。学生通过这项活动，极大地丰富了对文本的个性体验，并且在体验中以自己的独特视角对文

本进行再思考、再辨析、再提炼,良好的思维品质得到了有效培养。

三、借助史料学习文本,培养学生全面分析问题的能力

语文教材中几乎每一篇文章,每一部作品,都产生于一定的历史背景并反映某一时期的社会现实。而这些背景,学生在历史课中或多或少都接触过,教师讲授前要引导他们熟悉当时的历史背景,这将有助于学生更深入地理解课文。比如李白、杜甫虽然都生在唐代,但他们的诗歌风格却大不相同。生活在盛唐时代的李白被誉为"诗仙",其作品大多浪漫飘逸、豪迈奔放;而杜甫目睹了"安史之乱"引起的民声衰落和民众的绝望,作品绝大多数反映民生疾苦,故被誉为"诗圣"。

借助史料,还可以帮助学生更好地理解文学作品的内涵。例如,鲁迅先生的文章《藤野先生》,我们第一次看的时候,会产生如下疑问:为什么鲁迅先生看到留学生赏樱花、学跳舞那么生气? 为什么鲁迅解剖考试只是及格,日本学生就认为是抄袭? 藤野先生给"我"讲课、鼓励"我"这些小事为何让"我"多年不忘? 了解相关史料后,学生对上述问题就很容易理解了。鲁迅等人出国留学的目的是"师夷长技以自强",而这些留学生却在看到樱花、学了舞蹈之后忘了初衷。鲁迅这样一个急于救国的中国学生,他怎么能不紧张、不愤怒呢? 甲午战争后,清政府签订了丧权辱国的《马关条约》,"国弱民受欺",因此在日本学生眼里,中国学生及格都是作弊得来的。如此境况下,藤野先生对"我"不仅没有歧视,反而平等相待、真诚关心,这样的老师鲁迅怎么会忘记? 结合历史,一切问题都迎刃而解。史料的介绍可以由教师完成,但如果由学生完成则效果更好。在搜集、整理、质疑、表达的过程中,孩子们学会了借助已学过的历史知识来理解文本,培养了学科间内容相互渗透的学习能力,同时养成了全面分析问题的思维习惯。

四、借助史料学习文本,加深学生对文本历史背景的了解

许多文学作品其实也是一部历史典籍,它们不仅注入了文学的、艺术的智慧,更是社会历史风貌的集中呈现。如我国第一部诗歌总集《诗经》,虽然它的文学样式是诗歌,属于语文教学的内容,但就其诗歌所反映的社会情况

论,它又是历史学家研究的重要典籍。所以,在授课时,教师要适当引入历史背景,让学生在历史中学习语文知识。只有这样才能更贴近作者的思想情感,才能让学生在阅读中碰撞出思维的火花。

其实,不光是诗歌,解读大多古代文学作品都需要把历史背景融汇进去,如此才能更好地领略文本的现实意义。如在讲授《范进中举》时,学生很难理解为什么范进会在高中后发疯,经常会简单地认为他都做官了,这应该是好事,他是不是高兴得发疯了。这时教师就需要引导学生了解当时的历史背景,要让学生知道封建社会"万般皆下品,唯有读书高"的畸形意识,要让学生知道古代科举的艰辛,了解古代社会的官衔等级,只有学生弄懂了这些历史知识、历史背景,形成系统的知识体系,才能为下一步理解文章主旨打下坚实的基础。

一个人的思维态度、思维习惯、思维倾向和思维情感等非智力因素对思维活动具有重要影响,以历史为背景,理解文本的现实意义,能够触发学生的深度思考,提升学生的思维素养。

五、借助史料,提升学生的写作能力

思维品质可以体现一个人思维水平和质量的高低,在议论文写作中,它起着至关重要的作用,决定着文章表达的深刻性。议论文写作要求学生观点鲜明,论据充分。所以我们必须尽可能多,也尽可能全面地让学生了解一些历史上典型人物的典型事例,这样才能让同学们在分析材料时有的放矢,准确找到切入口,写出论据充分、观点鲜明的优秀文章。

例如,在开展励志/立志类作文的写作指导时,可以让学生查阅春秋时期卧薪尝胆的越王勾践、秦朝末年破釜沉舟的项羽、西汉时代忍辱著《史记》的司马迁等历史名人的励志故事。从古至今,中国历朝历代都有为国家、为民众而立下凌云壮志并竭力践行的事例。这些历史人物的感召定会让学生对励志有更深入的思考,他们会在倾听、思考、辩论的过程提升思维的深刻性、灵活性、独创性、批判性和敏捷性。如此学生的写作就会论点新颖而独到,论据充分而翔实,论证严谨而有力,久而久之,其思维品质也就得到了培养。

综上所述,集文史融合之力,提升学生思维素养的研究还刚刚起步,以上是我们以语文学科为例做的一些实践研究。目前我们的课堂教学还存在一些问题,与新课程标准的要求还有很大距离。这就要求教师要充分挖掘教材背后的故事。文史融合的课堂让学生跨学科、跨领域、全面综合系统地思考问题,让学生有机会"异想天开""心驰神往",思维得到解放。学生学有所思,学有所悟,实现了真正的深度学习,更重要的是学生的思维素养得到提升,核心素养培育由此落地生根。

促进学生思维素养提升的大单元
教学策略与实施案例

哈尔滨市旭东中学校　郭晓光

　　大单元教学突出的是系统的分析和整体的设计,需要我们在"大观念"的统领下构建学科知识体系。为了探究如何借助大单元教学促进学生思维素养的提升,使学生具备适应社会发展需要的品格、关键能力,实现全面发展,结合学校教育教学的实际情况,我校申报了哈尔滨市教育学会教育科研规划课题的子课题《通过大单元教学促进学生思维素养提升的策略与研究》。我们的研究流程为:学科组基于研究的课题,确定课题研究主题;备课组选定典型课例,组内自行以"问题"为中心进行策略研究;教师"一课两讲"进行课堂实验和观察;教研组二次问题会诊,研修;教师再次课堂实践进行验证;修正完善,拓展应用策略。经过不断的研磨,课题组成员结合学科的研究主题,开展了课题实践课的研究活动,并取得了研究成果,发展了学生的思维素养,达成了思维素养培养目标。

一、通过对教材的重组加工,设置开放性活动,培养学生的思维素养

　　在进行大单元教学设计时,为了让学生更好地体会知识的来龙去脉,每位实验教师都先从宏观的角度整体"消化"教材,再进行"个性模块"整合。在集体备课研讨时,备课组教师根据各个知识之间的联系,根据不同的课型,对教材的内容进行重组和加工,确立学科授课的"大单元模块"。每节课的授课都从学生思维的"最近发展区"出发,充分考虑本节知识与已学的知识以及未研究的知识之间有怎样的内在联系,并采用类比、对比等方法,使

学生对研究内容与研究方法进行感悟,从而提升学生的思维素养。

数学学科教师在参与课题研究的过程中,依据数学学科的特点,深入挖掘了教材中各个知识点之间的内在联系,并将教材内容进行合理的重组加工。特别是在复习课或几何综合推理题的讲授上,教师通过设置一些开放性命题,采用自主探究和小组合作交流的教学方法,发散学生的思维,给学生充分的时间和空间进行知识间关联的感悟。同时采用多种信息技术辅助教学,更加直观地呈现各个图形以及数量之间的联系。如冯国莉老师讲授"平均数"一课时,以生活中的数据导入,在引入新知识"权"和"加权平均数"环节,对教材进行重组,设计了开放性的问题,引发学生思考并体验"权"产生的必要性和"权"的意义,突破难点。此外,冯老师设计了两个开放性活动:一是让学生给数据赋权并计算,体会"权"的意义和作用,并巩固加权平均数的计算方法;二是让学生针对数据分析结果,提出改进意见。让学生体会加权平均数以及数学知识在日常生活中的运用,培养了学生的数学思维,也提升了学生的分析力、判断力、创造力等思维能力。

二、在有效情景中进行教学设计,发展学生思维素养

素质教育应基于学科特点和核心素养内涵确定课程主题。为此,各学科组在核心素养培育背景下,以一个完整的教学主题确立教学范畴,在大单元教学设计时,特别注重问题情境的设计。通过创设问题情境,教师不仅要让学生掌握其中的知识,还要让学生学会分析和解决问题,从而带动学生认知方式的发展。孔子曰:"知之者不如好之者,好之者不如乐之者。"在一个大情景之下,同学们的好奇心被充分调动,不断变化的课堂活动让学生分散的注意力得到了有效集中。一个不断循环、不断重现的学习过程,无疑是一个螺旋式促进学生掌握知识和技能的过程,让学生的思维习惯、思维态度、思维倾向、思维情感得到发展。

对于六年级的教师来讲,中小学教学的衔接问题是一个很大的难题。六年级的学生刚入初中不久,有的学生还不会听课,注意力集中的时间短;有的学生还没掌握学习方法,基础知识不够扎实。就英语学科而言,有的学生接触英语少,没有形成英语思维能力,还有一部分学生因为词汇量不够,

读不懂题。由此不难看出,掌握单词含义及用法是学生学习的最大障碍。针对以上问题,从大单元教学的角度出发,英语学科组确定了"通过多维活动,提高六年级学生英语词汇的应用能力"这个研修主题,实质上就是通过开展不同的活动,夯实学生的英语基础知识,缩小学生之间的差距,解决学生存在的词汇记忆问题。多维活动包括教师在课前对教学内容进行整合,整理所有话题对应的词汇和核心句型,以及课内教师的活动和学生的活动、课后教学内容的拓展活动等。学生通过观察、模仿、体验、探究和展示,在自主学习和合作学习中,借助单词的音、义、形来学习词汇,掌握字母的发音规律和词性转化的方法,获得有效记忆,实现了对语言的深度学习。

再如,化学学科丁大鹏老师在讲授"化学元素与人体健康"一课时,首先提出一个问题:"人体的健康与哪些元素有密切的联系?"这一部分内容与学生特别贴近,但是各种元素对人体的健康到底有哪些具体的作用,学生并不十分理解。因此这节课的学习理念就是:从生活走向化学,从化学走向社会,学生活中的化学,解决生活中的问题。本节课采用了开放式的教学方式,要求每个学生提前了解三四种元素对人体健康的作用,并重点收集某一种元素对人体健康的影响(包括元素的生理功能、食物来源以及如何补充、摄入量多少等建议)。在教学过程中,教师只是辅助学生展开调查,收集和整理资料,培养学生获取和处理有用信息的能力。在课上,学生相互介绍元素的知识,相互交流与补充,提出更好的建议来共同完成常量元素钙与微量元素铁、锌、碘对人体健康的影响这一部分内容的学习。在一次次的思维碰撞中,学生的合作意识和语言表达能力得到发展,思维素养进一步提升。

三、充分利用思维导图,整体构建知识体系,提升学生思维素养

要善于运用思维导图,发散学生的思维,让其深刻性、灵活性、独创性、批判性和敏捷性等思维品质得到提升。就像一张拼图,每一块独立的拼图都是整个拼图重要的一部分,而它只有和大家拼到一起的时候,才能发挥自身价值。世界上的万物都是联结在一起的。思维导图体现的就是思维的延伸。常见的思维导图有圆圈图、树状图、气泡图、流程图、括号图和桥形图等。教学一定是围绕着核心的知识展开的,教师一定先明确教学要解决的

问题,然后思考要解决学生的问题应该做哪些铺垫。做好铺垫之后,对重点内容加以分析,而后让学生通过练习,对常见的错例进行分析,巩固所学的知识。学生亲手设计的思维导图,更能充分体现出思维水平的差异性与多样性。

思维导图可以给学生一个整体的概念,让学生关注到知识的内在联系。随着思维导图的不断扩充,知识的储备越多,它们之间的联系就越清晰,由此构建了完整的体系。对于英语教学而言,思维导图的使用可以小到以每节课的教学内容甚至一个话题为中心,也可以根据听说课、阅读课、写作课等不同的课型特点来勾画。特别是阅读课教学中,用思维导图把握文章的整体结构,有利于学生对文章进行理解,为写作做好铺垫。其实,从学生设计的形态各异的思维导图中,我们就能感受到学生思维的丰富性。教师给学生提供更多的空间,学生的潜能才能最大化地发挥出来。

物理学科组的教学打破教材单元的编排局限,采用整体备课的方式,以重构学科知识逻辑体系和情境为中心进行教学方案的设计。教师先从形式上给予学生整体的观感,再在日后的教学中通过各种教学环节的设计,逐步进行细节知识点的讲授。教科版《物理》九年级上册第七章"磁与电"及第八章"电磁相互作用及应用"分别介绍磁现象,电生磁、磁生电以及电与磁的相互作用。这两章内容在教学中具有相似性和关联性,其学科思维素养的培养目标维度也几乎一样,并且学生易将以上内容混淆。所以在教学中,学科组把这两章内容进行整合,让学生通过对这两章教学内容的思维导图的纠错,站在高处统揽"电与磁"的全面内容,同时洞悉每个知识点,辨析相近的知识。学生通过讨论电动机与发电机的异同点,进一步明确了它们的工作原理、能量转化、结构以及应用等方面的不同点,对于培养学科思维具有现实意义。

实验教师遵循学生思维发展规律,结合学科的教学特点,开展大单元教学,改变了过去以当堂教学内容为单一视角考虑教学设计的定式思维。教师从学生的特点和已有的认知出发,让学生亲身经历问题的解决过程,教学中不仅关注学生问题解决的结果,更关注学生是怎么思考的。通过把关注点放在了解学生是否已经建立了本学科知识的体系之上,提高了学生分析、总结、评价、概括等思维素养,促使学生不断完善学科的系统知识体系建构,进而灵活应用本学科的核心内容,同时也促进了教师和学生思维素养的共同提升。经过对课题的研究方法和路径的探索,我校形成了思维素养培养的课堂教学样态,打造了具备丰富性、多样性和创造性的课堂,使学生在获得对学科知识的理解的同时,在思维能力、情感态度与价值观等方面得到更多的发展和进步,从而切实提升了学科教学的科学品质,让学科素养的培养落地生根。

在学科教学中培养学生思维能力的策略研究及案例

尚志市珠河初级中学 姜雪峰 吕春子

思维是人接受信息、存储信息、加工信息以及输出信息的过程。学生学习的过程即是思维的过程,教师应把知识、能力、态度、情感、习惯等方面的素养培育落实在学科教学实践中,以此提升学生的思维能力。哈尔滨市教育学会会长王东升在《思维素养内涵的解析》一文中,对"思维能力"是这样界定的:"思维能力是在思维过程中形成的,支持思维主体完成思维活动所必须具有的能力。思维能力既包括理解力、分析力、综合力、比较力、概括力、抽象力、推理力、论证力、判断力等基本思维能力,也包括在综合各种基本思维能力基础上形成的批判性思维能力、创造性思维能力、问题解决能力等复合性的高阶思维能力,它是整个智力的核心,参与、支配智力活动。"[1]鉴于此,我们课题组以《在学科教学中培养学生思维能力的策略研究》为主要内容开展了系列实践研究活动,并总结出以下策略。

一、巧设"问题链",培养学生逻辑思维能力

逻辑思维能力是指正确、合理思考的能力,即采用科学的逻辑方法,对事物进行观察、比较、分析、综合、抽象、概括、判断、推理,并能准确而有条理地表达自己思维过程的能力。在学科教学中,教师巧设"问题链",可以引导学生深入思考,进行多元化、多层次的探究与发现,学会构建学习思维的路径,提升思维能力,从而真正实现学习效率的提升。

---

[1]　王东升:《思维素养内涵的解析》,载《黑龙江教育(教育与教学)》,2022年第7期,第44页。

以数学学科为例,其课程目标是提出能引发学生思考的数学问题,促进学生积极探究,让学生用数学的思维思考现实世界,增强解决现实问题的能力。以"多边形的内角和"一课为例,学生要掌握多边形的内角、外角、对角线和正多边形等概念,以及理解、掌握多边形的内角和定理,并会应用它解决问题。教师根据教学目标和教学内容,在课上设置了以下五个问题。问题①:"展示生活中的图形,说说你知道的图形。"问题②:"大家知道三角形的内角和等于 180°,正方形、长方形的内角和都是 360°,长方形、正方形是特殊的四边形,一般的四边形的内角和是否等于 360°?"问题③:"能否把四边形转化为三角形,利用三角形内角和定理求出四边形内角和?"问题④:"如何求五边形、六边形的内角和?"问题⑤:"n 边形的内角和是多少?"五个问题结合学生已有的知识或经验,将教材知识转变成具有一定系统性、层次性,相对独立又相互关联的系列"问题链"。

问题①让学生观察和比较生活中的图形,问题②从学生熟悉的已知特例出发,分析四边形的内角和是 360°,问题③培养学生的分析问题、解决问题的能力和推理能力。接下来的问题引导学生进一步思考、归纳出多边形内角和公式:n 边形的内角和等于 $(n-2) \cdot 180°$。以上问题链的设计具有层次性和缜密的逻辑性,在课堂中对学生连续发问,能促使学生不断思考,保持思维的连贯性,拓展思维的广度和深度。

教学中运用暗含高阶逻辑思维的问题链,引导学生积极互动,不停地思考和探究理解,整个教学活动在一个个由浅入深、循序渐进的问题中推进。学生通过观察、比较、演绎、归纳和总结,激发了对数学的兴趣,提高了思维能力。

二、开展深度阅读,培养学生批判性思维能力

批判性思维的定义为对新知识或新事物能保持问题意识,通过自身思考对事物进行深刻的分析、认真的反思、审慎的质疑,最终做出独立且理性的判断,并付诸决策或行动的思维实践活动。批判性思维有三个要素:机体、事实和思维。在学科教学中,教师主要对学生的分析、推理和评价等批判性思维能力加以培养,推动其形成正确的价值观。

以英语学科为例，授课教师执教人教版九年级教材第 4 单元课文"He Studies Harder Than He Used to"时，实施培养批判性思维能力的深度阅读教学策略，收到了很好的效果。文本讲述了 15 岁留守儿童李文的经历，教师在语篇分析上从四个方面入手：Used to be and now（李文的过去和现在对比）；Unhappiness influence schoolwork（不快乐影响功课）；A long talk（父母与他长谈）；Li Wen has really changed（李文的改变）。课堂上，教师立足语篇学习，引导学生深度挖掘文本，分析李文厌学的深层次原因。教师追问："Have you had the same experience as Li Wen?"（你曾经有与李文相同的经历吗?）"If you meet such difficulties, what will you do?"（如果你遇到这样的困难，你会怎么办?）"Do you have confidence to overcome them without help?"（没有他人帮助的情况下，你有信心克服难题吗?）上述问题引发学生的反思，加深学生对语篇内涵的理解，有助于学生个人观点的形成。教师再次追问："What other things do stay-at-home children face?"（留守儿童还面对哪些其他事情?）"How can we help them solve the problems?"（我们能如何帮助他们解决这些问题?）这里的追问鼓励学生敢于质疑，发展了学生的批评思维能力。

深度阅读是语言与思维相互作用的过程。提高学生思维能力的深度阅读教学策略架起了阅读与思维的桥梁。

三、绘制思维导图，培养学生问题解决能力

培养学生解决问题的能力是课程标准的总体目标之一。问题解决能力（问题求解能力）是复合性的高阶思维能力。所谓问题解决能力，指能够准确地把握问题发生的原因，利用有效资源，提出解决问题的意见或方案并付诸实践，再进行调整和改进，使问题得到解决的能力。

思维导图是一种将思维的过程用图形与文字结合的方式呈现出来的思维工具。在课题研究中，思维导图是我们在学科教学中培养学生思维能力常用的一种工具。美术组编写了思维导图校本教材，学校在 44 个教学班开设了思维导图绘制课，协助我校学生熟练运用思维导图。

以地理学科为例，随着"改变地理学习方式"理念的提出，授课教师尝试将思维导图用于地理教学中，作为培养学生问题解决能力的一种教学策略。

例如,为了使学生掌握陕西省的自然地理环境特征及地理因素影响下的生产生活情况,教师带领学生在地图中查找陕西省的纬度位置,随后,将思维导图整合到教学中,使学生对陕西省的地理位置与各要素(气候特点、地表特征、农业经济、旅游文化等)之间的联系有更清晰的认识,通过对比分析,了解秦岭南北两侧自然环境、地理景观和居民的生产生活习惯的明显差异。学生借助思维导图进行学习,能更好地掌握陕西省地理要素之间的内在联系,提升地理学科核心素养。

研究发现,在学科教学过程中,思维导图让学生的思维可视化、具体化、可管理化,有助于教师和学生在课堂活动中进行有效的思维互动,培养学生的问题解决能力。

四、通过自主实验探究,培养学生创造性思维能力

物理、化学、生物学科的学科培养目标之一是提高学生主动参与、勇于探索的学习能力,改变"动手能力差"的被动学习模式。因此,在学科教学中适当引导学生进行动手实验操作,使学生在多种感官的协同参与下有所发展、有所收益,是实施素质教育的有效方法,也是培养学生独创性思维的极佳途径。

研究期间,我们充分发挥物化生学科特点,开展了动手实验操作主题实践活动,每个教研组结合学科特点设计创造性思维能力培养活动。以化学学科为例,人教版九年级第六单元课题二为"碳和碳的氧化物",教师通过小结氧气的实验室制法来归纳概括实验室制取气体的思路和方法,再辅以实验操作,使学生分析问题、解决问题的能力,认识事物过程的能力得到进一步发展和提高。教师首先提出探究问题①"探究实验室制取二氧化碳的原理",问题②"探究实验室制取二氧化碳的装置",问题③"探究二氧化碳的验证方法和验满方法",问题④"制取一瓶二氧化碳气体",然后让学生设计和完成一些简单的化学实验,锻炼学生的实验操作技能,使之初步学会运用观察、比较、分析、归纳等方法。学生自主探究实验室制取某种气体时,需考虑药品的选择、装置的设计、实验的方法等,由此化学教学真正转变了学生的学习方式,使学生积极主动地获取化学知识,并且养成科学的态度,获得科

学的方法,在探究实践中逐步提高了创新思维能力。在物化生学科中,我们通过开展适合学生自主实验探究学习的各种活动,增强学生动手实验操作能力,培养学生的科学实验素养,提升其发散思维、逆向思维、逻辑思维等创新性思维能力。

培养学生的思维能力是一项长期的、复杂的系统工程,在两年的研究中,我们充分认识到了学生学习能力的差异就是思维能力的差异,因此在学科教学中,应重视学生思维的构建,继续培养学生思维能力的策略研究,使之真正成为提高学科教学质量的重要途径。

通过两年的课题研究,我们在课堂教学中取得了一定成效。研究的路还很长,我们的研究还有一些困惑和一定的局限性,但我们将继续在实践研究中不断提高学生思维能力,提升教学效果。

高中学科教学中学生思维能力
培养的策略与方法

哈尔滨市第六中学校　张祥洲　王宇

开展学生思维培养的策略与方法研究,既是时代发展对教育的要求,也是落实国家教育目标和教育政策的需要;是提升教育质量和教师专业能力的有效路径,更是培育学生核心素养的重要基础和保证。

目前,高中教学以分学科的课堂教学为主要形式,我们把按学科特点分类的各学科的思维方法,称为学科思维方法。学科思维方法是在学科知识和能力体系构建过程中形成并不断完善的,认识学科规律、关系、特点的思维操作模式。哈尔滨市第六中学校(以下简称哈六中)作为普通高中新课程新教材实施国家级示范校,在教育实践与课题研究中一直致力于思维素养培养的研究,并形成了些许做法,在此分享如下。

在研究过程中,课题组主要从衡量思维能力的基本标准——思维广度深度、思维灵活敏捷程度、思维逻辑严谨程度、思维批判程度、思维创造程度和思维灵感可诱发程度等方面着手,在高中各学科的教学中展开针对高中学生思维能力培养的策略与方法的研究。

一、在教、学、评、测的学习过程中,实现学生的思维灵感诱发

学习过程要以思维的训练为目标,从课堂教学、课堂评价、课后作业、阶段评测、课外活动等方面进行培养训练。

以语文学科为例,首先课堂教学重点体现在教案设计上,语文课堂对教材文本的分析应注重文章结构,依据不同文章的性质对文本进行解构和建构,辅以教学板书进行呈现。对学生阅读的思维训练提倡文段建构,使用思

维导图将文本结构视图化、形象化。同时,课堂教学过程也要结构化,或起承转合或逐层深入,让每一节课都能由浅入深。其次是教学评价方面,问与答、课堂互动是永远不变的基本教学活动,优秀的课堂评价是最好的教学语言,及时、准确、富于导向性的课堂评价能够最高效地让学生茅塞顿开。问与答本身就是因与果的询问过程,课前导入、课终小结,就是最生动的逻辑教学和语言示范。课堂教学活动的设置也不能随意,要有语言活动、思维活动,还要重视说、想、写、辩论等训练。作业和测试的内容不能只停留在字词基础这个层面,要在此基础上配置有难度的思维问题,多问一些"为什么",多问一些"怎么办",多一些"课题",多一些小组作业,多一些实践和实践总结。这些作业和活动可以很好地锻炼学生的思维能力和组织能力。事实上,组织能力在本质上也是种思维能力,表现为语言的表达。语文测试多设置"探究题""辨析题",多进行联想和想象能力的考查训练,让语文试卷难起来——这个"难"不是指考查"偏颇古怪",而是指注重思维能力的考查,要求学生要"动脑筋"。

二、借助情境教学,强化学生的灵活批判思维能力

情境是高考展现"一核四层四翼"的重要载体。教师可以针对教学目标,通过设计体验式、沉浸式、活动型的语言情境,调动学生的注意力和兴趣,引发学生思考。此方法能够帮助学生更好地理解教材,提高学生的学科思维能力和学科素养,其核心在于激发学生的学习内生动力,启发学生思维。比如英语学科,教师在进行教学设计时,需要考虑学生的学习兴趣和学习习惯,以学生关注的话题为切入点,建构贴近学生实际生活的任务情境,在沟通交流中提高学生对英语的运用能力。这种学习模式还可以使学生在交流中认识自身不足,形成积极主动的学习态度。教学中可以精心设计一系列的情境角色扮演,教师作为引导者,以开放性问题为导向,让学生独立思考问题和研究问题,进而提高学生的思维能力。同时还要对学生的互动进行探究性评价,帮助学生梳理重难点,培养和激发学生的创新性思维,发挥学生的主观能动性,帮助学生形成批判性思维。

批判思维能力是培养学生创新创造能力的基础所在。比如俄语学科,

传统俄语教学一般采用教师教、学生学的学习流程,此种方式下学生的批判思维能力是完全得不到锻炼的。学生只有对俄语语言所反映的态度情感等进行分析评判,才能够打通汉俄两种文化之间的壁垒,进而形成不同的文化观,具有更高的接受度。教师可以通过情境设问的方式设疑,让学生敢于质疑,并对问题开展自主探究学习。在句式和课文教学中,让学生在与母语比较和分析的基础上丰富思维体系,加深认知,提高交流和解决问题的能力,在诸如此类的教学过程中,学生也就逐渐具备了批判思维能力。

三、通过错例剖析,培养学生的严谨思维能力

思维的严谨性是指考虑问题严密、有据。要提高学生思维的严谨性,必须严格要求,加强训练。以数学学科为例,要求学生按步思维,思路清晰,特别在学习新知识与方法时,应从基本步骤开始,一步一步深入。同时,还要求学生全面、周密地思考问题,做到推理论证要有充分的理由依据。运用直观的力量,但不停留在直观的认识上;运用类比的方式,但不轻信类比的结果;审题时不仅注意明显的条件,还要留意那些隐蔽的条件;应用结论时注意结论成立的条件;仔细区分概念间的差别,弄清概念的内涵和外延,正确使用概念;给出问题的全部解答,不遗漏。

随着学生对数学概念、定理、公式的掌握增多,一些概念、公式等容易被混淆,因此一些学生在做题时,往往丢三落四,缺乏严谨性。教学中,教师可有意收集或编制一些学生易犯而又意识不到的错误方法和结论,使学生的思维产生对与错之间的交叉认知冲突,进而引导学生找出致误原因。在数学学习中要使学生思维活跃,就要教会学生分析问题的基本方法,这样有利于培养学生正确的思维方式。要让学生善于思维,就必须重视基础知识和基本技能的学习,没有这扎实的"双基",其思维能力是得不到提高的。数学概念、定理是推理论证和运算的基础,准确地理解概念、定理是学好数学的前提。在教学过程中要提高学生观察分析能力及由表及里、由此及彼的认识能力。在例题课上要把解(证)题思路的发现过程作为重要的教学环节,不仅要让学生知道该怎样做,还要让学生知道为什么要这样做,是什么促使你这样做、这样想的。在数学练习中,要认真审题,细致观察,要有挖掘对解

题起关键作用的隐含条件的能力,学会从条件到结论或从结论到条件的正逆两种分析方法。一道数学题,首先要能判断它是属于哪个范围的题目,涉及哪些概念、定理或计算公式,同时,在解(证)题过程中要学会数学语言、数学符号的运用等,这些都有助于培养学生严谨的数学思维能力。

四、通过实验案例分析,提升学生的逻辑思维能力

物理、化学、生物学科的教学内容主要是以实验为基础建立起来的,在教学过程中实验占比很大,可以说实验在理化生教学中发挥了重要作用。通过实验帮助学生建构逻辑思维模式的优点在于,实验相对于文字来说对学生的教育更直观,学生在实验教学的带动下,思维会更活跃,对学习内容的记忆就会更具体、更深刻。

此外,俄语学科对学生逻辑思维能力的培养体现在,俄语是第二语言,学生在母语环境下开展学习活动会遇到一些语言结构和表意功能具有任意性的情况,只有在掌握逻辑思维能力的前提下,才能对词语进行逻辑分析,确保进行汉俄两种语言的思维活动转换。在这样的思维训练下,学生最终能够更好地掌握俄语的应用能力。需要注意的是,教师无论是利用实验还是语言引导学生进行独立思考和思维能力训练,首要问题是要对教材领悟得特别透彻,这样对学生的思维训练才能做到运筹帷幄。

五、开展问题议题式教学,提高学生的综合思维能力

思维是从问题开始的,要调动学生的思维,就必须把问题引入课堂,学生解决问题的热情越高、迫切感越强,思维也就越活跃。问题式教学以"问题发现"和"问题解决"为要旨,在解决问题的教学过程中,教师引导学生运用综合思维方式,建立与问题相关的知识结构,进而由表及里、层次清晰地分析问题,合理表达自己的观点,从比较、分析、综合、归纳、推理等不同角度提出问题解决思路。

以历史学科为例,要求比较的问题如,"比较太平天国运动与义和团运动的异同点"。要求综合归纳的问题如,"我国古代经济重心南移有哪几次高潮?各有什么特点?"要求推理说明的问题如,"中国近代农民阶级、资产

阶级都不能把中国民主革命引向胜利,说明了什么?"再如地理学科,亦可采用问题式教学环节:创设真实情境,激发学生学习兴趣;结合图文材料,提出探究问题;小组合作探究,分析问题成因;构建知识体系,进行情感升华。又如政治学科,采用议题式教学,既包含学科课程的具体内容,又展示价值判断的基本观点;既具有开放型、引领性,又体现教学重点、学习难点。教师着眼于学生思想活动的独立性、选择性、多变性、差异性和高中阶段成长的特点,设计具有可辨性及价值冲突的议题,使学生在比较、鉴别中提高认识,在探究活动中提高思辨等综合能力。

六、运用拓展教学,扩展学生的思维深度和广度

教学过程中,教师不仅要关注课堂教学效果,还要关注课外拓展练习。比如,英语学科的教师平时注重英语美文的收集,利用课余时间或者自习课将之分发给学生阅读学习;定期筛选趣味性强且有助于高中生学习的英语报刊分享至班级,引导学生阅读欣赏。渐渐地,学生对英语文章便不陌生了,甚至开始喜欢、爱上英语阅读,学习兴趣受到了大大的激发,这时,便要引导学生制作英语摘阅本,在日积月累中掌握英语的语言逻辑。在引导学生阅读英语文章时,还要培养学生揣摩文章组织结构、语言特点的能力。久而久之,这些优美的词句便会烙印在学生的脑海中。与此同时,英语教研室的教师借助课外拓展阅读让学生自由发表读后感,交流心得,加强对文章的理解以及对英语的运用能力,增强思维能力。

生物学科为拓展学生学科知识与技能,多次举办生物兴趣小组活动,如种植节活动、参观校园动植物、参观学校标本室、制作校园植物标本、制作鸟类与哺乳类动物标本、制作葡萄酒、制作细胞模型、制作手工芋圆等,让学生体验动手操作的乐趣,提升学科核心素养和思维素养。

七、巧用猜想和引导,培养学生的创造思维能力

猜想是根据已知原理、事实,对未知现象及其规律给出的假设性推断。在教学中运用猜想是激发学生学习兴趣,发展学生直觉思维,促使学生掌握探求知识的方法的必要手段。作为教师,启发学生猜想,首先要点燃学生主

动探索之火,不要急于把全部的"秘密"都吐露出来,而要"引在前"——"引"学生观察分析,"引"学生大胆设问,"引"学生各抒己见,"引"学生充分活动。让学生去猜,去想,猜想问题的结论,猜想解题的方向,猜想由特殊到一般的可能,猜想知识间的有机联系,让学生把各种各样的想法都讲出来,让学生成为学习的主人,推动其思维的主动性发展。

比如数学学科,教师可以提出"你是怎么发现这一定理的?解决这道题的方法是如何想到的?"通过诸如此类的问题,组织学生进行猜想、探索。还可以编制一些变换结论、缺少条件的"藏头露尾"的题目,引发学生猜想的积极性。在教学中,教师应及时捕捉和诱发学生闪现的灵感,对于学生在探究时违反常识的提问、考虑问题时标新立异的构思、解题时别出心裁的想法,只要有一点点新意,都应充分肯定其合理的、有价值的一面,继而通过巧妙的提问和引导,让学生尝试完善,培养学生的创造性思维能力。

八、通过审题思维训练,提升学生的学科思维素养

高考的考查与选拔主要围绕核心价值、必备知识、关键能力与学科素养而设计与实施,高中生必备知识的储备日臻深厚,而对关键能力的提升则越发重要。所有关键能力中,审题思维能力无疑当居要冲之位。因为它直接影响着必备知识的提取、其他关键能力的发挥、学科素养的施展、核心价值的实现,因此,课题组从提升学生关键能力之审题思维能力的角度入手,编写了《哈六中思维素养提升训练之审题思维训练》,以提升学生九大高考学科答题能力。

学生思维能力的培养是一项长期系统的教学任务,贯穿于整个教学过程。教师在教学中要充分发挥主导作用,立足学生发展需求,以教学内容为载体,采用多元化教学策略,运用多种教学方式激发学生积极参与思考探究的热情,进而引发高阶思维活动,促进学生思维能力的发展与提升。

思维工具在高中历史教学中的应用及案例

哈尔滨市第三中学校　孙少萍

"掌握适应时代发展需要的基础知识和基本技能,丰富人文积淀,发展理性思维,不断提升人文素养和科学素养。敢于批判质疑,探索解决问题,勤于动手,善于反思,具有一定的创新精神和实践能力"(《普通高中课程方案(2017 年版 2020 年修订)》)是当前"双新"课程改革的目标之一。将思维工具引入历史教学,以改进教学方法、指导学生学会学习则是达成课程改革目标的有效途径。

思维工具最早由被誉为"世界创新思维之父"的著名心理学家、思想家德·博诺提出。在教学实践中,我们以德·博诺博士的思维理论和思维工具为基础,开发了系列历史教学思维工具,力图通过运用这些工具,帮助学生培育时空观念、实证意识,发展学生的时空推理能力、比较分析能力、抽象概括能力、解释论证能力和批判创新能力。

一、历史背景和条件分析工具——CAF 的使用

CAF(Consider All Factors,考虑所有要素)是一个信息输入工具。在历史学习中,这一工具可以用来分析历史事件,尤其是改革、革命、政治变革等重大事件的背景分析和成败原因分析。

借助这个工具,学生能够充分考虑历史事件发生的各种因素,回归历史事件现场,以当事人的视角思考历史事件的发生、发展,"神入"历史,体验历史人物决策时的心境,全面评析事件的由来,激发学习潜能,进而提高综合思维能力,塑造深刻性和批判性等思维品质。

案例一:在探讨王安石变法失败的原因时,运用思维工具前,学生的思考是碎片式的、杂乱无章的,甚至有些学生对自己思考的结论是犹疑的(见表1):

表1　运用思维工具前后的对比

运用 CAF 工具前	运用 CAF 工具后
06 冯同学: 根本原因是没有触动封建土地所有制和剥削制度。 31 王同学: 失败原因应该还有保守派力量强大,还有宋神宗举棋不定。 06 冯同学: 超越了客观条件限制。 37 谢同学: 可以说缺乏广泛的社会基础吧。 21 祁同学: 政策不符合社会客观实际。 31 王同学: 政策推行顺序不合理。 48 周同学: 用人不当。 21 祁同学: 没有抓住问题的根源。 20 彭同学: 触及多数人的利益。	客观因素: 环境分析(社会背景、社会问题、问题的原因等) ——"三冗两积",无法突破。 社会实际(利与不利两方面) ——官场因循守旧,官员推诿、机构重叠。 社会基础(群众基础) ——人民对改革不了解、不理解。 ——统治阶级内部官僚有利益冲突,矛盾尖锐。 实践范围(地域、对象) ——一刀切,不能因地制宜。 主观因素: 最高统治者不坚定、不积极。 改革领导者对改革的预判不准确,脱离实际、用人不当。 个人因素: 重法不重人,用人不当。 推行新政速度快、密度大、范围广,急于求成。

而后教师指导学生运用 CAF 工具探讨这一问题,让学生将自己置于王安石所处的时代和环境中,思考作为一个改革者面对诸多问题时需要考虑哪些因素,改革需要具备哪些条件,采取哪些措施解决问题。在学生列出相

关项目后,继续追问:"还有哪些要素没有考虑到?"在不断穷尽思考的角度和因素后,将王安石变法的措施与课堂所列项目对应,可见学生对问题的分析表现出思维的缜密性、深刻性。

这样的思维训练锻炼了学生的知识和情境迁移能力——将现时生活的情境与历史情境相结合、将教材上的文字知识与历史过程相结合,也有力地提升了学生的理解力、综合力、推理力、抽象力等思维能力。

二、历史事件影响分析工具——PMF 的使用

PMF(Plus、Minus、Focus,有利因素、不利因素和聚焦点)是一个注意力引导工具,也是一个拓展思维感知范围的工具。通常人们在对一件事情(历史事件)做出最初的判断之后,就开始运用已知经验来证实自己的观点。这样的思考往往使我们的思维处于一种绝对化的状态,不利于思维素养的深度和广度发展。

运用这个思维工具让我们放下"好"与"不好"的简单判断习惯,而去发现更多值得深入思考的问题,把握问题的焦点,抓住主要矛盾。由此我们对问题的分析从具体走向抽象,从一元走向多元,从"一分为二"升级到"一分为三"。

在历史学习中,借助 PMF 工具可以分析历史事件的影响或者评价历史事物,还能让评价者尽可能站在客观的角度辩证思考问题,提高其思辨分析能力和批判性思维能力,其对具体事物的评价也能提升到观点或者概念概括的高度。

案例二:在探讨战后西方国家的福利制度时,运用 PMF 工具前,学生的思考局限在教材所述结论里。运用 PMF 思维工具后,学生对这一问题的探讨就丰富而深刻了(见表2):

表2　运用 PMF 工具分析历史事件影响

对象	P(有利因素)	M(不利因素)	F(聚焦点)
国家	在一定时期内,有利于缓和社会矛盾(低收入阶层不满);提高社会购买力,刺激消费,拉动内需,促进经济复苏和增长;高福利吸引海外移民,吸纳高素质人群,促进国家发展。	造成政府赤字,通货膨胀问题严重;税收提高,高收入阶层税负重,有不满情绪;人民的工作积极性降低;政府权力扩大,腐败问题严重;外来移民增加,社会矛盾复杂,失业问题严重	各阶层之间的利益协调;移民与本土民众的关系;如何处理积极人性和消极人生;如何形成振奋的国民精神和国家文化。
企业	社会购买力提高,促进企业发展;刺激企业产品创新和管理创新;人们生活水平提高,服务需求增加,促进服务业发展。	国企:效益低下,经营不善。私企:企业税负重;经营成本增加;中小企业面临经营困境。	吸纳高素质人才(高福利→高压力→压缩用人比例)。
个人	低收入阶层有保障,能满足基本生活需要;有利于实现个人自由,丰富社会生活。	企业用人要求提高,就业压力增大;生活有保障,部分人工作积极性下降。	人的自我认知重建;高阶人才的发展要求。

经过这样的分析,学生不仅理解了福利制度的利与弊,也能够深刻体会到社会经济运行中三个主体——国家、企业和个人之间的内在联系,从而为认识社会、分析问题提供了更加广阔而深入的空间,也有助于形成批判性思维能力、问题解决能力等高阶思维能力。

三、历史事件动态影响评价工具——C&S 的使用

C&S(Consequence and Sequel,结果及后续)是一个以"时间"为定位器的思维工具,用来思考、感知事物发展的"因果关系"。在历史进程中,当时

看似有益的事物经过较长一段时间的发展后未必仍是正确的,当时看似有些不公正的事物在经过了岁月的沉淀后也许是合理的。能够辩证地、富于批判性地思考对于学生历史学习能力的提高至关重要。

C&S 工具分析后果或影响一般将之划分为若干时间段:

即时影响:政策(改革的某项措施)实施的直接影响。

短期影响:政策(改革)推行一段时间后产生的影响。

中期影响:政策稳定后的影响。

长期影响:长期实施后,是否转化为社会的文化自觉。

案例三:运用 C&S 工具分析分封制的影响(见表3)。

表3　运用 C&S 工具分析历史事件动态影响

即时影响 (统治初期)	建立西周统治秩序。
短期影响 (统治中期)	开发了边远地区,扩大了统治区域; 促进了经济文化交流和民族交融,为华夏族的形成奠定了基础; 打破了夏商的部落和方国联盟状态,国家政权由松散走向紧密(权力集中趋势)。
中期影响 (统治晚期)	形成文化认同,各地区交融加强; 同时制度弊端日益暴露,诸侯国国力增强,周天子权威逐渐削弱,对诸侯国约束力下降,王室衰微,诸侯争霸。
长期影响 (后世乃至现在)	政治方面:分封制影响着后世皇权专制和皇权至尊的皇族分封体制。 文化方面:中央对地方的政治控制逐渐形成一种文化纽带,促进了人们的心理认同,从而进一步推动了统一的多民族国家的形成与发展。 分封制使中华文化在整体传统文化格局下形成了各具特色的区域文化。如我国一些省级行政区的简称来源于分封制下的封国名称——"晋""鲁"等。 分封制对中国的风俗文化影响深远。中国的很多姓氏来源于古代的封国或封地名称,如齐、鲁、赵等;战国时秦国与晋国曾联姻,后世就称两家联姻为结"秦晋之好"。

在历史学习中,运用 C&S 工具建构历史事件发展的时间脉络,将历史事

件置于历史发展的纵向过程中,通过对当时、后世的影响思考评价历史事物,建立起过去与未来、历史与现实之间的相互关联,体会历史的延续与嬗变,体会历史重大事件进行中的波折与艰辛,在提升学生比较、论证、推理等思维能力的同时,可增强其思维品质的深刻性和批判性。

四、体验综合决策过程工具——"六顶思考帽"的使用

"六顶思考帽"是一个全面思考问题的思维模型,也是人际沟通的操作框架,更是提高决策效率的有效方法。不同颜色的"帽子"代表不同的思考类型:白色——客观事实、数据和信息;红色——主观情感、直觉和预感;黑色——谨慎、判断、合理性;黄色——优点、好处;绿色——建议、提议、新的创意、其他选择;蓝色——对思考的思考,对思考过程的控制。在历史小组合作学习中,通过思维类别的分工和思维流程的控制,学生可以对历史问题进行准确定义和对历史事实进行客观描述,聆听他人见解,进而大胆发表意见,并寻求更新的问题解决方案。运用六顶思考帽,将会使混乱的思考变得更清晰,使团体中无意义的争论变成集思广益的研讨,在任务驱动下,每个人的创造性思维都能得到发展。

六顶"帽子"既可以作为小组内部分工的依据来分别使用,也可以供小组所有成员按顺序依次使用。在探讨问题解决方案时,可以依据如下顺序进行:

陈述问题(白帽)→提出解决问题的方案(绿帽)→评估该方案的优点(黄帽)→列举该方案的缺点(黑帽)→对该方案进行直觉判断(红帽)→总结陈述,做出决策(蓝帽)。

案例四:历史活动课,历史穿越——我在××(时代)做商人

活动前,学生根据自己的意愿分为四个小组——春秋战国组、唐代组、宋代组、明清组。每个小组内部根据"思考帽"的思考方向进行成员分工:蓝色帽子由组长担任,统筹规划小组活动并对成员的个体思考成果进行综合评估,白色帽子主要负责进行社会环境信息调查,黄色帽子负责成功案例搜集,黑色帽子负责失败案例搜集,绿色帽子负责找点子,红色帽子负责给出直觉判断。

经过两到三周的准备,四组学生分别呈现了别具一格的营商案例。这一活动中,根据不同思维类别的分工,学生有创意地调动和运用课堂上学到的各个时期政治、经济、文化知识,并将自己现实生活中的经验与历史情境相结合,在实践中体验思维碰撞、思想交流的乐趣。

如:明清小组的同学在对明清社会进行分析和营商环境充分调查的基础上,确定了以清朝十三行商人身份在广州经营"广瓷"的营销方案。白色帽子同学运用数学知识,结合清朝的税率、租金、运费等探讨营商的成本与利润空间,并根据当时国际贸易和国内经济状况,对方案进行事实性陈述;红色帽子同学以直觉判断方式肯定方案的可行性并对方案进行初步阐述;黄色帽子和黑色帽子同学则分别从积极和质疑角度对方案进行辩证阐述;蓝色帽子同学结合同学们的探讨就某些细节问题组织同学进行更加细致的分析,并和绿色帽子同学运用政治、艺术和地理等学科知识对初期方案进行修正,最后完成这项学习任务。学生们在研讨中体验思维碰撞、思想交流的乐趣的同时,也提升了批判性、创造性等复合性的高阶思维能力,进一步培养了深刻性、灵活性、独创性、批判性等思维品质,涵养了思维态度、思维倾向、思维情感等思维意向。

以上这些思维工具的运用,帮助学生把握思维的方向、拓展思维的宽度、凝聚思维的焦点,用有序思考代替简单记忆,在知识的迁移运用中获得成就感。开发和运用历史思维工具的过程是教师更新课程理念、实现教学方式创新、提升思维素养的过程。借助思维工具的教学突破了传统历史课堂教学样貌,由此我们探索出一条以历史情境为依托,以解决现实问题为目标,指导学生真正学会思考、学会学习、学会应用、学会创造的历史教学理路。这样的思考模型与当前教育改革强调培育学生学科素养,让学生学会合作探究、形成高阶思维能力的要求是高度吻合的。在学习和运用思维工具的过程中,学生从"听老师讲"到"自己获得",从"记忆知识"到"理解知识"再到"运用知识",逐渐成为学习的主体,成为课程的开发者和积极的思考者。

板块三

思维素养发展视角下的师生共同成长

数学思维教学让师生收获良多

哈尔滨市经纬小学校　王悦秀

一节数学课前,我拿着一捆绳子(每段长 60 厘米,大约有 50 根)走进教室。学生惊讶地看着我,他们都猜不透老师的"葫芦"里究竟卖的是什么药。看到他们充满好奇的眼神,我暗暗得意:目的达到了。

一、一根绳子引发的思考

学生们迫不及待地发问:"老师,这些绳子是做什么用的?""老师,绳子是用来测量物品长度的吗?""老师,绳子与今天的新课内容有关系吗?"我看教具已经起到吸引注意力的作用,便介绍绳子的用途:"今天的这节数学课,我们先进行一个'翻绳'游戏。每人一根绳子,四人组成一个小组,小组内的成员可以互相交流。""太好了,太好了!"学生们欢呼雀跃。我接着说:"这个小游戏也是一个思维小挑战,它的要求是:左右手拿住绳子的两端,两手不得松开绳子,给绳子打一个结。聪明的你们,请运用智慧和灵巧的双手互相配合,看看谁先在这个小游戏中闯关成功。孩子们,加油!"

铭铭忽闪着天真的大眼睛,着急地站了起来,大声说道:"老师,我最喜欢翻绳游戏了。"我微笑着说:"好哇,加油,看看你是不是第一个完成任务的小能手!"齐齐自豪地为大家分享自己的心得:"同学们,我觉得咱们左手捏住绳子的右端,右手捏住绳子的左端,这样左右手调换着捏住绳子的两端,是不是一个好方法呢?"他边说边试,还鼓动周围的同学与他共同尝试。看着他们天真可爱的模样,我不禁露出了笑容。随着小家伙们的不断尝试,我耐心地观察,这看似简单的翻绳游戏,还真难倒了不少学生。不一会儿,铭铭的脸上显现出焦急的神态,原来,他尝试了很多次都没有成功。齐齐的额头上已经渗出了细密的汗珠,看来他也被难倒了。

这个翻绳小游戏需要学生们手脑协调配合,一方面需要大脑思考,另一方面需要左右手密切配合,真是有趣又益智。在我的耐心引导和启发下,学生们通过动手操作与演示,最终揭示了这个游戏的秘密——将双臂在胸前交叉,两只手分别握住绳子两头,在不放手的情况下,再把左右手收回到原来的正常状态(展开双臂,左手在左侧,右手在右侧),就能把绳子打结了。

二、一个游戏带来的教学启示

这个数学小游戏的设计目的是让学生明确:游戏固然有趣,但解决过程并不是一帆风顺的。在游戏中,当我们遇到困难时,如果换个思路,问题也许就迎刃而解了。学习中亦是如此——当我们在攀登知识的高峰并经历困难时,我们可以换个角度去思考,换一种思维方式去解决,也许就能摆脱困境,从而到达成功的彼岸。

从这个小游戏中,学生们感受到了思维的魅力,在真实的体验中懂得:当我们用常规方法解决问题出现困难时,可以换一个思考问题的角度,尝试其他的思路。后来的数学课上,我也经常带领学生做一些课前小游戏,如相反口令、趣说反话、手指操闯关等等。经过这样的训练,学生思维能力和思维品质都有所提升。

三、一个理念让我执着前行

前面这个小游戏是我上数学思维训练课时的一个小环节。数学思维训练课遵循的理念是"让每名学生都喜爱数学"。在以往的数学教学中,有一部分学生对数学有抵触情绪,有畏惧感。我时常思考:能不能把有趣的游戏和神奇的数学规律引入课堂,让那些畏惧数学的学生也热爱数学呢?经过一段时间的大胆尝试,我把数学游戏、数学故事、数学规律及数学原理介绍引入课堂,这样的做法让学生学习数学的热情逐步高涨起来,他们更加热爱数学了。

为了开设好数学思维训练课,我尝试了很多策略。例如:巧设练习题策略,即将枯燥的习题改变形式,如把口算题变成"摘果子"接力比赛;教学整合策略,即将几册数学书中有规律的题集合起来,上一节"找规律"思维训练课,如 $9×9-1=$? $98×9-2=$? $987×9-3=$? $9876×9-4=$? $98765×9-5=$? $987654×9-6=$? ……学生经过计算、研讨,发现规律,建立规律意识;数学游戏策略,即将常规课变成学生喜闻乐见的游戏课,比如把四年级上册的"数学广角——优化"变成"扑克牌游戏",既激发了学生的学习兴趣,又通过思维训练培养了学生思维的敏捷性、灵活性。我还自创了一些思维训练方面的习题,比如把一些比较复杂的乘法经过拆分、组合,化繁为简,引导学生正确计算。我还自设了一些小游戏,比如"抢数游戏""猜拳游戏""掷骰子游戏"等等。在我的带动下,学生们也构思了几节思维训练课,比如"拼摆火柴棍""走迷宫""有规律的数""巧算我能行"等。

从我设立数学思维训练课到孩子们自创思维课程,我感觉学生们更加睿智灵动了。课堂上,他们的眼睛里焕发出别样的神采;他们的思维不拘束,发散性很强;他们能够大胆质疑,也能激情讨论,他们更加热爱数学了。作为教师的我,被他们的热情所感染,也坚定了"勇于创新"的想法。我和我的学生们在数学思维训练课上收获良多。

思维导图助力高阶思维养成

哈尔滨市新阳路小学校　孔庆敏

2019 年,初次接触"高阶思维"这个概念,乍惊讶,原来思维也分层次。经过学校课题组的不断培训,我对高阶思维愈加感兴趣,也逐渐被其吸引。每一次的实践研究、集中研讨都丰富着我的教学经验,丰润我的教学生活。进行高阶思维课题研究以来,我的教学行为方式正发生着悄然改变。

五年级下学期,我进行"多边形的面积"整理复习课教学,根据"高阶思维"课题的研究经历,我尝试运用"思维导图"教学模式,引领学生对本单元知识进行梳理。

在以往的单元复习课教学中,我总是让学生用自己喜欢的方式整理知识,大多数学生感到无从下手,不知所措;部分学生将知识整理理解为抄写教材章节题目,而忽视了对概念之间关系的思考,缺少知识串联过程。这样的复习课,梳理过程看似环环相扣,面面俱到,实际上每个环节都只是蜻蜓点水。知识点呈点状分布,学生很难实现知识的网络化。另外,本课知识是几何领域的基础,对学生后续几何空间观念的建立起着重要的作用。如何将几个平面图形面积的内在联系挖掘出来,建立各个知识点的联结,形成完善的知识体系,引领学生实现从低阶思维到高阶思维的过渡,充分理解上位概念,这是我在本课教学前重点思考的地方。

前测阶段,我给学生布置了两个明确的主干驱动性问题:"我们是如何学习本单元的面积公式的?""哪一个公式最重要?"问题提出之后,我帮助学生运用气泡图、流程图、树形图等多种图示整理本单元知识内容、核心概念、典型习题。

思维导图的前测整理阶段帮助学生搭建基础知识网络，形成对单元知识版块的整体理解和感悟，提升学生整理归纳的思维能力，也为课上复习奠定了基础。学生带着前测整理过程中的成果和问题参与课上复习，与其他同学进行思维碰撞，能够提升批判性思维、整合性思维能力。

果不其然，有了前期的整理过程，学生课堂参与度显著提升，争论声不断传来：“我认为这个应该去掉，长方形和正方形的面积公式不是我们这单元的内容。”“我不同意。”小组内一名同学立刻反驳，“虽然是旧知识，但是它们之间却是有关联的，平行四边形的面积公式就是通过转化成长方形得到的。”小组同学七嘴八舌，激烈地讨论着。“我比你们的知识点多了一条，我还整理了同底等高则面积相等的内容，虽然是在练习题中出现的，但是却可以帮助我们快速地判断两个图形的面积是否相等。”一名同学不无得意地说。小组内其他同学频频点头，并及时在自己的思维导图上进行补充⋯⋯在出声分析、回溯反思、同伴提醒等环节中，学生对不同观点进行激烈讨论，对每个知识点给予分析，提升了反思能力、辨析能力。

在前测任务的第二个问题的反馈环节中，学生各抒己见：“是三角形面积公式，因为长方形、平行四边形和梯形都能分成两个三角形计算出面积。”持相同意见的同学自觉响起了掌声。“我认为是长方形面积公式，因为通过割补等方法都能将其他图形转化为长方形。”“有时候也不一定，”另一位同学大声地质疑，“有的三角形不一定能割补成长方形。”“怎么不能？”“即便能也很麻烦，数据更没办法确定。”同学们争得面红耳赤。还有的同学认为是平行四边形面积公式，因为其他图形都可以转化成平行四边形，也有的同学认为是梯形面积公式。学生激烈的讨论声此起彼伏。对于学生的想法我没有急于表态，而是让学生在小组内自己去验证他赞同的观点，同时请学生思考：有没有哪一个公式能求出这些图形的面积呢？

这一环节将学生引入对这些公式的关联性的思考，有助于提升其核心概念的理解程度。他们通过小组合作探究，加深了对这些公式的理解，从而发现用梯形公式可以求出其他平面图形的面积。

一节课结束了，作为授课教师的我感受到学生思维的变化与跃迁，收获颇多：首先教师要学会设置有效问题引领学生思维进阶。我们是如何学习的？哪个公式最重要？这两个问题引导学生在知识的深度上进行突破、在知识的广度上进行联系、在知识的实际运用上进行强化，将学生的思维带向更深层次。其次，教师要引领学生完成零散知识的结构化。课上我引导学生将一个个独立的知识点进行相互链接，形成立体框架，帮助学生融会贯通。最后，教师还要善于调动学生思维的自主性。学生在小组交流中批判性思维得到充分发展，对课堂中出现的观点，不是不假思索地附和和认同，而是自觉地运用各种方式、方法检验，经过尝试和思辨后真正理解，这样才能够达到提升能力的目的。

为学生插上思维创新的翅膀

哈尔滨市铁岭小学校　陈严

两年前,我有幸参加哈尔滨市教育学会组织实施的《学生思维培养的策略和方法研究》的子课题研究,从各个不同方面探索培养少年儿童创造性思维能力的途径和有效方法。

在课题教学研究实践中,我深深地体会到,课堂教学必须抓住思维这个核心。教学过程的实质应是知识、技能、思维三者的动态转化过程。其中思维是这一过程的动力和灵魂。思维是行动的先导,而创造性思维是小学生创造性学习的决定条件。所以课堂中培养学生的创造性思维,不仅可以增强学生学习的欲望,更能培养学生从多方向、多方面、多角度来思考问题和分析问题的能力,鼓励学生勇于探求知识奥秘。

1. 巧妙奠定创新思维的基点——巧设问题情境

培养学生的创新意识,关键在于教师能否创设一种引导学生发现问题、提出问题、解决问题的有趣的具体情境,以及能否提供给学生创新的机会。因此,在教学时,我时常将学生引入与所提问题有关的情境中,触发他们弄清未知事物的求知欲望,诱发他们探求性的思维活动。巧设问题情境是使学生主动参与、积极探究的关键。记得一次在讲"商不变的性质"时,我没有直接出示例题,而是在黑板上写了三个 6。然后问学生:"这三个 6 相等吗?"学生一致回答"相等",我就用等号连起来。接着,我在第二个 6 的后面添上一个 0,变成 60,在第三个 6 的后面添上两个 0 变成 600,这时我再问:"同学们,你们看现在这三个数还相等吗?"学生回答"不相等"。我接着问:"你们谁能想办法使它们相等?"话音未落,学生感到新奇有趣,思维活跃起来。有的说:"添上单位,米、分米、厘米。6 米 = 60 分米 = 600 厘米。"有的说:"添上货币单位元、角、分。"课堂气氛再起掀起高潮,学生探究兴趣浓厚。这时我又问:"谁能用统一的单位把上面各式表示出来?"学生的思维更加活跃了,他们争先恐后地说出:"6 元 = 6.0 元 = 6.00 元。""6 米 = 6.0 米 = 6.00 米。"……这时我引出本课的重点:"像 6、6.0、6.00 这样的数大小是否相等?为什么?"这样,我创设的问题情境形成悬念,让学生在"相等—不相等—相等"的变化中绞尽脑汁,充分思索。

2. 敏于捕捉创新思维的闪光点——允许思维"出格"

低年级学生的思维是活跃的,多问、好奇是儿童的天性,喜欢模仿、富有想象、勇于发表独到见解、有极强的表现欲是儿童的特点。他们的感知具有无意性和情绪性,其思维仍以具体形象思维为主,处于向抽象思维过渡阶段。基于这些思维特点,学生在课堂上经常发生思维"出格"的现象。面对学生的"奇思异想""独出心裁",教师怎么办? 我的做法是允许学生的思维"出格",保护、引导这些闪光点,鼓励学生大胆质疑,积极问难。每每在课堂上听到"我提问""我回答""我纠正""我补充""我反对"等质疑声时,我都感到高兴,这让我看到了学生创新思维的火花在课堂中飞舞。有一次在做数学练习题时,出现这样一道题:"图中有 4 辆碰碰车,每辆车上都有一个数字,请你根据碰碰车上的数字列算式 。"孩子们不仅把两辆车相碰,还把三辆、四辆车相碰的情况列了出来。正当我欣喜之时,一个"0+16=16"的算式吸引了我,因为车上的数字并没有"0"。通过学生的解释我才明白"0"的来历。学生说:"因为我玩碰碰车时,我的车有时碰不到别人的车,而是碰到护栏上,所以我的列式是'0+16=16'。"就像这样,我的学生经常用新颖的或者异常的方法解答数学问题。对各种数学题,除了用一种方法解答外,还能从多角度探索它的可能性。这让我看到了创新思维的火花。

3. 灵活打开创新思维的源泉——引导思维的深刻性

思维的深刻性是指善于深入地研究问题,善于从纷繁复杂的表面现象中抓住事物的本质和核心,正确地预测事物的进程和结果。学生对问题思考得越深刻,学得就越扎实,深刻性对学生创新思维能力培养和智力发展有着重要的作用和意义。在教学中,我决不以知识论知识,而是以知识为载体,引导学生进行深入思考,培养学生的创新意识和实践能力。我会让学生认识并体验思考的基本方法,如归纳、类比、猜想与论证等,再根据已有知识适时进行数学推测和论断,让学生反思自己的思考过程。在数学活动中,反思是一种重要的思维活动。例如:我讲"搭配中的学问"一课时,给出的情境是两个荤菜(排骨和鱼)、两个素菜(豆腐和油菜)搭配,要满足一荤一素有几种不同的搭配方法。正当大家就怎样搭配进行汇报交流时,一个孩子站起来说:"老师我发现了一个规律,用 2×2 就能很快算出有 4 种不同的搭配方法。"我肯定了他的想法,紧接着我又追问道:"为什么 2×2 就可以帮你轻松解决这个问题呢? 这两个 2 又代表什么?"学生进行思考,得出用排骨分别搭配两种素菜,再用鱼分别搭配两种素菜,这就是两个 2 搭配出四种配菜——其实这就是有序搭配的思路。我不仅引导学生观察出搭配的特征,而且还带领学生探索其中蕴含的道理,使学生知其然并且知其所以然。

学生的思维是最没有束缚的、最活跃的,我们的教育应该给他们的思维再插上一对翅膀,让他们在更广阔的天空自由地飞翔。让他们的创新思维在课堂上得以闪光。

聚焦思维可视，让语文教学
看见思考的力量

哈尔滨工业大学附属中学校小学部　王焱

　　"思维"本身是抽象的，无法触及，但却存在于学习过程的始终。"思维可视化"作为学习工具，是挖掘知识的有效途径，是"深度学习"的最佳助力。

　　在小学语文学习中，不少学生都对习作有困惑，绞尽脑汁写出的文章尽是千篇一律的素材，内容空洞、言之无物。其实，并不是学生缺少见闻、体验和想法，他们的生活经历已经足够他们提炼所需的作文素材。但是，儿童的思维非常容易天马行空，形象思维远远多于抽象思维。对他们而言，把庞杂的"经历""经验"梳理成具体明确的"习作思维"，进行有序表达，是有一定难度的。因此，他们总会在选材编排等方面存有问题。

　　我曾给学生布置过这样的一项任务：在一个星期里，收集生活中的素材，之后在班级内进行交流。到了交流那天，我却没有听到自己期待的"新颖"答案，有的孩子摊摊手，表示每天的生活都是两点一线，没什么可收集的，有的孩子能收集到的也都是那些千篇一律的内容。这一堂失败的写作素材课后，我进行了反思，我并没有说清楚什么样的素材算是新颖，又应该怎样去收集，学生只得到了方向上的意见，在具体实施时无从着手，且过往没有进行过相应的思维训练，只是一直在用固化了的思维模式去思考，自然无法完成相应的学习任务。

　　在参加学校科研课题研究、深入了解思维理论后，我发现"思维可视化"作为深度学习的工具正可以帮助我和学生解决上述教学困惑。因此，我针对这一语文教学问题进行了思考，并尝试解决。

　　我依据思维可视化的模式重新设计了写作素材课。我先给出一张静物图片,让学生以小组为单位,以静物为观察核心,发散思维,以思维导图形式梳理有关静物可写的方面,将自己想到的内容提炼出关键词,小组合作共同完成这一张导图。学生先想到的都是较为简单的和静物的外形、色彩相关的内容,之后一步步扩展,逐步联系自己的生活实际进行感知、发现、探索。在这基础上,我又加大难度,给出一则动态视频,这一次让学生自己选择视频内容中想要发散思维的中心,独立完成一张思维导图。学生完成后,依据他们选择的中心进行分类汇报。看似简单地看看、写写、画画,实则是让学生捕捉自己的习作灵感,彰显个性化的思维成果。因为有了思维导图的清晰展现,学生在素材的选择上,目标更明确,自然也就容易找到符合习作需要的素材,这样写出来的作文也就不会空洞无物了。如此,学生就能够理解我布置作业的初衷,知道如何完成这一项作业,从而帮助自己丰富写作素材。

这是一次"思维可视化"帮助学生"深度学习"、构思作文素材的教学经历。学生利用思维可视工具,自主探索、发现、思考、分析,从而解决语文学习中的问题,在此过程中,思维是发散的,也在有目的地汇聚。在这一次教学实践中,我亦有思考。在当前的语文教学中,我们往往忽略了学生感知、观察、发现、探索、表达这些素养发展,而这些内容不应该是在学生的高龄段来培养的,而是从低龄段起就可以潜移默化地发展学生相应的思维能力。在这个过程中,教师可以凭借思维可视化的教学方式帮助学生逐步发展,深度学习。对于学生而言,对同一个事物在不同的年纪会有不同的感受,比如:一片树叶、一根枝条、一幅画作……如果能以思维可视化的形式整理下来,那么这些内容都是他们今后的写作素材,这个过程也是训练他们思维能力的好方法。同样,在学习文章结构的写作中,我们可以采取类似的方式,通过层层递进的对话、形象有序的梳理,利用具象的思维可视结构帮助学生在头脑中建构出习作框架,从而逐步明确写作要点,理清写作思路,同时也可提升其谋篇布局的能力和写作的逻辑性、层次性。

新教育改革形势下,学生素质的综合评价不再仅针对那一张薄薄的成绩单,更关注未来的长足发展。身为教师,我们教的是知识,培养的是能力,训练的是思维。那么如何在教育教学中实施思维能力培养,如何构建有效的思维课程,如何使思维课程与学科课程有效融合,从而促进学生的深度学习,提升学生的思维素养,这正是我参与的科研课题所要研究的主要问题。该科研课题的研究不仅利用思维可视化工具促进了学生的深度思考,也让我对教学策略有了更深层次的认识。从接触到这一课题起,通过什么样的策略训练学生什么样的思维,达成思维可视化这一问题已扎根于我的心中,或许科研课题的总结已暂告一段落,但我会在教育实践中持续不断地探索答案。

构益智之桥,启思维新旅

哈尔滨市继红小学校　史锐

作为一线教师,如何在课堂上激发学生的求知欲,培养学生自主探究精神是我们持续探究的重要课题。自从参与学校组织的益智课堂的探究,我对如何引导学生乐于思考、勤于思考、善于思考方面有了新的认识和思考。

一、初识"益智",开启思考之门

2018年初,我有幸加入学校的益智团队。初次接触益智器具,我便接到组织学生备战全国小学生思维素养大赛的任务。负责"华容道"比赛项目的我和学生一起紧张备战训练。这次备战过程让我这个益智器具的"门外汉"初探了益智器具的奥秘。

一直以来,我认为只要记住"华容道"各种开局的破解步骤,加之不断训练手脑协调能力,就能较快完成各种开局。但是随着比赛难度的不断升级,我们经常遇到一些没有见过的布局,仅靠记忆显然不行了。于是,我和学生一起研究,查找资料,对这个传统的益智游戏有了全新的认识。小小的器具,简单的规则,却有数百种变化的布局。在与学生不断摸索探究的过程中,我发现"华容道"对于学生思维的训练是有很多益处的,不能将其视为简单的记忆练习。不同的开局,可以归纳为一横式、二横式,三横式、四横式、五横式。解任何一横式都可以通过少数几步到达某一个关键位置,进而破解整局。这个游戏对促进学生的逻辑思维、推理能力都很有益处。研究破局的过程,也极大地激发了学生的探究兴趣。

在一次比赛中,学生遇到训练中从未见过的开局。看他眉头紧锁,我也跟着紧张起来。短暂的思考之后，他的小手开始在器具上拨动，由慢到快，随着他顺利取出"曹操"并向裁判示意，我和场边观战队员们一起为他欢呼。下场后他兴奋地说："老师，你都不知道，我一看没见过这个开局，紧张死了！""那怎么成功了呢？""一开始我也没思路，后来就发现，挪动几步之后就变成'水泄不通'了！"经过这样的思考、摸索、实践，遇到没见过的开局，学生也不再惧怕，他们会联系以往经验，不断解锁新开局。在一次一次的艰难突破中，学生的意志力得到有效锻炼，遇到难题不放弃、坚持努力的品质尤为可贵。

二、深入"益智"，实践转变观念

在不断研究益智器具的课堂实践中，我越来越深切感受到益智课堂对学生思维培养的重要作用。

在执教"顾全大局"这款益智器具的研究课中，我的几次试讲效果都不太理想。课堂上，学生开始都满怀信心、跃跃欲试，但很快大部分学生都"败下阵来"，在我的从旁"指导"下，有几名同学勉强成功，却也没有真正了解这款益智器具的玄机。因为不得法，学生逐渐失去探究兴趣。快要下课时，器具已经成了学生把玩的"玩具"。学校领导听课后对我说：益智课堂不要把成功破解游戏当成第一目标，而是要在课堂上借助益智器具的特点引导学生思考和探究，教师应该把如何提升学生的思维能力放在首位。于是，我重新梳理了此款器具的特点，重新思考学生破解这款器具的难点所在，设计引导学生思维能力提升的策略。

再上课时，我不再执着于学生是否能够成功完成任务，而是在学生遇到困难时及时地叫停，请学生讲一讲遇到的问题，共同分析。有学生提出："我拼好一面后，发现其他面总有重复的。"还有几名同学懊恼地说："已经拼好三面了，发现最后一面有重复，怎么调试都不行！"我没有急于给出解决方案，而是当场演示了自己调试的过程，学生在观看演示的过程中一下就发现了自己的问题所在——调试的过程中不忍打乱其他面（看似正确实则错误的排列）。紧接着，我提出问题：一共要露出 16 个面，每个颜色需要 4 个，你们数一数，露出面符合规则要求吗？听到这个问题，所有学生将目标聚焦到颜色和数量上来，纷纷回应："是啊，露出的黄色不够!" "红色多了!" 大家终于找到了症结所在。课堂教学并不一定要追求表面的完美，而应珍惜每一次犯错的经历。我及时引导学生对错误操作进行思路复盘，学生发现思维定式影响了自己的操作策略。经过复盘反思，学生的反向思维能力得到充分的锻炼，思考的热情也被激发出来。下课了，学生们还沉浸于游戏中，还在热烈探讨着自己成功与失败的经验。一名学生说："有时候不能就看眼前的问题，当怎么都无法破解时，及时转换思维方式，问题就解决了。"

这次课堂教学实践也给了我极大的启发，要转变观念，把主动权放心交给学生，要让学生在课堂上做到真正思考。经历了问题解决过程也不意味着思维训练活动的结束，还要对解决问题的过程或结果进行验证或反思，将操作步骤、思考过程变成分析、总结的对象，这也是一个由感性认识到理性回顾的过程。这一次教学经历不仅影响了我的益智课堂教学与研究，更让我在常规课堂的教学中，有了新的思考和方向。

播撒益智种子,收获思维成长

哈尔滨市继红小学校　关洋

教师就像园丁,播撒种子,辛勤培育,期待收获学生的成长。在从事教育工作的这些年里,我始终兢兢业业,用最诚挚的心去教育、引导、启迪每一名学生,将全部的爱倾注于自己的教育事业。一直以来我酷爱益智器具,却从没想过,"它"竟然来到课堂上。近年来,继红小学开展"以益智器具为载体,提升学生的思维能力"的课题研究,开启了我的另一番教育天地,不仅让我对教育有了更新的认识,更助力了我和学生的成长。

一、玩着玩着,思维打开了

研究伊始,益智器具种类的繁多让我大开眼界,除了我平时喜欢玩的,还有很多我没见过、没听过的。看来要搞定它们真的不是一件容易的事。我决定从自己最熟悉的魔方开始! 三阶魔方这一小小的正六面体看似简单,其中却蕴藏着无限的奥妙与玄机,它是变身能手,可以形成43 252 003 274 489 856 000种形态。不过它的变化是有规律的,它的中心块位置永远不变,角块也永远不会跑到棱块的位置。这是我给学生上的第一节课的内容——认识魔方,我告诉学生要想征服它,必须了解它! 这时一名学生突然开口说:"老师,我觉得在复原魔方时就像给他们串座位一样,是有规律的。"孩子的想法多么生动、奇妙,的确,就是运用替换原理,让它们之间交换位置,展现不同的形态。第一节课,我很激动地发现,学生已经不知不觉地开始思考。接下来,学生开始带着浓厚的兴趣研究魔方,上网找资料,课下与同学交流,不懂时请教老师。没过多久,班级中涌现出一批魔方小高手。平时班级中学习最拖沓的一名男同学竟然先学会了,真是让我很意外。看来只要有了兴趣,学习便不是个事儿了!可是,也有的同学对这小小的器具一直束手无策,看着别的小伙伴能玩转魔方,内心既羡慕又着急,可自己却始终不得法,打算就此放弃。为了帮助这些开窍比较慢的学生,我让小高手和他们组队。让小高手做小老师,每人带一个小徒弟,比比哪个小老师能先教好徒弟,也看看哪个徒弟最用心。在我的鼓励下,小老师带着内心小小的自豪感,耐心地教起小徒弟,徒弟们带着对进步的渴望开始慢慢地学习。这个方法卓有成效,没过多久魔方就成了孩子们手中最喜爱的玩具。时常有学生跑到我身边告诉我:"老师,今天我复原魔方只用了一分半!""老师,我竟然突破了一分钟!""老师,现在我四十多秒就可以复原了,我是不是班级中最快的呢?"看着他们那自信的表情,我别提有多开心了。没想到这小小的魔方竟然充满了魔力,激发起学生无限的学习热情。复原已经不能满足他们内心的欲望了,他们还探索出许多花式玩法,也让我这个老师大为惊叹!

兴趣一旦被点燃,就一发不可收拾。他们又开始研究魔尺、华容道、九连环、鲁班锁……有的学生作为引领者一路在前不断探索,有的学生成为追随者,努力研究不肯落后,全体学生的学习欲望空前高涨。学生的思维被打开了,他们开始主动探究,学习能力得到提升,他们懂得同伴互助,学会多角度全面地思考问题,他们的学习目的变得更加明确,体会到了坚持的意义,抗挫折能力进一步加强,形成了良好的思维品质。

二、学着学着,师生成长了

在每一种益智器具引入课堂之前,我都先自己研究探索。几年下来,那些不认识不了解的器具我掌握了大半,不仅仅是玩法,更是从中挖掘怎样培养学生思维的方法。就拿"冲积三角洲"这款器具来说,十三块形状不同、颜色各异的拼板,研究它耗费了我很多的时间和精力,但收获也是最多的。校领导多次走进我的课堂,帮助我、指导我进步。我一次次改变教学的策略和方法,寻找思维培养路径。课堂上将时间留给学生,让学生在"玩"的过程中探索、体会,由被动学习变主动学习。他们不仅可以用不同分类方法了解手中的器具,还懂得要从简单方法入手尝试,抓住特点。学生在动手实践、相互交流的过程中获得满足感和自信心。学生在动手拼摆的过程中发现了数与形的规律,观察力和思考力也得到了提升。"冲积三角洲"这节课经过不断打磨后在"课题实验课"展示活动中获奖。在以益智器具为载体培养学生思维能力方面,我也积累了丰富的心得与体会,多次与其他教师交流研讨,得到了大家的支持与鼓励。

学生在经历多种益智器具的学习后,思维能力有所提升。课堂上,他们懂得了观察、思考的重要性,懂得只有了解所发现的特点,才能找到解决问题的突破口。思维打开了,学习就变得更加轻松自如了。班级中有一名非常优秀的小男孩,参加了学校的益智小团队,在第二届"国育杯思维运动会"上获得了决赛团体冠军的好成绩,与此同时,个人也获得了一等奖。

小小益智器具蕴含大智慧,继红小学的益智课堂也成为学生思考力提升和教师成长的平台。通过这个载体,学生在玩中学,学中悟,思维品质不断提升,养成了良好的思维习惯。教师反复研究学生的思考过程,改变策略,丰富了教育专业知识,提升了教育实践问题的解决能力。

巧用问题清单,助力思维成长

哈尔滨市南马路小学校　李璐

思维开始于问题,学生思维的成长离不开问题。杜威在《我们如何思维》一书中指出:"思维的缘由是遇到了某种困惑或怀疑。"统编语文教材在提出问题、解决问题方面都做了要求,需要教师根据学情设计教学,以保证学生思维发展。在执教《飞向蓝天的恐龙》这一课时,我以问题清单为抓手,努力实现学生思维的可视化,从而促进学生思维成长。

一、提问题——众里寻他千百度

课前,我要求学生自己读课文,将不懂的问题写在问题清单上。学生提出的问题五花八门,少则二三个,多则六七个,要在一节课中全部解决,几乎是不可能的。如何在这片"问题的海洋"中找到重点,使学生既解决了提出的问题,又能学会解决问题的方法呢?我想到了余映潮老师关于"主问题"的研究,即以主问题牵动整体理解,引发课堂讨论,落实高效学习,激发创造性思维。这节课想要达到"牵一发而动全身"的效果,就要先找到"主问题"。

二、选问题——千淘万漉虽辛苦

上课伊始,我用大屏幕展示出全班的问题清单,教室里顿时炸开了锅。

"天啊!提了这么多的问题!"小波瞪大眼睛说着。

"看!那张是我写的清单,我提了 6 个问题!"妞妞指着大屏幕兴奋地嚷着。

"咦,你写的第三个问题和我写的一样。"琪琪说。

…………

在议论声中，我举起问题清单对全班同学说："大家提的问题老师都看过了，不仅数量多，而且涉及面广，没法用一节课的时间全都解决。怎么办呢？"话音刚落，就有一位学生出主意："我们就解决一部分问题吧！""对呀！""同意！"大家都赞成这位同学的想法。我继续问："需要解决哪些问题呢？"大家随即又七嘴八舌议论起来。最终大家确定了选问题的标准：第一，选大家都感兴趣的问题；第二，选有助于学习课文的问题。

三、改清单——吹尽狂沙始到金

标准定好了，学生开始独立思考起来，教室陷入了一片寂静。短暂的安静之后，学生陆续说出自己的想法。

娜娜说："我发现'恐龙是如何飞上蓝天的'和'恐龙是怎样变成鸟的'这两个问题都是在问恐龙演化成鸟的过程，可以看成一个问题。"

旁边的大博马上补充说："对，你看课文的题目也是在说恐龙飞上蓝天了，说明这个问题很重要。"

米宝说："这篇课文讲的是大多数恐龙，但马门溪龙只是其中一种恐龙，所以关于马门溪龙的问题可以放在后面再解决。"

这些精彩的发言使所有人的目光聚焦于课文与问题，引发了大家对自己的问题清单的审视、思考与修改。在对照、整理、交流、讨论之后，学生最终将"恐龙和鸟有什么关系？""恐龙都演化成鸟了吗？""哪些恐龙演化成了鸟类？""恐龙是怎样变成鸟的？"串联在一起，作为这节课的主问题，集中力量解决主问题。

四、说感受——柳暗花明又一村

在这节课上，从"问题海洋"中筛选问题，到最终解决问题，问题清单起到了至关重要的作用，它使学生的思维清晰可见。一是预学提出问题，使学生思维的起点可见。但细碎的问题，不足以构成连贯、完整、畅通的路径，无法满足学生思维成长的需求，需要整理问题清单。二是整理问题清单，使学生思维的过程可见。学生将自己分析、综合、比较、概括的结果与人分享，积极投入到寻找主问题、解决主问题的过程中,呈现了宝贵的过程性思维。三是改后的问题清单使思维的成长可见。串联后的主问题是学生智慧的结晶,表现出了学生思维的变化和提升。可以说,主问题诞生的过程就是思维成长的过程。

这节课使我明白了,要了解学生的思维,让思维留下痕迹、清晰可见,需要我们以听、说、读、写等多途径激活学生的感官,使其参与到思维的发展中来。我们还要充分利用各种工具,捕捉学生思维过程中的生成性资源,搭建对话的平台,促进学生思维的发展。

从"穿珠子"到"穿思维"

哈尔滨市公园小学校　路琳

苏霍姆林斯基说:"一个人到学校里来上学,不仅是为了取得一份知识的行囊,主要的还是为了变得更聪明,因此,它的主要的智慧努力就不应当用到记忆上,而应当用到思考上去。"作为学生思维素养的教学研究者,我的日常工作就是和教师、学生一起研究探讨,研究每一个教学设计,讨论每一个教学环节,目的就是让思维素养提升与日常教学紧密融合。

一、以动促思,把"珠子"穿起来

记得和学年老师设计过"100以内数的认识"单元中解决问题一课,在区教研活动中做研讨。这节课上,教师创设了学生喜欢的情境:羊村小学校的同学们正在准备春游活动,美羊羊想用这些珠子穿成手链送给大家。亲切的谈话、有趣的情境拉近了师生距离,学生瞪大眼睛,认真地盯着屏幕上的图片。

当学生看到58个珠子和"10个穿一串"的要求时,不由自主地动手圈画起来,很快便在学习单上圈出了正确的结果。为了不乱、不丢、不多,学生小齐还给珠子标上了序号。授课教师对他的细致给予了表扬。随后,教师问:"还有其他方法吗?"对于学生来说,圈画是最直观、最熟悉的方法,每10个一圈已经解决了问题,还有什么方法呢? 这个问题使大部分学生有些茫然,不知道还能怎么画,但这个问题也激发了一小部分学生进一步思考的欲望。

小强挠着小脑袋,盯着屏幕上的文字,读出了声:"五十八……""是啊,五十……"授课教师又强调了一遍,顺势在屏幕上比画着圈好的10个一串。

一石激起千层浪,一只只小手举了起来:"五十八里面有 5 个十,就可以穿成 5 串,剩下的 8 个一不够 10 个,不能穿成一串,所以最多能穿 5 串。""穿成一串就有 1 个十,接着是 2 个十……5 个十,加上剩下的 8 个一,合起来就是 58 个。"学生借助数的组成思路解决了问题。

有了上面的铺垫,教师再次提出"由 10 个一串变成 5 个一串"的要求。学生以小组为单位,讨论交流自己的想法,并结合穿好的 10 个一串的珠子进行观察思考。

"1 个十可以分成 2 个五,一共可以分成 10 个五,剩下的 8 个一里面还有 1 个五,一共是 11 个五,就可以穿成 11 串。"

5 个穿一串时,我们一般想到的是圈一圈的方法,但学生这次没有动笔,而是通过观察思考,将五十八里面的十都分成 2 个五,借助十里面有 2 个五解决了问题。

二、循序渐进,把"思维"穿起来

解决完美羊羊的问题后,老师追问:"如果我想送给更多的小朋友,要怎么办呢?"

"减少!让每串珠子的数量变少!"

"你们真是太聪明了!每串珠子的数量越少,能穿成的手链就越多,我们通过动手圈一圈,动脑想一想,想到了不同的解决办法,真了不起!"

善教者,必善问。在这节课上,教师的问题层层递进,用问题把知识穿起来,把思考"穿"起来,学生在解决问题的过程中,通过系列的、连续的思维活动,对知识的本质有了更深、更全面的认识。在教师的引导下,学生还学会了从不同角度思考问题,拓展了思维的宽度。

在平时的备课研课中,我们也应重视问题的引导性、探究性、递进性、发散性,将数学知识转化成层次鲜明、具有系统性的教学问题,引导学生的思维由浅入深向前发展,从而达到提升学生思维素养的目的。课题组教师也将这样的理念应用在不同主题的教学中。

例如在"图形的运动——旋转"一课的设计和实施过程中,授课教师设计了以下几个有递进关系的问题:钟表中的时针和分针都在做着什么样的运动？生活中你还在哪些地方见过类似的运动现象？怎样用语言来描述这种运动现象？时针和分针在运动过程中有什么异同？

学生通过观察、比较时针和分针的运动方式，体会到现实生活中物体的旋转是绕着某点并且沿着一定方向的。同时，在对比中发现时针和分针的旋转中心和旋转方向相同。经过同样的时间，时针和分针旋转的角度却不相同，使学生明确了旋转中涉及的旋转中心、旋转方向和旋转角度三要素。

从"穿珠子"到"穿思维"，教学过程不单是学习知识的过程，还是促进学生全面发展的过程，尤其是思维能力的发展。在课题研究的过程中，我和课题组教师不断地实践、总结，引导学生的思维向知识的深度和广度发展。在不断推理、抽象、模型化过程中，学生的数学思想愈加丰富，研究数学、建构知识等数学思想活动经验也得到有效的积累。教师在日常研究和教学过程中也积累了不少思维素养提升的教学策略与方法。

在思维型课堂中实现师生共同成长

哈尔滨市公园小学校　李艳丽

作为《学科教学中培养学生思维素养的案例研究》课题的主要参与者，我们确定的课题实施策略是引导教师在课堂教学中发现学生思维素养的实践问题并加以解决，于是，与教师一起观课、议课、磨课是我日常研究的重要组成部分。在与教师的交流与对话中，我们共同成长，对学生思维素养提升有了更加深刻的体会。"笔算乘法"这一节课题实验课的研磨过程我一直记忆犹新。这节课是学生初学笔算乘法。笔算乘法的计算过程并不难，但明白算理是学习的关键，也是培养学生思维素养的关键所在。为此，课堂教学时我们确定的教学策略是数形结合，让学生在点子图上通过动手操作明白算理。

一、思维培养的关键——教学策略选择

课堂教学是从学生已经学过的 14×2 开始的，逐步演化为 14×10，学生都觉得简单得很。而引入新知 14×12 这道例题时，学生便面露难色。授课教师及时出示点子图："同学们，你们能借助点子图，想一想怎样计算，再分一分、圈一圈，说说你是怎么算的吗？"

课堂异常安静，我们能感受到学生在认真思考。此前，学生没有借助点子图算两位数乘两位数的经历，新事物促进他们思考。十几秒钟过后，学生开始动笔了。

学生联系已有知识，将点子图分割成以前学习过的计算式，此时，学生独立思考的能力被激发，他们主动尝试知识迁移。但点子图仅仅这样使用

还没有完全发挥它的作用,学生还没有构建点子图与竖式计算的联系。于是,授课教师启发学生思考多样化算法,说:"同学们,再想想,还有其他的做法吗?"

教室里又安静了下来,学生再次陷入思考。授课教师耐心等待,没有打断学生思考。这时,平时很少发言、成绩稍薄弱的小 A 怯怯地举起了手。教师快速走到他的身边,请他到黑板前讲自己的思考过程。

小 A 很紧张,讲得很慢:"我把 14 分成 10 和 4,把 12 分成 10 和 2,然后 10 和 10 相乘,10 和 4 相乘,另一个 10 再和 2 相乘,2 再和 4 相乘……老师,这有些麻烦!"教师请其他学生仔细观察小 A 的解题过程。小 B 同学举手评价道:"这样做虽然有些麻烦,但看得很清楚,而且全都可以进行口算。"教师也适时赞扬小 A:"他在做题的过程中,没有满足于一个思路,而是不断地思考不同的方法,这种求异的思维值得我们学习。让我们把掌声送给他吧。"教室里响起了热烈的掌声,小 A 高兴得脸涨得通红。此时,教师又神秘地说:"小 A 这种方法,还能跟我们要学习的笔算方法相联系呢!你们想知道吗?"一石激起千层浪,同学们迫不及待地要学习笔算方法。笔算的过程也是学生自主探究的过程,他们不断探索竖式中各部分与小 A 分点子图的做法之间相关联的地方,通过小 A 的点子图理解竖式各部分求得的意义,算理在思考探究中完成。

二、教师思维培养能力的塑造——理论与实践并行

这堂课令我记忆犹新,不仅仅是课堂上教师给学生以尊重和等待,让学生有思维放飞的舞台,更因为这堂课让课题组的所有人相信思维素养的培养关键在教学策略,策略形成的关键在教学设计,设计的关键在核心概念的理解。

根据以往的教学经验,计算教学往往被冠以枯燥、乏味的标签,几乎所有的人都认为计算教学中没有思维素养的培养,关键在熟练。在开始研磨这堂课时,大家能想到的是让学生运用迁移的方法独立计算 14×12,然而这离明白算理还很远,难道算理只能靠教师讲吗?作为教学研究的引领者,我建议课题组教师跳出课堂看课堂,先学习思维素养培养的理论知识,学习儿

童思维形成的规律。在学习中,教师了解到动手操作是智力的起源,是思维的起点,它可以展现知识的建构过程,帮助学生形成直观表象,以便把新的知识内化成符合自己认识水平的新结构。在充分学习和思考的基础上,点子图教学策略初步形成。但对于学生可否画出不同种方案,教师持怀疑态度。在不断的争论中,教师最终达成共识:相信学生思维的潜力,因为思维是没有边界的,教师放手,学生才会有思维活动。

这堂课上完后,授课教师也十分高兴,她对我们说:"这堂课让我真正体会到:教师一放手,学生的思维就被激发了。当他们开始思考时,教师才真正成为课堂的组织者。这堂课没有一个知识点是我讲出来的,都是学生探索出来的,这才是有思维的课堂。"

在思维课题的研究过程中,课题组的每一位教师都多次经历课题实验课的研讨过程,每一次设计实施都是一次艰难的尝试,而尝试之后的收获与喜悦只有我们自己能够理解。学生思维能力的培养需要教师创设情境,需要教师的理解与尊重,需要教师良好的教学策略,就如"笔算乘法"这堂课的数形结合策略、动手操作策略就是培养学生思维素养的有效方法。在日常的研究与实践过程中,教师应该注重学习思维素养培养的理论知识,了解学生思维发展规律,选择合适的教学策略,适当放手,相信学生。

任务驱动下的英语思维培养

哈尔滨市铁岭小学校　沙天翔

英语学习需要语境,在语境中展开沟通。任务布置后,学生需要考虑如何正确完成任务,然后再进行语境模拟,展示自己的对话或任务完成情况,这是英语教学中任务教学的一个基本流程。在这个过程中为引导学生用英语交流,形成英语思维,许多老师尝试过"任务驱动"教学方式。"任务驱动"式教学为学生提供了较大的实践空间,能激发学生学习的主动性和创造性。因任务类型和组织形式丰富多样,"任务驱动"教学方式的适用范围较广,不但适用于运用语言的活动,也适用于学习语言技能和知识的活动。在"任务驱动"式教学过程中,学生通过思考、调查、讨论、交流和合作等流程,学习和使用英语,完成语言学习任务,同时也能锻炼理解力、分析力、推理力、论证力、判断力等基本思维能力。

一、"任务"不是设计了就能驱动学生

记得在 EEC 三年级下册第三课"How much is it?"的教学中,我运用了"任务驱动"教学方式,结合学校组织春游的真实背景,设计了为全班同学采购食品的小任务。课前,我准备好需要购买的物品,想请学生用英语完成购物时计算价格、讨价还价等环节交流。备课时,我"确信"这个环节一定会是这节课的高潮和亮点。学生们个个忙得不亦乐乎,有的数人数,有的数食品,有的激动地看着食物流口水,有的为争抢食物而激烈地争执。而我则走在学生之间,给予必要的指导。实际教学过程与我的预设完全不同。学生根据自己的喜好和同学交流,确定自己要买的物品,但是全程使用的是汉

语,几乎没有一个学生用英语交流。在对物品价格进行询问和商量的过程中,学生也是用汉语交流:"你想买什么?""这个不好吃,换一个。"这种状况和我当初设想的效果大相径庭。无疑这个教学活动的设计有违初衷,成了这节课最不和谐的一个环节。

课后,我对教学过程进行了反思。"任务驱动"式教学是以任务为核心的学习过程,在完成任务的过程中锻炼学生的英语思维能力,最后以展示任务成果来体现教学的成就。在完成任务的过程中,学生需要一个难度适当的任务,在沉浸式的任务达成中自然使用所学语言,从而发展语言应用能力。我这一次失败的症结就是——任务难度过高,完成任务所需的思维链条较长,很多学生难以完成长链条的英语思考。经过一番总结和思考后,我在另一个班级教学时,降低了任务的难度,"剪短"了英语思维的链条。我要求学生在课前完成分组,并把每组的人员确定好。上课时,我公布物品的数量,随后要求学生分组计算好每个人应得的食物数量,并根据这个过程设计一个英文情景对话,最后选出三组上台演示,由大家评选出最优秀的一组,给予奖励。这样的任务难度和思维链条长度比较符合学生的能力现状,课堂上,每个学生都积极动脑、动口。在学生展示环节,学生能够较好地运用本课的句型和以前所学的句型,有许多学生还说出了一些不经常用到的英文句子。适宜难度的任务情境能够帮助学生沉浸在英语环境中,尝试用英语思维思考和交流,这一次尝试终于成功了。

二、"任务"是学生综合思维的训练载体

经过这次教学活动的改进尝试,我认识到在新一轮课程改革中,教师应根据学生的实际需要,设计切实可行的教学活动,这样才能达到教学的目的,才能真正培养学生的思维能力,在确定每课时教学任务时,要避免笼统地讲培养学生具备某种能力,应把它落实到与本课教学内容相关的具体要求或某项技能上来。有了明确具体的目标,才能增强教学的针对性,使教学任务落到实处。例如"How much is it?"这节课中,教师首先帮助学生确立明确的目标,让学生根据自身情况做出思考和选择,教师引导学生思考"手里有多少钱?""能够买什么食物?",这个思考过程很关键。然后,学生根据自

己的选择,进行小组讨论和情境模拟,让学生在这个过程中使用正确的英语语句与他人讨论,完成语句使用体验。最后,学生以小组汇报的形式展示对话。在整个任务过程中,学生通过思考来解决问题,通过讨论形成正确的沟通交流的对话逻辑关系,最后通过展示诠释了购买物品的全过程。整个汇报的过程中,学生使用英语解决问题,充分锻炼了英语沟通能力,并根据实际情况进行灵活机智的应答,通过汇报展示展现了他们的英语思维能力。

英语学习不是单纯的死记硬背和交流的过程,也需要情境的推动与辅助,适宜的任务情境能为学生提供综合思维运用的空间。在完成任务的过程中,学生的分析能力、计算能力、沟通能力与语言组织能力和表达能力得到综合提升,在学习过程中学生能够建立完整的思维模式,用英语思考,用英语解决问题,最终形成完整的英语思维链条。

探索益智课堂，点亮学生思维

哈尔滨市雷锋小学校　程瑶

思维能力是一切能力的核心，现代教学越来越强调培养学生的思维能力，而小学生正处于发展智力、拓展思维能力的关键期。为了拓展孩子们的思维能力，我们充分认识到益智器具对培养学生思维能力的重要性。《义务教育课程标准（2022年版）》在论述义务教育的核心素养时，也将"思维能力"作为核心素养之一。

作为一线教师，如何在益智课堂上引导学生在摆拼、操作过程中，探索创新思维的能力，挑战定向思维，如何引导学生们最大限度地发挥潜能，发挥学生的想象力和创造力是我们教师的新课题。通过参与学校的益智课堂研究，在校领导的引领下，我对提升学生的思维素养有了更多的思考与认识。

一、初识益智器具，开启思维大门

对于益智课，我之前是很陌生的。还记得第一次看到益智展示是在开学的培训上，我看到了学校里几位老师展示的九连环、汉诺塔、魔方等益智器具表演，当时就觉得很敬佩，这么难的东西，在他们手里玩得那么好。接下来孩子们表演的飞碟杯，简直让我大开眼界，每一位同学都是仅十岁的孩子，可杯子在他们手里是那么灵活。从那时开始，益智器具就让我产生了好奇心。于是，我便也开始学习了，原来它是既好玩，又锻炼人的思维，让我们的思考力逐渐提升。其中"九连环"算是我第一个完整学会的益智器具。记得我第一次接触九连环的时候，看着同事玩，那些上上下下好复杂，感觉不小心就忘了。后来我也是想试试,才开始学这个器具的。通过同组老师的讲解,我才知道它原来是有规律的,从如何上一环,到上两环,再到上三环,最后竟然卸下了7环,不但会卸下,还会再将它还原回去。但是刚开始时,我总是忘记,有时明明该下这一环了,但是弄着弄着却成了上环了。旁边有老师提醒我,玩九连环一定要知道自己接下来要干什么。于是我才明白,九连环环相扣,趣味无穷,探究时需要分析与综合相结合,有序思维、分析判断和逻辑推理有机结合。这样好玩的东西真的不仅仅是"玩",更重要的是它能锻炼思维,培养大家的思考力,同时也开启了我思考益智器具的思维大门。

二、小试牛刀,打破定向思维

接下来的一段时间,从听同事老师的益智课、观摩优秀的课例到自己上益智课,这一路走来真的是受益匪浅,收获频多。我真正意义上讲的第一节益智课是"巧放圆形"。学生在不断的探究中互相交流,在交流的过程中突破思维定式,找到解决问题的突破口。第一次交流反馈中学生发现有一块总是在外面,有重叠的部分,于是意识到在没有仔细观察的情况下就急于完成,大都会失败,并认识到观察和思考的重要性。第二次再交流的时候学生都能带着思考先观察再操作,发现有些事情只有打破常规和定式,才可以找到新的思路,"圆中有方"不行,就换个思路"方中有圆"。最后一次交流中,学生发现在打破了自己的思维定式后,把这两块拼在一起正好可以拼成一个有直角的图形,最终完成了"巧放圆形"。在课堂上,教师是真正的引导者和组织者,从开始调动学生的积极性,到让学生充满好奇,激发出学生的求知欲,再通过探究、发现、质疑、提出问题,最后到解决问题,学生们一层一层地剥开问题,揭开器具的奥秘。当学生们成功的那一刻,我的那种成就感也油然而生。我发现益智器具在探究中提高了学生的操作与观察能力,在培养学生思考和表达能力的同时,也使学生积淀了学习智慧。

三、深入研究"益智",树立新"思维"

在上了几节益智课后,接下来的一次益智课堂打破了我对益智器具课堂的认知，也让我重新思考益智课堂真正的意义所在。在讲授"神龙摆尾"这一课时，学生纠结于"龙头盘绕法"和"龙尾盘绕法"，后来我组织学生选择自己喜欢的方法来比一比，把操作、观察和思维表达紧密结合，让不同层次的学生均有机会进行展示，使学生的思维得到发展，能力得到提升。学生通过尝试、研究和对比，明白不能遇到点困难就放弃，要坚持不懈，多次尝试就有可能成功，同时要从多角度考虑问题，进行知识梳理，深化"先观察思考、寻找关键点，后实践探索"的良好思维品质。学生的思维也向深度发展，学生在考虑两种方法的时候，还要兼顾自己的熟练程度，手脑并用形成有序思维，调动反应能力和协调运用能力。通过这节益智课的不断尝试，我也在深入思考益智课堂真正带给我们的是什么。益智课堂不应该关注器具的拼摆是否成功，器具是否按照规定放在相应的位置上，而是应该更关注学生在探索研究的过程中思维方式的转变和思维能力的培养。

益智课程的开展给了学生一把开启思维之门的钥匙，使他们在课程中自行操作、摸索、尝试，在不断发现和探索的过程中培养他们的思维素养和思维能力。让我们以课程建设为出发点，以教师教学能力提升为成长点，以学生思维培养为落脚点，从益智课堂出发，在动手中，发展思维，启迪智慧，在玩乐间，培养意志，提升品质！

奇思妙想,让思维的种子落地生花

哈尔滨新区师范附属小学校　曹焕焕

古希腊学者亚里士多德曾经说过:"我们的思维是从与正在寻找的事物相类似的事物、相反的事物,或者与它相接近的事物开始进行的,……由此产生联想。"联想与想象犹如思维的万花筒,每转动一次就是把创新思维转动了一次,一个美妙的新设想就由此产生了。

新课标明确指出,培育学生热爱祖国语言文字的思想感情,引导学生丰富语言的积累,培养语感,发展思维,思维能力的发展俨然成为提升语文核心素养中的关键环节。我在执教一年级下册"学思维"活动 9"联想大比拼"这一课时,将学会联想这种思维方法作为这一课的教学重点,让学生充分习得并运用这一方法,发展学生的思维能力。

一、形象感知,播撒思维种子

课程伊始,我将抽象的联想化身为可以让学生直观感受到的手影视频,并提出问题:"在视频中你能看到哪些动物?请你大声说出它们的名字。"学生们的眼睛立刻瞪得圆圆的,生怕错过任何画面和信息。"兔子……天鹅……鹿……猫咪……",孩子们整齐地喊出了动物的名字,脸上带有惊喜的微笑。"这些动物从哪里来的?""看到手影想出来的!"作为一年级的学生,孩子们的回答有些出乎我的意料。"对了孩子们,人的想象可以通过一些思维的方法,变成看得见、摸得着的东西,你们想学习这种方法吗?""想!"在渴望的眼神和响亮的回答中,思维的种子悄然落地生根。

二、分类联想,促发思维嫩芽

在教学过程中,我将联想的方法应用其中,创设了梦幻糖果屋的情境,将孩子们喜爱的甜品与圆形联系到一起,通过棒棒糖、蛋糕、甜甜圈这样的事物让学生们找到其中的圆形,由此引出下面要讲解的部分。针对学生的学情特点,我设计了"画一画"的环节,沿着教材的思路,尝试用让孩子更能接受的方式来感受圆形的千变万化,为后面的分类积累素材。

这一环节是一年级的孩子最喜欢的,他们用自己擅长的方式、丰富的想象力创作了很多圆形的作品。每当创作完成后,他们都把小手举得高高的,等待着我去发现。我将一些作品收集起来,用磁扣贴在黑板上,请学生上台说一说并进行分类。孩子们找到了圆形的水果、圆形的动物、圆形的生活用品。接下来我趁热打铁提出问题:"你能选择其中的一个事物想一想,和它同类的还有哪些吗?"课堂瞬间沸腾了起来,每一个孩子都把自己的小手举得高高的,生怕别人先说出自己脑海中的答案。

"老师,我从圆形的橙子想到了樱桃","我想到了蓝莓、葡萄","我想到了西瓜、苹果和橘子","老师,桂圆也是圆形的,剥开外壳,里面是甜甜的"……还有一个孩子根据圆形的篮球想出了很多圆形的球类:足球、排球、乒乓球、保龄球、高尔夫球、网球、铅球。当他一口气说出来的时候,班级里响起了热烈的掌声。这看似简单的一些物品却让联想这种思维方法在孩子的脑中生根发芽。通过分类和联想,学生们明白了联想时首先要找到同一类事物,分类联想可以产生更多的结果。

三、迁移运用,绽放思维之花

为了让学生们将联想这一思维方法具体落实到运用中,在拓展延伸这一环节,我给学生提出了一个这样的问题:"请你想一想身边有哪些白色的事物,你能说出多少种白色的事物呢?"学生通过小组讨论的方式将本节课学到的分类与联想的方法应用到了学习当中。提到白色的事物,北方的孩子最先会想到雪,以及和雪有关的事物,如雪人、雪球、雪雕、雪堡、雪山等。我趁机启发:"我们学过《四季》和《春夏秋冬》,同学们还可以想一想,哪个季节中有白色的事物?""夏天早晨有雾","秋天地上还有霜","秋天天上还有白云"……看着孩子们稚嫩的笑脸和超出预期的答案,我的心中甚感欣慰。

"老师,我们什么时候还能上这样的课?""今天的课太好玩了!我都没有上够就下课了。"下课后,我再次成了班级的"焦点",孩子们围着我不愿离开。

我们总在苦恼,常规课上孩子的思维打不开,总是得不到我们预设的答案。因为传统的教学方式一般是通过对知识点、问题以及课堂训练的三点联动式教学实现知识目标的达成以及技能目标的落实,但却忽视了对学生的思维培养,只能让学生被动地接受知识。这节思维课让我深刻地感受到,学生核心素养的培养与思维型教学有着紧密的联系。俗话说:"授人以鱼不如授人以渔。"要培养学生良好的思维能力,不是让学生被动地从别人嘴里获取答案,而是让学生多思考,老师教给他们再多的知识也不如教一些有效的思维与学习方法。相信在新区附小王京校长的引领下,在师生的共同努力下,我们一定会让思维之花开遍附小的每一个角落!

在小古文教学中培养学生思维能力

哈尔滨市南马路学校　赵明新

学生的思维能力是在学生思考过程中形成的。传统的小古文教学以读为主,强调熟读成诵,忽视在小古文教学中的学生思维能力训练。殊不知,短小的文章中蕴含着丰富的意境和思维发展的训练点。因此,在"思维课题"研究中,我尝试打破传统教学方式,尝试有效提升学生思维能力的策略与方法,让学生在中华传统文化深厚底蕴的浸润中发展思维。

一、纸上芦花

《芦花》这篇小古文的原文是:"水滨多芦荻。秋日开花,一片白色,西风吹来,花飞如雪。"文章短短 21 个字,采用了比喻的手法,形象生动地写出了芦花的颜色及芦花漫天飞舞的动态之美,将秋季芦花盛开时的景象生动地展现在读者面前。

课堂上,我先是给学生范读,然后通过指名读、齐读等形式朗读小古文,逐字逐句地解释重点词语和句子。学生按照我的指导,将小古文流利地读下来,并中规中矩地解释诗句,最后还能背诵下来。一节课下来很流畅,我也很满意。课后,课题组的老师一起评课的时候提出:本节课的教学目标不仅仅是要朗读和背诵,小古文的学习中应该有意境的体会和感受。学生对芦花漫天飞舞的动态之美不是在理解体会中感受到的,而是通过干干巴巴的词句解释被动接受的。本节课学生是在机械地完成任务,而不是积极地进行语言建构,缺少主动的思考和建构过程。

课题组教师的建议与反馈引发了我的思考,小古文教学中应该怎样引导学生开展积极的语言建构,怎样引导学生在理解、想象和创造中感受秋季芦花盛开时的美丽景象。带着这些问题我进行了第二次的教学。

二、盛开在头脑中的芦花

我在平行班进行教学时,引导学生关注书下的注释,融入自己的理解,画出自己心中芦花开放的样子。绘画后进行展示、交流。学生结合书上的文字解释加上自己的理解与想象,动笔为自己心中的芦花画像,并组织语言将自己绘制的内容讲出来,学生的思维被唤醒,学习兴趣高涨。我又适时引导学生开展相互评价。学生依据文本对图画中景物的内容、样子、数量等方面特点进行讨论,肯定优点也指出不足,再次加深了对文章的理解。

接下来,我引导学生仿写。这篇文章的作者运用了一组四字词语,读起来朗朗上口,极富韵律。如果只是采用朗读的方式来体会语言特点,学生的理解就是浅层次的,表面化的,难以给学生留下深刻印象,更谈不上迁移运用。我以展示图片、口头描述等方式向学生提供相关素材,调动学生生活经验,触发学生的灵感。要求学生仿照"_____多_____。_____开花,_____,_____"的格式来描写一种植物。一时间,学生"妙语连珠",争相表达自己的想法。有的说:"小区多迎春。春日开花,东风吹来,多姿多彩。"有的说:"校园多丁香。夏季开花,微风吹来,花香四溢。"学生的思维一下子打开了,成为课堂真正的主人。"仿写"策略引导学生品味小古文的语言艺术,使他们学会运用书面语言表现美和创造美,在语言风格的模仿中,在深思熟虑的比较中,思维品质得到有效提升。

课接近尾声的时候,学生意犹未尽,我找到《乡村》《荷》等相关的文章进行整合教学,引导学生体会如何抓住特点写景。通过多篇文章的对比阅读、主题阅读,建构学生语言,使学生思维得到更深层次的发展。

两次课堂,两处芦花开放,一处开在纸上,一处开在了头脑中,开在了心田里。苏霍姆林斯基说:儿童是用形象、色彩、声音来思维的。小学生的认知特点是由具体形象思维向抽象思维过渡,儿童阅读往往需要借助教材语言,结合自己的经验在脑海中树立形象。我在教学中运用"画一画"的策略借助思维支架,化零为整。学生在想象中画,在绘画的过程中欣赏美和创造美的情趣与能力得到培养。

我在小古文教学中积极地拓展与迁移,充分利用小古文语言简洁凝练、音韵抑扬顿挫和结构简单的特点,在教学中采取读写结合的方式,以读促写、以写促读,帮助学生学习如何表达,并练习运用,提高学生的语言感悟力和表达力,提升学生思维的灵活性与创造性。在迁移运用和拓展阅读中培养学生想象、比较与运用能力,落实了类比联想,让思维能力得到了发展。

小古文的教学中思维能力的培养还是一片有待开发的广阔天地,我们要在教学中关注思维训练,用心设计教学,让小古文教学成为语文教师培养学生思维能力的肥沃土壤。

思维素养"玩"出来

哈尔滨市花园小学校　王莹

爱玩，是孩子的天性。让孩子们在玩中获取知识、在玩中启迪智慧是我多年来一直追寻、潜心打造的数学课堂。寻找数学知识与游戏的契合点，让数学学习游戏化，虽艰辛，却幸福。在王岩校长的引领下，花园小学开展了以"数学好玩儿"课程为载体，提升学生的思维能力的课题研究，在课题研究中我品味教学研究的幸福，静待花开的喜悦。

一、"玩"中彰显思维的缜密性

三角形是一个孩子们既熟悉又陌生的平面图形。怎样让学生将三角形的直观表象自主抽象概括为数学概念，经历数学概念的建模过程？一段小小的绳子启发了我，何不让他们自己用绳子来设计图形。于是，我给孩子们准备了一段绳子，让孩子们用绳子来设计自己认识的平面图形，但是不准剪开。转眼间，孩子们用绳子围出了三角形、长方形、平行四边形……看来，孩子们对平面图形有着非常丰富的感性经验。这时我说道："愿意说说你们是怎么用一段绳子来设计出平面图形的吗？"每个孩子都露出不屑的表情，好像在告诉我：老师，你的这个问题太小儿科啦！我故作惊讶地说道："这个问题这么简单吗？大家都能解释对吗？"孩子们异口同声地答道："对！"于是，我让孩子们说说自己的方法，不出所料，几乎所有的孩子都将绳子首尾打结，然后借助手指撑出不同的平面图形。在肯定孩子们的做法后，我再次问道："大家做的都对，有没有人能够告诉大家为什么要首尾打结，为什么要借助手指来支撑?"

短暂的沉默过后,孩子们陆陆续续举起了小手。有的说:"首尾打结,是要围成一个封闭的图形,因为我见过的平面图形,它们的边都是首尾相连。"有的说:"不打结,就围不成平面图形。"还有的说:"用手指支撑才能呈现出不同边数的平面图形。比如,三角形我要支撑出三条边,四边形我要支撑出四条边。"听着孩子们侃侃而谈,我马上问道:"现在能说说什么样的图形是三角形吗?"在短暂的小组交流后,孩子们纷纷发表小组观点。有的小组总结出:"由三条线段围成的图形是三角形。"还有的小组补充道:"三条线段必须首尾相连。"

小小的数学活动,看似平淡无奇,却让数学学习变得不再冰冷、陌生,让数学课堂变得有温度、有情趣,也让学生在学数学的过程中实现思维的再现,不断提升学生思维的缜密性。

二、"玩"中凸显思辨能力的培养

数学是思维的体操。创设有情趣的数学活动,再现学生的思维过程,才能激活学生的思辨意识,提升思维的灵动性,培养人的创新意识和应用能力。

在"数学好玩儿"课程的实践与研究过程中,除了依托教材内容设计好玩儿的数学活动,我们还在王岩校长的带领下挖掘课程资源,创新整合学习内容,力求在数学活动实践中提升学生的思维品质。还记得在课题实验研究中我执教"玩转'小棋盘'"一课时,我让同学们进行下棋比赛。每次只能从规定的起点向上或向右走 1 步或 2 步,谁先到达规定的终点谁获胜。面对这样的游戏活动,每个孩子都跃跃欲试。在小组尝试过程中,他们时而为获胜欢呼,时而为失败叹息。这时,一个小男孩高高举起小手,自豪地告诉我:"老师,我想挑战您!"于是,我假装自信地说:"确定你能赢我?"小男孩点点头。于是,他先下 1 颗棋子,我就跟进 2 颗棋子;他下 2 颗棋子,我就跟进 1 颗棋子。下着下着,有人小声说道:"完了,输了,挑战失败。"这时,一个小女孩突然站起来说:"老师,不公平。这样老师您一定能获胜。""怎么不公平?你能说说你的发现吗?"她一本正经地说:"之前我也是这样做的,我发现怎么下都输。于是,我就换了一下下棋先后顺序,结果就赢了。所以,后下一定赢!"这时,另外一个孩子站起来说:"不对,我一直后下,可是,有赢的时候,也有输的时候。"于是,我让孩子们把自己下棋的过程通过展台展示出来,大家一起来分析一下:后下到底能不能一定获胜?怎么才能保证自己获胜?孩子们有的在下面数格数,有的在数棋子的个数,甚至有的还在推算最后的结果。

随着课堂上下棋声、讨论声渐渐变小,孩子们也逐渐优化出获胜的策略——不仅和顺序有关,还和路线上的总步数有关,要抢占"3 的倍数"的位置。在分享交流学习感受时,学生们纷纷谈到在寻找获胜策略的过程中,只有不断地观察、比较、辨析关键信息间的联系,及时转换思考方式,及时调整策略,才能应用知识来解决问题。孩子们在这样的交流碰撞中不仅是在获取知识,更是在启迪思维,拓展视野,跳出数学的外壳,享受学习的快乐!这样的课程让学生的思考也更加深刻,思维素养不断提升。

小游戏,大智慧!花园小学的"数学好玩儿"课程成为提升学生思维品质、转变教师课程观念的"大舞台"。玩中学、学中悟,在课程舞台上各美其美,碰撞思维、启迪智慧,乐享思考、探索的快乐。

思维教学促进师生共同成长

哈尔滨新区师范附属小学校　刘洋

思维是我从求学开始就被反复提及的词语,但了解思维理论,并将之作为教学的一部分是从 2020 年才开始的,那是由哈尔滨市教育学会、哈尔滨新区教育局主办的思维型教学启动培训会。在这次活动中,我接触到了胡卫平教授以思维作为培养人的核心驱动力的理念。遵循着这一理念,我开始在日常的课堂中摸索培养学生思维能力的方法。

一、用思维升级个人认知

我在教学"学思维"二年级下册"方圆的世界"一课时,为了调动学生的原有经验,我创设了"找找我是谁"的游戏情境,并提出问题:你能给屏幕上的物品分分类吗? 看着屏幕上一个个熟悉的物品,我话音未落,学生们就开始讨论起来,他们用自己的方法给物品分类。随着课程的深入,我将学生的几种典型原始思维一一呈现,引导学生从最直观的形状入手,把物品分成圆和方两类。随后再让学生找出方的物品、有花纹的物品以及既是方的又有花纹的物品。在活动的过程中发现:凭借不同标准可以将相同的物品分成多个类别,没有说清分类标准,就会有不同的可能;观察的角度不同也会带来争议。那么物品分类到底蕴藏着怎样的学问? 为了统一分类标准,避免争议,又有哪些不同的标准呢? 到底可以怎么分呢? 这一困惑立刻激起学生新的思考,学生发现原来当标准变换后,分类的结果也会发生相应的变化,孩子们的思维深度又上升到了一个新的台阶。通过活动,学生感受到了用一致的标准分类的必要性,于是学习新知识的兴趣和动力自然发生。

二、用思维打开视野

思维包括分析、综合、比较、抽象、概括、判断和推理等基本的过程。思维教学不仅要关注学生应该学到什么，还要重视他们是怎样学到的。因此，教师要进一步了解学生的学习状态和方式，更要掌握学生的思维方式及过程。仍是"方圆的世界"一课。按照传统的教学方式，我当然可以采取直接讲述的方式或者让学生通过自学了解给图形分类的方法，但这样的话，学生就很难体会到图形分类的标准的必要性。当屏幕上的物品一一呈现时，孩子们起初是疑惑的，这些物品为什么会被放在一起，当知道活动的内容后才恍然大悟，我从他们发光的眼神中看得出来，他们想到了多种多样的答案。那么这些生活中常见的物品到底可以怎样分类呢？讨论的过程是最精彩的，孩子们有的沉默不语，有的据理力争。经过独立思考、小组交流，学生陆续提出了如下标准：第一种根据形状分类，第二种根据形状和是否有花纹分类。此时，物品被分成了三类：方的没有花纹、方的有花纹、圆的有花纹。此时要注意圆的没有花纹的物品不能放进统计图中。在我一步一步有意识的引导下，学生参与到了分类的过程中，呈现了宝贵的过程性思维。给物品分类的过程，升华了学生的认知，形成了良好的感受。

教学不仅仅是传授知识，还要培养学生良好的认识，认识的产生过程就是思维成长的过程。在这节"学思维"课程后半段，我引导学生对分类的方法进行了回顾，用这些方法在生活各场景中进行分类，找出分类的标准，反思分类的方法。活动过后，我还带领学生对本节活动课所学内容进行总结，让学生谈谈本节课的收获和体会。物品分类的活动，让学生学会了寻找事物之间的异同点，并基于某种标准给事物分类，提升了学生思维的深刻性和敏捷性，培养了学生的观察能力、比较能力和分类能力。

三、用思维助力成长

我尝试引导学生将分类比较的方法应用于日常的语文学习中。题目是文章的眼睛，类比题目能够让学生从不同的特征中摘录、筛选不一样的内容，利于学生形成多样化理解。如，在学习《芦花鞋》的时候，我带领学生一同揣摩《千人糕》《丁香结》《月光曲》等题目,让学生从中体味到作者将描述对象作为题目的好处:简洁明了,帮助读者在开门见山的阅读中明确表达对象。在此基础上,我还引导学生就《小马过河》《大象的耳朵》《蜘蛛开店》《青蛙卖泥塘》等题目进行了深入构思,让学生从这些题目中感受描述对象的不同特征。在这期间孩子们随着我的问题逐步走进文本,在"谁过河""为什么过河""耳朵怎么了""谁开店""开的什么店""为什么卖泥塘""卖出去了吗"这些问题的引导下,学生们热情高涨,一个个问题接踵而至,思维火花瞬间被点燃。带着这样的问题走进文本,更利于学生在学习中思考。通过这样的分类比较,学生能够从各自拟题的差异中发现更有价值的信息,在把握语篇所表达中心要点的基础上形成多样化的感知,并在不断深入探知的过程中形成多维度认知。

就这样,我和身边的伙伴们不断地探索思维教学的方法,在持续的探讨中改善自己的教学方法,以提升学生的思维能力,改善他们的思维方式。当思维改变后,学生的学习主动性和热情不断提升,他们开始在学习的过程中获得更多的感思。所谓成功,其实不在于究竟做了什么,而在于我们究竟想到了什么,也许这就是"学思维"的魅力所在吧。

我与学生的思维互动

哈尔滨市第四十五中学校　王东辉

　　我是一名初中数学教师,多年的数学教学实践使我养成了注重学生思维能力训练的教学习惯。在新知学习的过程中,我不仅注重问题的演绎(或归纳)推理,更注重引导学生形成解决问题的思维能力。我认为:培养和提高学生的思维能力,才是真正的"授人以渔"。

　　2016 年 8 月,我怀着无比激动的心情来到西藏,开始援藏之行。上第一堂数学课时,我发现一些学生的思维深度和思维的结构需要提升。同一个问题,换了一种问法,一些学生就不会了;而且只能一步解决一个问题,如果题目描述过于复杂,需要两步或三四步才能推演出答案,那么,多数学生就会一筹莫展,没有解题思路。这种状况和他们的分析、整合能力有一定关系,但更重要的还是思维方式问题。这让我很苦恼,怎么培养和提高这部分学生的思维能力呢? 我在实践中摸索出了几种方法。

一、借助游戏 开展思维训练

　　十三四岁的初中生,正值青春期,有强烈的好胜心,我利用这个特点,在每节课前与学生做个小游戏,不着痕迹地开展思维训练。如,我教学生做的第一个游戏是举手与握手。规则很简单,按指令举手或握手:

　　举起右手,举起左手,左手握住右手;

　　举起左手,举起右手,右手握住左手;

　　举起右手,举起左手,右手握住右手。

　　前两句简单,学生感觉很容易,到第三句指令时,教室里就乱了。有的学生用自己的左手握住自己的右手(思维定式,重复第一句的指令);有的看着自己的右手不知所措;有的学生直接叫嚷起来:"老师,我只有一只右手,这也没法儿握呀!"很多学生附和着摇头……看着学生困在固化思维里急得抓耳挠腮,我微笑着引导学生:"这个游戏指令一定可以做到的,开动脑筋想想怎样才能右手握住右手,我可没说握住自己的右手哦。"话音刚落,有机灵的学生反应过来,抓过同桌的右手握住,然后兴奋地跳起来:"老师,你看,我们实现了右手握右手。"我对这组同学竖起大拇指,别的同学见状纷纷模仿。这时,我又引导学生讨论:你在这个小游戏中获得了什么启发?引导学生归纳出这个游戏的意义:一要注意审题,二要突破自己的思维定式,注意条件和结论之间是否存在必然联系。

经过多次这样的课前思维游戏训练(游戏由易到难、逐层递进),学生变得越来越灵敏、机灵,审题能力和思维能力有了显著提升,好多学生开始期待下节课的课前小游戏。

二、主题阅读 开启智慧之门

"司马光思维"是我校"文史融合"课题组自主构建开发的主题阅读综合课。通过司马光砸缸救人的小故事,引导学生学会分析问题的本质,打破思维定式,用逆向思维解决问题。

司马光思维的精髓在于:不破不立,破就得生。只有打破旧的思维枷锁,思路眼界才能开阔。对于很多问题,如果倒过来思考,从求解回到已知条件,往往会使问题简单化。这种思维方式对于学生拓宽思路、开启心智、发展思维能力极为珍贵。当我跟学生一起品读司马光砸缸的故事时,当我们七嘴八舌地讨论人与水的关系时,当我们用司马光思维轻松分析曹冲称象的问题本质时……学生们的思维能力获得了积极有效的发展和提升。

经过这样的主题阅读综合课思维训练,学生的思维像打开了一扇门,他们开始活跃起来,理解了司马光砸缸故事中所蕴含的思维智慧,也能在平常生活中打破思维定式,寻找一些利用逆向思维、发散思维、求异思维解决问题的生活实例,给生活和学习带来方便。

三、通过实践 形成思维智慧

美国著名地质学家华莱士曾提出一个著名的观点：人的大脑里蕴藏着丰富的宝藏，而思维方式是其中最珍贵的资源。而我结合自己 30 多年的数学教学实践，得出的观点是：思维训练要来源于生活，又要服务于生活。思维的智慧就是在不断分析、解决生活实际问题的过程中形成和获得的。

只要我们在生活中有意引导，解决生活问题的智慧就随处可见。比如：孩子们爱喝饮料，一天上课，我准备了一瓶饮料，瓶口用软木塞塞住，然后抛出问题：不准拔去木塞，不准在木塞上钻孔，不准破坏瓶体，怎样能喝到饮料？孩子们议论纷纷，争论得面红耳赤，其中一个小男孩跑过来告诉我，他有办法，我立即让大家安静下来，听他陈述自己的办法。他问：有奖励吗？我问他要什么奖励，他说：这瓶饮料归我。我问：其他同学同意吗？其他同学一致同意。我说：可以公布你的答案了吗？还得看你的答案是否合理，如果合理，你还得回答我，你是受什么启发的。他说：很简单，可以把木塞捅下去，题目中只是说不让拔出木塞，也没说不让把木塞捅到瓶子里，我是受司马光思维的影响。听了他的解释，大家热烈鼓掌，一致表示答案合理，思维巧妙，于是小男孩兴高采烈地拿走了这瓶饮料。看着他津津有味地享受胜利果实，我欣慰地笑了。

有思维才有思路，有思路才有出路，有出路才能走上成功之路，思维决定成功。使学生能够拥有敏捷的思维，巧妙地解决问题，培养学生良好的思维习惯，使其学会思考问题，是教育工作者的重要使命。

巧妙设计学习活动，发展学生思维素养

哈尔滨市旭东中学校　赵玉晶

上课前，我带着一个小红毛线球进了班级，学生满眼好奇地问我："老师，它是用来做什么的？"我告诉大家，课堂的最后环节我们要随机扔毛线球，扔到谁，谁来总结所学内容，总结的质量与小组作业量挂钩。同学们互相对了对眼神，流露出我们组必胜的信念。整节课，学生以小组为单位，努力在语篇中找规律，总结被动语态的构成、无被动的情况和被动语态的特殊用法。

到了总结的关键时刻。佳琪是英语课堂上不爱发言的女孩，她的语文和数学成绩比较好，唯独犯难的就是英语，她经常说听不懂，听不明白。在小组竞争中，佳琪成为其他小组投掷的重点。宇轩同学毫不犹豫地、准确地将毛线球投到了佳琪的位置。教室瞬间安静下来。此刻，佳琪小组成员的表情紧张到了极点。意想不到的是，佳琪丝毫没有紧张，她环视了一下四周，将课上的重点毫无遗漏地讲述了一遍。掌声瞬间而起。佳琪所在的小组获得了作业免写的权利。

下课铃声响起，我刚走出教室，佳琪就开心地尾随而来："老师，今天是我最认真听讲的一次，而且你讲的被动语态用法我也听明白了。""为什么呢？"我看着她满是骄傲的面庞。"因为今天上课的时候，你告诉我们要采取扔毛线球的方法确定总结知识点的人，我害怕给小组丢脸啊。我答对了，没有影响我们小组。"我恍然大悟。"真为你高兴，你不光是给小组争了光，自己也有收获啊，看来以后你得继续加油了！"佳琪露出可爱的小虎牙，笑嘻嘻地回答我："一定，一定的，谢谢老师。"她深深地鞠了一个躬，就小跑回去上下一节课了。孩子有所转变,我却怎么也高兴不起来,一种愧疚感油然而生。今天采取的这种扔毛线球来总结的方法,是我的第一次尝试,以小组为单位绑定评价也是突然间想到的,没想到竟然给学生带来这么大的触动。

一节课结束了,我的思考却刚刚开始。课堂小结是对整堂课学过的内容的再次梳理,也是教师了解学生学习情况的重要途径。可是在日常的课堂小结中,仅限于几位学得好的学生主动发言,其他同学很少参与。如何让学生上课时集中注意力,学会思考,困扰了我好久。今天的临时想法,确实效果不错,除了佳琪,其他学生也比平时注意力集中。

小小毛线球,承载的不是一种简单的教学方法,它让学生的思维情感得到了充分的维持。看来,在教学的过程中,我们要充分考虑非智力因素对思维意向的影响。有效的活动设置才能让学生的思维方向、深度随着不断变化的学习活动启动、持续。正是有非智力因素的有效参与,学生的思维态度、思维习惯、思维倾向和思维情感才在潜移默化中得到充分的激发,从而从根本上解决学生注意力不集中和厌学的问题。

在思维课题的研究过程中,尤其是这次"小毛线球"事件之后,我深刻认识到学生思维素养的可培养性。原本非常抽象的概念,我们完全可以通过优化的课堂活动,让学生的思维素养得到很好的提升。在后来的教学中,我还尝试了很多不同的方法:组织学生"扔雪球"决定读句子的人,运用"小纸条"将单词分类,用"拍桌子"游戏进行小组造句,开展分角色小组活动,等等。通过对学习活动的有效设置,学生的思考积极性一下子被调动起来,学生在相互交流中学会了思考,愿意思考,提高了思考水平。在潜移默化的学习过程中,学生的理解力、分析力、比较力、概括力、判断力都得到了锻炼,他们的问题解决能力、创造性思维能力和批判性思维能力也得到了培养。

用好思维工具，助力师生共成长

哈尔滨市第一二二中学校　胡春雷

从事教育工作至今已经近二十年，经历了三次课程改革的锤炼，高中历史学科的主干和重点知识已经了然于胸，但在不惑的年龄再次面临新一轮课程改革，我越来越感觉到教育教学上存在的一些问题，如何解决这些问题让我困惑不已。

惑之源——课改学年学生的疑问

新课程改革后的教学活动中，学生经常问："老师，这么多的知识能讲完吗？老师，高考题考的也不是教材上的内容啊？"特别是讲到《中外历史纲要（下）》"欧洲的思想解放运动"一课时，学生问："老师，这些内容初中课程都学过了，高中为什么又学一遍，和初中有什么不一样的地方吗？"我在翻看初中教材后发现，初中好几节课的内容，在高中变成了一节课，我也困惑如何处理才能既完成课时要求的内容，又体现出高中课程标准与初中课程标准的不同。

惑之机——我与思维工具课题组的相遇

在一次教研听课活动中，哈尔滨市第三中学校孙少萍老师的一节公开课引起了我很大的兴趣，也给我带来了解惑的思路和途径。这节公开课将德·博诺教授的"六顶思考帽"这一思维工具与明清时期商业的发展相结合，深入情境的调研、匠心独具的设计、合情合理的解读、形式多样的展示、热情诚挚的建议，让学生们的探究由感性渐入理性，由立足个体自我进入社会之我的思考之中。课后我主动加入"思维工具在高中历史教学和校本课程开发中的应用研究"这一课题,与同伴们一起深入地学习和交流思维工具在高中历史课堂的实践与运用。

惑之解——课堂实践与教师的成长

"欧洲的思想解放运动"一课的设计,将项目式学习和OPV(Other People's Views,其他人的观点)思维工具相结合。OPV思维方法是考虑其他人观点的思考过程。其他人的观点也许很不一样,即使在同样的社会环境下,他们看待问题的方式也会各不相同。了解别人怎样思考,并与自己的思路相融合,这是思维素养提升的一个重要途径。我精心设计了这节课(见表1)。

表1　基于OPV思维工具的教学设计

预习环节	情境创设	创设情境、提出问题(穿梭时空、回到历史) 情境一:市政厅广场　14—16世纪的文艺复兴 情境二:教堂广场　16世纪的宗教改革运动 情境三:科学团体　17世纪自然科学兴起 情境四:咖啡馆　17—18世纪启蒙运动 提出问题:尝试列出当时情境下热议话题和人物的排行榜(热搜),选出最具有代表性的人物、事件、作品等进行展示并解读。
	学生活动	小组任务、学习研究(任务驱动、合作探究) 四个专题小组。回到相应的时空情境,结合当时的社会环境说明为什么会选择该人物或事件排在榜首,这些热议的人物或者话题又会带来哪些社会影响,并针对各个阶段人物和事件的局限性尝试提出解决问题的方案。
	教师活动	推荐研究性学习的途径——书籍与资料,视频、网站等。教师及时跟踪与反馈小组合作学习的过程。

续表

课堂环节	学生活动	研究成果、展示汇报(解释说明、小组结论) 利用思维导图、海报绘制、主题演讲等方式进行汇报总结,在合作的基础上形成清晰完成的思维过程,解释说明本小组的研究结论与成果。
		生生对话、思维碰撞(课堂评价、多元辩证) 如:启蒙运动小组汇报展示后,利用 OPV 思维工具进行思考质疑:启蒙运动的时代和阶级局限性能否从根本上解决社会问题?
	教师活动	引导学生们利用 OPV 思维工具中的思考角度与方式,接纳他人观点的同时,对自身的研究也不断地质疑并推敲。帮助学生在马克思主义唯物史观的指导下,进行历史深度的思考和辩证分析。

惑之果——师生共进步、同收获

小组合作和 OPV 思维工具综合运用的教学结束后,我的内心却久久不能平静。学生在课堂上从原来填鸭式地被动接受知识变成了积极主动地表达自己的观点、勇敢地展示团队成果。思维工具的使用使得学生在看到自身巨大潜力的同时,接纳并思考别人的观点。在本节课的活动中,有的学生总结出:启蒙运动是时代的产物,推动了欧洲社会的进步和人类文明的发展。还有的同学对此提出质疑:启蒙运动倡导的理性王国实现了吗?更难能可贵的是,有的学生运用马克思历史唯物主义的观点提出:为什么启蒙思想家提倡的理想社会没有实现?是思想家的问题还是社会的问题?一系列问题的提出和讨论,一次次掀起了课堂的高潮,最终学生在讨论和教师的帮助下得出结论:启蒙思想家对理性王国的憧憬,带有时代和阶级局限性,虽然启蒙思想家看到了社会的不公、制度的腐朽,也提出了资产阶级政治制度和权力架构的主张,但是他们没有从根本上对生产资料的私有制进行彻底的批判,他们的矛头指向了不公平的封建制度,但并没有真正维护人民的利益,无法从根本上解决社会问题,所建立的社会也必然让人失望。

在这节课中,学生将思维工具的使用与现实问题相融合,通过搜集史料、质疑、求证和推理等方法进行深度思考,尝试用合作、反思和开放的方式进行深度学习,不断地对自己的历史知识进行重新建构,在求证自我的同时,也在审视他人和接纳他人的观点。思维工具的使用鼓励学生自主思考并验证,这样不但提升了学生的创新思维能力,落实了历史学科素养,而且拓展了历史课堂的深度教学方式与途径。

韩愈在《师说》中说:"师者,所以传道授业解惑也。"思维工具帮助学生解学业的困惑,也帮助我解答了教育生涯和道路的困惑,希望在未来的历史课堂上我们都能拥有存惑的勇气、解惑的精技,拥抱更加美好的教育生活。

讲好小故事，培养大思维

尚志市珠河初级中学　丁艳梅

　　因文言文应用的局限性，教师在日常教学中，多在朗读、词义、特殊句式、内容理解等方面讲授。在学生的意识里，学习文言文最有效的方法就是背，"死记硬背"导致的厌学情绪成了师生共同的痛。在实践过程中，我逐渐发现了"讲故事"的奥秘，以故事引领教学流程，引领学生思维发展。

　　还记得我初次教授韩愈的《马说》一课时的情景，在主题理解环节中，我提问："你觉得作者借'千里马'的遭遇想表达什么主题？"学生的回答多种多样，其中有一个最响亮的声音："对千里马的同情！"我追问："只有对千里马的同情？"学生闻音知雅意，延伸到人才不被重用，这正是我心中想要的答案！高兴至极的我立马出示了课件上已归纳好的主题："借千里马难遇伯乐，最终被埋没，揭露封建统治者埋没人才、摧残人才的现象，表达作者怀才不遇、壮志难酬的愤懑之情。"

　　学生马上记笔记，教室瞬间安静下来，我在静默中猛然惊觉：前几句话是我们刚才讨论之后的理解，可"作者怀才不遇、壮志难酬"从何而来？学生思考出来的？我自己水到渠成引导出来的？都不是！是我自己硬生生展示出来塞给学生的！一连串的自我责问让我意识到，我代替了学生的思考。临近下课，我只能把对作者感情的理解留作思考题，下节课弥补。

　　第二节课，我重新设计了问题："韩愈写的人才，包括自己吗？"随即补充韩愈在京 10 年求官未成，灰溜溜离开的郁闷经历。然后引导学生回顾《登幽州台歌》《赤壁》《望洞庭湖赠张丞相》等之前学过的诗，回忆不同诗人的遭遇，补充李白被赐金放还的故事，让学生多方面地体会封建时代的文人不被重用时的情感体验,探究"怀才不遇、壮志难酬"的多方面原因。一堂主题探究课,用多个文人轶事,勾起了学生的兴趣,层层深挖原因,既有感性理解,又有理性思辨。学生专心聆听,畅所欲言,甚至激烈讨论,这不是比抄写笔记更有趣、有效吗?

借着这堂课,我也发现了"讲故事"的魅力。冰心曾说,"讲故事是孩子最喜闻乐见的,也是孩子最容易接受的一种教育形式"。不仅是语文故事,其他学科故事与语文课堂相结合,也可以擦出更绚丽的思维火花。

我在讲授古文《狼》一课时也曾用到"讲故事"策略。古今异义词"几何",古义为多少,今义指数学中的一门分科。有同学问道:老师,为什么"几何"要叫"几何"啊?同学们哄堂大笑,认为他的问题与语文课无关且毫无意义。但我也发现有的同学在笑过之后,露出疑惑的神色,而我联想到几何一词的由来确实和语文关系密切,当即决定用故事引领学生领略汉语之美。我微笑道:这个问题提得好,老师给大家讲讲几何的故事。同学们一听有故事,瞬间双眼放光。"相传在古埃及……"我刚开了个头,就有同学举手:"老师我知道,我在数学书上看过这个故事。""好,那你来讲。"该生自豪地讲起故事:"相传古埃及的尼罗河流域,泛滥的洪水会冲毁两岸的庄稼、房屋,带来大量泥沙。退洪后,泥沙把原来的田地冲平,各家田地边界没有了,需要重新划分,为了计算这些复杂地形的面积,人们想尽各种方法来计算测量,于是产生了最早的测地学。约公元前300年,古希腊数学家欧几里得对前人积累的知识经验进行了总结,创造性地编成了经典著作——《几何原本》。明代万历年间,我国科学家徐光启与意大利传教士利玛窦合作翻译了《几何原本》的前6卷。""很好,爱看书的孩子果然知识渊博,故事讲得流畅易懂。"我及时对这位同学给予了表扬。"这个故事并没有结束,老师接着给大家讲。著作的英文名是 *Geometry*,最初被译为《形学》。徐光启一直不满意,觉得过于死板,可一连想了十多个音似的汉字,都不十分贴切。一天晚上,散步时的他,抬头仰望星空,忽然想到一句诗'河汉清且浅,相去复几许',猛然间灵感闪现,他从'几许'想到曹操那首著名的《短歌行》,其中有这么两句:'对酒当歌,人生几何!'这里的'几何'就是多少的意思。'几何'geometry 的英文字头 geo,与吴地方言中的'几何'谐音,汉语'几何'与英语的音义皆配,音义兼美,再贴切不过了。于是'几何'一词一直沿用至今。正因徐光启在文学上的推敲精神才有了我们今天的几何一词。"听罢,提问的同学脱口而出:"老师,这个故事用了数学、英语、历史、语文四门学科知识,太厉害了!""徐光启也厉害,我都想现在就去看星星了!""老师,我喜欢'对酒当歌,人生几何'!"……从学生交流的感悟中,我捕捉到了他们对文字之美的赞叹,对推敲精神的叹服,对联想能力的思考,对人文情怀的初探。

新修订的《义务教育语文课程标准(2022年版)》明确指出:"应引导学生热爱国家通用语言文学,在真实的语言运用情境中,通过积极的语言实践,积累语言经验……同时,发展思维能力,提升思维品质。"语文素养的提升是一个长期而复杂的过程,其中思维能力的提升尤为关键。在文言文教学中,通过学科故事,渗透语文思维,无疑是事半功倍的好方法。讲好故事不仅能激发学生的兴趣,对发展学生的语言能力、提高学生的思辨能力、增强学生思维的深刻性和批判性,都有着不可忽视的作用。

戴上思考帽,神游时空间

哈尔滨市第三中学校　孙少萍

六顶思考帽是具有"世界创新思维之父"之称的爱德华·德·博诺开发的一种思维训练模式。六顶帽子分别代表了六种不同思维模式:白色——客观事实、数据和信息;红色——主观情感、直觉和预感;黑色——谨慎、判断、合理性;黄色——优点、好处;绿色——建议、提议、新的创意、其他选择;蓝色——对思考的思考,控制思考的过程。这是一个全面思考问题的模型,也是人际沟通的操作框架,更是提高决策效率的有效方法。这样的思考模型与当前教育改革强调培育学生学科素养、学会合作探究、形成高阶思维能力的要求是高度吻合的。在历史学习中,指导学生以当事者的身份回到特定的历史时空情境下,体验历史过程,感知时代风貌,是不是就能拉近学生与历史的距离,理解历史中的"他者",并通过体验历史过程更高地认知现实社会呢? 带着这样的思考,我开始了戴着思考帽的"历史穿越之旅"。

一、初戴"思考帽",尝试做商人

2016 年 3 月,在执教"农耕时代的商业与城市"一课时,我采取"历史穿越——我在古代做商人"的形式,让学生将自己置身于春秋战国时期、秦汉时期、唐宋时期和明清时期,扮演商人角色,制定自己的营商策略。在课堂研讨中,我将授课班级的学生分成四个小组,每组选择一个时代。每个小组12 人,按照六顶思考帽的思维模式:同学们先戴上白色帽子根据所学知识寻找相应时期经商活动的客观事实,如可进行交易的商品、当时国家的经济政策、某城市的营商环境等;再戴上绿色帽子,以头脑风暴的方式提出商业经营的建议和创意；之后分别以黄色帽子和黑色帽子的视角对相关建议的优势与劣势进行集中阐述；在认真倾听同学们的质疑、论辩的基础上，大家又戴上红色帽子从感性的角度进行直觉判断，该方案可行与否；最后以蓝色帽子的冷静、理性思考，综合小组讨论的过程进行方案评估。在这样的课堂组织过程中，学生因为有了明确的角色定位，能够进行集中思考，在教材中寻找所需知识，课堂气氛热烈。课后同学们的反响也非常热烈，他们认为自己真正成为课堂的主人，这样的小组学习模式分工明确，同学们能够主动积极参与，对学习到的知识记忆深刻。刚刚来到组内工作的房老师对这节课的评价是："太震撼了，原来历史与我们的关系是这么近，历史课居然可以这样上，学生的思考力竟是如此强大！"

这节课鼓舞了小伙伴们运用思考帽的热情，我们购买了德·博诺博士关于创意思维的相关书籍，并决定以课题研究的方式拓展思维课堂的探索。深入的阅读和对课堂教学的反思，使我感到对思考帽运用的浅薄之处：小组分工明确了组员的职责，知识的调动与运用加深了学生对知识学习的印象，但是在这个过程中，依然是教师操纵着课堂，学生的知识运用也依然仅限于教材的范围，其本质仍然是对教材已有结论的探讨。怎样能帮助学生运用工具构建问题解决的思维结构，形成历史的时空观意识，创造性地解决问题呢？

二、再用"思考帽"，深思营商路

2019 年，在几次研讨后，再度执教这一课时，我们课题组的成员决定以活动课的方式重构这节课，于是"我在古代做商人"的 2.0 版本出世了。学生根据自己的意愿自由选择分为四个小组——春秋战国组、唐代组、宋代组、明清组；每个小组内部根据思考帽的思考方向进行成员分工，蓝色帽子由组长担任，统筹规划小组活动，白色帽子主要负责进行社会环境信息调查，黄色帽子负责成功案例搜集，黑色帽子负责失败案例搜集，绿色帽子负责找点子，红色帽子更突出直觉判断。

经过 2—3 周的准备，四组学生在充分阅读教师提供的相关书籍并自己通过知网、图书馆查阅相关资料的基础上，分别呈现了别具一格的营商案例。这个活动中,根据不同思维类别的分工,学生有创意地调动和运用课堂上学到的各个时期的政治、经济、文化知识,并将自己现实生活中的经验与历史情境相结合,从时代特点、国家政策、社会文化价值取向分析入手,结合数学、政治、地理和艺术等学科知识确定主营商品、经营地点、营销方式,并进行成本核算、利润分成等,学生们在实践中体验思维碰撞、思想交流的乐趣。

王×晴:这次活动非常好,很新奇,而且有趣味性……作为白帽子,我在分工后调查资料的同时自己也了解了许多有关丝绸之路的知识,并且在整理资料时锻炼了自己的归纳能力。在汇报过程中,我们组的每一位同学都做得非常好,还有在背后低调工作的"耕耘者",促进了同组同学的合作及团结。

王×喆:和同伴们一起商讨,互相提出不足之处,提建议,查资料……不仅使我们学到了更多唐朝的历史知识,了解到当时的政治、经济状况,而且促进了我们十二个人之间的友谊……

学生们满满的收获是对教师课程探索的充分肯定,也使我深刻地认识到新课程改革理念下教师地位从学习的主导者到引导者的意义。课程教学尊重学生的情绪体验,给学生提供了个性创造的空间。学生的高阶思维能力是一种习惯性的新知活动或认知模式,需要长期的专项训练,自觉内化。教师的教学活动也要以思维为中心,要让思维看得见,提升思维的能动性、灵活性与穿透力。

在历史教学中,六顶思考帽既可以是小组合作学习的分工模式,也可以成为思考问题解决的步骤路径,更是提升学生批判性、创造性等复合性的高阶思维能力,培养学生深刻性、灵活性、独创性、批判性等思维品质,涵养学生思维习惯、思维态度、思维倾向、思维情感等思维意向的有效工具。以六顶思考帽组织进行的教学活动不仅仅是对过去历史的还原与再现,更是指导学生以一个现代人的认知去反思历史事物以获取更好的改进方式,思考历史对当今的社会有何借鉴,学史以经世、以致用,这是学历史、做历史的真正目的。

让思维成为一种习惯

哈尔滨市第六中学校　袁洪波

得天下英才而育之,是师者之乐,而求教于有德行、有学识、有方法的老师又何尝不是学生之幸运呢! 教师的成长是终其职业生涯的,教师的成长既来自专业理论的深入学习,也来自对教育教学经验的反思和总结。在我个人职业成长的道路上,有两件事深刻影响着我的教学理念和教学策略的转变。

一、倾听引导,给学生学习思考的空间和时间

闻道有先后,术业有专攻,教师在学生面前无非是占了"先"和"专"的优势,尤其是文科教学,思想无界限,学生需要足够的自主探索空间,教师如果总是站在学术制高点上对学生的认知指指点点,学生的学习积极性就会受到抑制,思想就会受到钳制,教师要学会倾听,放下自己在学生面前"学术权威"的架子。时代在发展,社会在进步,学习途径是多维度的,现在的学生只要喜欢,他们就有无限的可能,在某个知识领域他们深研的热情和程度可能是老师望尘莫及的。教师应做好学生学习的参与者和引导者,在师生共同"发现"的过程中育人。我的这一认识,源自2021年进行的一次历史活动课。

在2022级×班刚刚组建时,小刘同学就来找我,说他最近在研究毛泽东时,被毛泽东的军事思想和诗词深深征服,他讲述湘江战役、四渡赤水,说到兴奋之处就特别有激情地朗诵一段毛主席诗词。我越表示"这个事我不知道",他就越是有"讲给我听"的愿望,那一刻我想:为什么老师一定要事事强于学生呢? 学生在某个领域或某个角度来说不也可以是老师吗? 老师"低一点",学生就可能"高一点",如果老师坚持自己就是那个"制高点",学生

还有未来吗？当然，老师一定要把学生"举高高"而不是"蹲下"自己的高度。

我对小刘说："我们办一个毛主席诗词朗诵会怎么样？"他兴奋地主动请缨，要当"总导演"。两天后他来找我，发愁地问："老师，咋办啊？只是朗诵诗词，感觉也不是历史课啊？"我说："看到你发'愁'老师很开心，说明你在思考如何把这个诗词朗诵会办得更有思维含量、更有深度、更有影响力，这是你理性成熟的表现，具体办法老师也没想好，你找同学们商量商量吧。"

给学生思考的空间，也要给学生思考的时间。又过了两天，小刘乐呵呵地来找我，显然他已经有了自己比较满意的想法："我们研究的形式是朗诵诗词，讲讲诗词背后的故事，再分析一下历史背景。"我首先肯定了他们"以诗述史"的想法，又启发他们：诗以咏志，诗词体现了伟人怎样的志向和情怀？从中能看到中国近代怎样的历史发展趋势？是伟人创造了时代，还是时代创造了伟人？那个时代优秀的中国青年你还知道谁？说说他们的故事……

几经研讨，毛主席诗词朗诵会成功举办，看似是诗词朗诵会，实则是历史感悟会，在理性分析时代发展规律的那一刻，那次活动课又是一场思想盛会。班级学生参与度百分之百，学生们因诗词、因人物而爱上历史、爱上思考。分组讨论、合作学习、质疑分享的历史课堂教学模式，也成为该班的特色历史课堂模式，宽松自由的是氛围，紧张碰撞的是思想。自主讨论质疑的开放式学习模式，锻炼了学生们的创造性思维，面对2022年灵活的高考题，孩子们取得了自我满意的历史成绩。

二、教会方法，给学生自主学习、深度思维的钥匙

教师"教得好"莫如学生"学得好"，育人之道，在于因材施教，教之有方、学而有果，是老师和学生的共同追求。

2022届的小马同学说：听老师讲，她都会，让她自己说，她就说不出来，什么都知道点，又什么都说不明白。而小苏同学历史知识丰厚，总愿意和老师探讨课本以外的问题，但在做题时总是答不到"点"、得不到分。显然，她们在必备知识及知识结构上都存在问题。因为我认为对基础弱的学生谈思维是空中楼阁，所以最初我指导她们学习历史的方法是"背教材"落实基础。

虽然效果不是很明显，但也没有尝试别的方法。

随着新课改的推进，通过培训学习，我开始意识到自己的认识存在误区，高阶思维通过分析、综合、评价和创造，建构知识体系，可以加强知识的记忆，促进知识的迁移，从而使学习者在解决复杂问题的同时，培养如抽象概括、逻辑推理、分析综合、批判质疑、判断解决、运用创造以及自学等能力。学生必备知识的学习和思维素养的提升并不是割裂的，而是相辅相成的。

随着理念的转变，我开始从理论上寻找提升学生思维能力的途径和方法，最终确定以概念学习、大单元学习和绘制思维导图相结合的方案来指导小马和小苏同学的学习。首先我耐心教给她们绘制思维导图的基本方法，用颜色、图像、线条、关键词等大脑更容易记住的敏感信息，把思维"写"出来，生成可视的思维导图，在具体操作上要注意有明确的主题、配图，分支要清晰，符合概念逻辑，涂以不同颜色，以便区分和联想，体现逻辑层次，愉悦情感，增强记忆。小马的知识结构混乱问题和小苏的专业概念、关键词不准确问题，都在思维导图的建构推演中得以解决，绘制思维导图的策略打通了她们各自学习的瓶颈，学习效果明显提升。没有什么历史知识能逃出一张"思维的网"，因绘制思维导图的方法具有普适性、工具性，也受到其他同学的喜爱和追捧。小马同学说用思维导图可以把原来很混乱的历史事件串联起来，"看"清楚知识点"是啥"和"为啥"（知识点之间的相互联系），增强了她对历史概念的理解和对规律的把握，知识混淆、记忆不清的问题也相应得到解决，解题的能力也提升了，她对历史学习越来越有信心。她把思维导图的方法也用于其他学科的学习，整体成绩提高很快，最终考上了理想大学。高考后她说：以前也知道思维导图，但不知道怎么画，更不知道怎么用，别人画的思维导图自己看不进去，也记不住，老师告诉她思维导图绘制的原则和方法后，她觉得这个方法简直太好用了，要老师一定把这种学习方法传授给师弟师妹们！

几位同学的思维成长过程，让我深切体会到"授人以鱼，不如授人以渔"的教学之道。著名教育家叶圣陶先生说过："什么是教育？简单一句话，就是养成良好的习惯。"教会学生思维，让思维成为学生的一种习惯，启智陟思，引史入哲。

开展议题教学，开拓学生思维

哈尔滨市第六中学校　赵秋菊

　　"思维着的精神"是地球上最美的花朵，人与动物最本质的区别就是人有思维，而且在未来的竞争中，较强的思维能力将是选拔人才的关键。随着新课程新高考继续推进，我在教学实践中不断摸索能有效培养学生思维能力的教学模式和方法。学习新课标后，我尝试着采用议题式教学模式进行课堂教学，发现议题式教学对培养思维能力很有效。

　　那是在我讲授新教材必修四《哲学与文化》第三课中的第二框题"世界是永恒发展的"这一内容时，我通过"情境线索""议题线索""活动线索"三条线来实现对学生思维品质和思维能力的培养。当我播放视频"智能家居改变生活"时，同学们瞪大眼睛观看。在接下来探究议题一"智能家居给生活带来的变化"的时候，第一组的小丹同学以自己家里的智能家居为例描述了智能家居给我们的生活带来的变化，同学们感同身受，不停地点头，赞同小丹的观点"智能家居是新事物，符合发展规律，符合人民群众的利益"。当我呈现议题二"智能家居真的智能吗"时，同学们陷入了沉思。大约两分钟过后，第二组的小南同学从智能家居目前存在的问题角度阐述了自己的观点，而第三组的小哲同学则认为，虽然智能家居目前还存在一些问题，但从长远看一定会不断完善的。此时，我观察其余两个小组的同学先是眉头紧锁，静静思考了一会儿便举手表示支持小哲的观点。我抓住这个契机进行点拨：同学们考虑问题全面，既看到了智能家居现在存在的问题，又能用发展的眼光看待智能家居在未来一定会不断改进和完善，让我们的生活更美好。正当同学们感觉柳暗花明之时，我又抛出探究题"为什么智能家居的发展要经历多个阶段,如何才能助力智能家居的发展"。四个小组开始热烈讨论起来。如此环环相扣又兼具开放性的探究题,促使学生深度探讨。五分钟过后,第四组的小兰同学积极发表意见,她认为:"事物的发展不会一蹴而就,要有一个过程;另外我们对新事物的态度应该是支持呵护,这样才能推动新事物的发展。"她的发言赢得了阵阵掌声。

下课后我依旧热血沸腾,被同学们的思想深深感染着。回顾一下整堂课,感触最深的就是同学们的思维被激发,而且在层层递进的议题引领下学生进入深度学习之中,能够用全面的发展的眼光来看问题。总结一下有几点经验可以汲取:

1. 创设生活化的情境激活思维

本节课我结合学生的生活实际,创设了贴近学生生活的富有亲和力的"智能家居改变生活"的视频情境,引导学生回归生活,使学生有话可说、有话想说,思维被激发。学生从描述智能家居给我们的生活带来的变化,到分析总结当前智能家居发展面临的问题,归纳其发展阶段与发展方向,通过辩证分析智能家居的优缺点,得出自己是否选择将传统家居换成智能家居的结论。学生在真实、丰富的生活情境中感悟、思考社会生活问题,凝练观点,有效培养了科学精神这一学科核心素养。

2. 设计层层深入的议题培养逻辑思维和辩证思维

在议题式教学模式中,议题是思维的起点,设计高质量的议题支架不仅能有效建构学习内容,还可以激发学生强烈的探究欲望,继而引发深度学习,使学生的思维获得延展与深化。本节课教学中我设计了与学生认知水平和生活经验相契合的议题:主议题"智能家居的发展",分议题一"智能家居给生活带来的变化",分议题二"智能家居真的智能吗",分议题三"谁将引领智能家居新潮流"。在主议题的统领下,三个分议题环环相扣、层层深入,引领学生的思维循序渐进向纵深发展。

3. 巧设探究活动实现深度学习

围绕议题巧妙设计探究活动是解决议题的关键抓手。在探究分议题二"智能家居真的智能吗"时,我设计了探究活动:你会把家里的传统家居换成智能家居吗?通过小组讨论的方式,探讨了当前智能家居存在的缺点,引导学生交流探讨智能家居发展所面临的问题。在探究分议题三"谁将引领智能家居新潮流"时,我根据智能家居近年的发展历程,将其分为三个阶段,设计了探究活动:为什么智能家居的发展要经历多个阶段,如何才能助力智能家居的发展? 如此环环相扣的探究题,逐层推进了议题的深度学习,培育了学生透过现象探究本质的能力。

虽然本节课比较有效地培养了学生的思维品质,但教学永远是有缺憾的艺术,如果议题设计在关注思维逻辑的同时能够关注表达方式的生动性,学生的参与度会更高,如果探究活动设计得更加开放一些,留给学生的思维空间会更大,学生的批判思维、发散思维和创新思维会有更宽的延展空间。

板块四

学生思维素养发展的实践研究范式

创新实践操作,提升研究质量

哈尔滨市教育研究院　许凌云

哈尔滨市教育学会　杨青

长久以来,中小学教育科研课题研究存在以下突出问题:一是课题研究与课堂教学实际相脱离;二是课题研究结论与研究过程脱节;三是课题研究与教师专业发展脱钩,功利化研究倾向严重。为解决上述问题,哈尔滨市自2007年起,开始尝试"课题实验课"实践范式探索。十余年间,"课题实验课"从最初的区域科研指导与管理理念,逐步落地转化为具体的、操作性较强的实践范式。一节节鲜活的"课题实验课"使课题研究过程脉络清晰,使课题研究成果佐证充分,帮助中小学教师在实践研究过程中快速成长。

一、"课题实验课"的定义与特征

1."课题实验课"的定义

"课题实验课"是指在日常课堂教学或德育实践活动中融入课题研究所需要的数据收集及分析过程的实践研究课。它是课题研究过程的基本实践单元,"单元"是指整体中自成段落、系统,自为一组的单位。在中小学课题研究过程中,"课题实验课"就是这样的单元,一个个单元连接成具有内部结构的序列,勾勒出课题研究的整体脉络。同时,在系列研究课及实践活动中所收集的数据,经过分析、整理后,构成课题结论的证据链条。"课题实验课"实践范式引领中小学教师运用课堂观察、访谈、行动研究等方法,以"课题实验课"为单元开展课题研究。

2."课题实验课"的特征

"课题实验课"具有以下四个特征。

第一，"课题实验课"具有教学与研究的双重逻辑。一节完整的"课题实验课"既体现"教学"的逻辑，又体现"研究"的逻辑，这就要求"课题实验课"在实践操作中具备教学与研究的双重目标。教师应在保证教学目标实现的前提下实现研究目标，决不能让数据收集活动影响正常教学活动。

第二，"课题实验课"的参与者既有合作又有分工。在研究过程中，参与者分为授课者和数据收集者两种角色。课前，两者协同做好教学设计和研究设计。授课过程中，授课者的任务是按照教学设计授课，完成教学目标，数据收集者的任务是收集相关数据，实现研究目标。课后，两者共同完成数据的分析、整理和反思。

第三，"课题实验课"与课题研究密切相关。"课题实验课"只有紧紧围绕课题展开，才能够收集到准确、有效的数据，从而为课题研究结论提供有力支撑。因此，在课题研究开始阶段，课题组根据研究需要，整体设计"课题实验课"序列，再按照研究进展分步骤实施。

第四，"课题实验课"是由一系列研究课组成的具有内部结构的序列。一节孤立的"课题实验课"所收集的数据存在偶然误差，若干节课的数据汇集在一起，才能保障其科学性。"课题实验课"的连续性并不是指课时的连续性，而是指课题研究过程的连续性，即并不是每一节日常教学课都采用"课题实验课"的形式，而是在课题研究需要进行数据收集或策略调整的时候才开展。

二、"课题实验课"的价值与功能

1. 使课题研究与教育实践结合，促进课题管理与指导过程可视化

在中小学课题研究管理与指导过程中，课题组的开题和结题阶段往往比较清晰，一般都有开题报告、结题报告或答辩仪式，但课题研究的过程犹如一个"黑箱"，为课题研究的过程性评价和指导带来困难，也在一定程度上影响了研究成果的可信度。在课题研究过程中，部分教师处于"被科研"状态，搞不懂自己在参与什么样的课题研究，也不清楚经历了哪些课题研究活动，只能将论文证书、结题证书作为参与过课题的标志物。

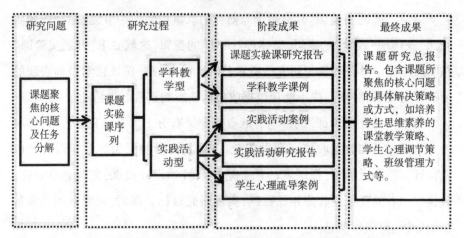

图1 "课题实验课"实践范式指导下的中小学教育科研课题研究过程

如图1所示,"课题实验课"实践范式指导下的中小学教育科研过程不再是"黑箱",而是呈现出清晰的研究脉络。在课题设计阶段,课题组根据研究所聚焦的问题,进行"课题实验课"序列设计,使课题研究过程清晰化、具体化、可操作化。根据课题研究主题的不同,"课题实验课"可以分为两个类别:学科教学型和实践活动型。学科教学类课题主要设计学科教学型"课题实验课";班级管理、学生心理等德育类课题则主要设计实践活动型"课题实验课"。"课题实验课"的序列化设计要注重细节,具体到序列中包含多少节课、哪一位实验教师授课、每一节课的实施时间等。在这样的科研范式引领下,课题组研究的推进有了计划性,教育科研跟踪指导也有了抓手。

2. 使课题研究与证据构建同步,促进课题研究过程科学化

"课题实验课"实践范式不仅引导课题研究回归课堂,还要引导课题研究为高质量课堂建设服务。低效率、经验态、无主题的课堂教学研究已经不能适应高速发展的新时代教育需求。"课题实验课"引导教师建立证据意识,围绕教学策略、班级管理策略等,开展教育教学实践,并在实践过程中通过课堂观察、案例研究、访谈等方式收集和分析数据,以佐证教学策略、班级管理策略的应用效果。在这样的实践过程中,中小学教育科研成果有了科学、规范的过程性数据支撑保障,可以在更广的范围内推广、迁移和应用。

与此同时,"课题实验课"实践范式为课题研究成果梳理提供了"进阶通道",引导教师分阶段、分层次整理课题研究成果(如图1所示)。在课题实

践过程中,教师依托"课题实验课"完成课例、教育叙事、课题实验课实验报告、活动案例等阶段性研究成果,这一类成果对于教师来说比较熟悉,容易入手,也可以从中获得一定的成就感。随着"课题实验课"序列的整体完成,课题组可以结合上述阶段性研究成果,梳理课题研究总成果及证据链条,上述阶段性成果既是课题总成果的提炼基础,也为总成果提供了完整的证据体系。这一阶段的整理提炼需要课题研究的骨干力量发挥作用,引领全体教师构建课题研究的成果集群。

3.使课题研究与教师能力提升对接,促进教师专业化发展

中小学教育科研的功能不仅限于问题解决与成果产出,还应包含教师的专业化发展,应着眼于教师教育理念(概念)理解、问题解决等能力的提升。"课题实验课"为教师专业化发展提供了真实教育情境、核心教育理念(概念)、团队合作等必备实践要素。

第一,真实教育情境。"课题实验课"实践范式旨在对真实情境中的教育问题开展策略研究,瞄准教育教学中的实践问题开展课堂教学实践,教师在真实的教育情境中探索问题解决策略,不再"纸上谈兵"。具有情境性的课题研究成果容易迁移和应用到相似的教育情境中。

第二,核心教育理念(概念)。"课题实验课"实践范式倡导核心教育理念(概念)理解。理解教育学、心理学、课程理论中的相关概念,是落实新课程教学的基础。通过什么方式理解?"做中学"就是最好的方式之一。中小学教育科研对理论创新性的要求较弱,更倾向于实践创新,其中就包含实践过程中教师对理论的深入理解过程。例如"思维素养"的含义,背诵定义显然不是最佳学习方式。只有教师在"课题实验课"的课堂中实践、观察、反思才能够逐步理解其含义,形成"思维素养"的"教学画像",让思维素养从概念转变为具体的教学场景或学生表现。经过这样深入的理解之后,教师才能让"思维素养"在自己的头脑中和课堂教学中扎根,才能依据头脑中的"教学画像",找到"思维素养"的有效培养策略。

第三,团队合作。"课题实验课"不是一位教师单独完成的实践范式,需要同伴协同研究。"课题实验课"从设计、实施到反思,每一个环节都需要团队合作,彻底打破了以往课题研究中的"单兵作战"模式。一节"课题实验

课"就是一个小的项目,一个"课题实验课"序列通常包含 3—5 节 "课题实验课",教师的合作频率越高,研讨氛围越浓烈,相互促进的效果越好,成长得越快。在实践过程中,很多教师将"课题实验课"形象地比喻为"同心圆"研究,大家为了一个目标努力,团队成长质量更高。

综上,在"课题实验课"实践范式引领下,教师不仅研究出解决实践问题的课堂教学方法、思维培养策略、班级管理策略等,还实现了核心理念(概念)理解,学会针对具体问题研制策略的路径和方法,这都是教师专业发展的必备能力。

三、"课题实验课"实践范式的理论支撑与实践步骤

1. 理论支撑

系统论。任何系统都是一个有机的整体,它不是各个部分的机械组合或简单相加,系统的功能由元素和结构共同决定。[①] "课题实验课"实践范式指导下的课题研究是一个完整的系统,每一节"课题实验课"都是系统的重要元素,需要从整体视角规划和设计,以维持这一实践范式的独特功能。

项目化学习理论。项目化学习的特征包含以下几个方面:指向核心知识的再建构;创建真实的驱动性问题和成果;用高阶学习带动低阶学习;将素养转化为持续的学习实践。[②] 这种学习方式不仅适用于学生素养提升,还为中小学教师专业成长提供了新的路径。"课题实验课"实践范式借鉴项目化学习要素,着力为教师在职学习和成长提供支架。

2. 实践步骤

"课题实验课"如何为课题研究服务?教师如何在课题研究过程中设计和实施"课题实验课"呢?我们通过以下两个案例分析说明。

(1)"课题实验课"序列的设计与实施

以"运用思维可视化,促进小学生深度学习的策略研究"[③]这一课题为

---

① 苗东升:《系统科学精要》,中国人民大学出版社 2010 年版,第 20-29 页。
② 夏雪梅:《项目化学习设计:学习素养视角下的国际与本土实践》,教育科学出版社 2021 年版,第 32 页。
③ 该课题系哈尔滨工业大学附属中学校小学部所承担的一项哈尔滨市教育学会重点课题。

例,具体阐述"课题实验课"的序列化设计过程。该课题的主要研究内容是思维可视化教学策略和方式。在课题研究设计时,课题组将研究过程具体化为"课题实验课"序列,将研究假设中的思维可视化教学策略与一节节"课题实验课"对接(如图2所示)。有的策略对应同一教学内容的多节同课异构课,有的策略对应不同学科的多类型教学课。在每一个"课题实验课"单元中,课题研究团队都进行充分的课堂观察、数据收集与分析,以检验教学策略的有效性。

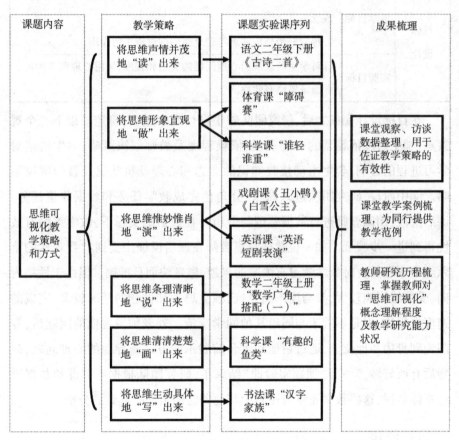

图2　课题研究中"课题实验课"序列整体设计案例

(2)"课题实验课"单元的设计与实施

在"课题实验课"序列确定之后,每一节"课题实验课"如何实施呢?每一节"课题实验课"的实施分为三个阶段:课前、课中、课后。以"课堂教学中学生心理表现与对策研究"①这一课题为例,阐述"课题实验课"单元的设计与实施过程。这是一个学生心理调适方面的课题,承担这一课题研究的教师设计和实施了一节数学学科"课题实验课"——"用列举法求概率"。课前阶段,教师团队开展了"课题实验课"单元设计,其中目标设计(如表1所示)清晰展现了这一节课中所包含的教学和研究的双重逻辑。

表1 "课题实验课""用列举法求概率"中的目标设计

| 目标设计 | 教学目标 | 1.用列举法(列表法)求简单随机事件的概率,进一步培养随机观念。
2.感受分步分析在思考较复杂问题过程中的作用。 |
| | 实验目标 | 针对学生所表现出心理问题的类型和程度,运用心理调节策略,并验证策略有效性。 |

在目标设计完成之后,研究团队着手设计观察量表,确定了以下三个观察点:学生过度依赖型的心理表现、依赖程度及教师解决策略;学生情绪对学习进程的影响;学生主动接收知识的意志和心理动机状况及教师解决策略。课中阶段,研究团队进入课堂,分角色完成教学任务和数据收集任务。课后阶段,团队教师进行数据整理与分析。在数据的支撑下,教学策略有效性得到进一步验证。如一位数据收集教师在课后反馈中提到:"我观察的第六组中1号男生对数学学习有浓厚的兴趣,做题快而且准确。但由于性格内向,受情绪影响较大,参与度不高,自己独立思考和做题的情况较多,完成的速度也很快,但是不善于与同组其他同学交流。刘老师发现他的问题后,专门走到身边和他交流,通过请他到讲台前展示的方式疏导他的心理问题,疏导后有所好转。"一节"课题实验课"结束了,研究团队根据本节课的数据进行集体研讨,这些数据还将与序列中其他课时的数据一起汇总分析。

四、结语

"课题实验课"实践范式作为一种区域教育科研的管理与指导范式受到中小学课题研究团队的广泛欢迎。"课题实验课"为中小学教师提供了课题

① 该课题系哈尔滨市阿城区实验外国语学校所承担的哈尔滨市教育学会重点课题。

研究的"熟悉"场所,引导教师在实践操作中体会什么是"教育科研",完成"教育科研"这一概念的实践建构。越来越多的教师运用这种实践范式开展课题研究,一批又一批有推广价值的成果涌现出来,教师也从中建立了职业自信。

作为一种实践范式,"课题实验课"初步完成了理论与实践架构,但仍需要进一步梳理实践操作的要点和策略,并附以不同类型的实操案例,以帮助教育科研"新手"迅速融入,进入成长快车道。这是"课题实验课"研究团队今后需要努力的方向。

课题实验课研究案例
——"卧钩"一课的实验设计与实施过程

哈尔滨工业大学附属中学校小学部　崔晓明

一、课题研究情况简介

1. 课题名称

"思维可视化教学策略指导下的书法教学策略"。

2. 课题研究的主要内容

运用思维可视化教学策略,培养学生的思维能力,树立自然书写的书法教学基本理念,探索基于字源字理的汉字构形规律及书法课堂教学的相应策略。

二、本节课的实验目标及课堂观察工具

实验目标:针对书法课堂教学中"卧钩"书写水平程度不同的学生,检验教师运用思维可视化教学 3+1 模式"(路线、提按、速度)+核心笔法"的有效性。

本节课的数据采集观察表:

课题实验课"卧钩"课堂观察量表

授课题目	卧钩	授课教师	崔晓明	授课班级	三年一班
观察员		观察人数	人	授课地点	

	观察内容	观察重点	量化数据		
观察记录	**观察点1**:在自主学习环节中,观察学生在小组合作时思维可视化的外化能力。	1.通过观察笔画线条粗细,思维外化出卧钩的形态特征。 2.通过体验用笔轻重、提按等,思维外化出卧钩的形态特征。 3.通过实物思维外化出卧钩的形态特征。	有效性：A B C 程度：A B C 人数：A B C 比例：		
	观察点2:观察教师运用思维可视化教学3+1模式"(路线、提按、速度)+核心笔法"后,学生接收并思维转化后的书写程度。	1.能够完全理解3+1模式"(路线、提按、速度)+核心笔法"并书写出例字"心、必"。 2.能够理解3+1模式"(路线、提按、速度)+核心笔法",但书写"心、必"技法不娴熟。 3.不能理解3+1模式"(路线、提按、速度)+核心笔法",无书写技法。	有效性：A B C 程度：A B C 人数：A B C 比例：		
	观察点3:运用思维可视化教学,促进学生思维发展,培养学生探究能力,观察学生学会自然书写的要领。	1.学生通过探究教师展示的"心、必"的可视化书写线路图而学会的书写技巧。 2.学生通过观看微课视频学会的书写技巧。 3.二者兼有。	有效性：A B C 程度：A B C 人数：A B C 比例：		
	观察分析与建议				

填表说明(量化标准):

有效性:

A级:思维可视化教学能充分激发学生的学习兴趣,促进学生的思维发展,树立自然书写理念。

B级:学生对思维可视化教学成果内化效果一般,但能促进学生学习传统书法技法和继承中国传统文化。

C级:思维可视化教学策略有待改善。

程度:

A级:学生对书法新旧知识思维可视化转化能力较强,外化程度达到80%—100%。

B级:学生对书法新旧知识思维可视化转化能力中强,外化程度达到60%—80%。

C级:学生对书法新旧知识思维可视化转化能力较弱,外化程度不足60%。

三、课题实验课教学设计与实施过程

学校	哈尔滨工业大学附属中学校小学部		授课班级	三年一班	授课教师	崔晓明
目标设计	**教学目标**	1.认识卧钩的基本形态特征:整体呈卧状,左高右低。弧形部分与钩部连接处宽厚有力。钩部粗细变化明显,出锋以后,峻快以如锥。 2.结合古代书论学习卧钩书写技巧,进一步从线路、提按、速度、笔锋换方向几个方面,分析卧钩的书写方法。 3.学习例字"心""必"的书写方法,认识"心""必"的结构特点以及卧钩在字中的位置关系。 4.通过小组讨论、全班分享等方式,评价同伴的习字,学习优点,提出缺点,合力落实本次习字要点。 5.了解并体验研墨的方法。				
	教学难点	1.卧钩的写法:路线(顺入—右下—蹲锋—左上),提按(按下—稍停—倒收),速度(逐渐加速—稍停—再加速)。 2.例字"心""必"的结构特点和书写技巧,以及卧钩在字中的位置关系。				
	教学重点	认识卧钩的基本形态特征,包含方向变化、弧度和粗细变化、隐含的速度变化,以及用笔过程中笔锋的换方向。				

续表

方法设计	教学方法	探究式教学法		
	学习方法	自主学习、小组合作学习		
教学环节	教师活动		学生活动	实验意图
导入新课	师:出示已学带钩画的字,启发学生观察钩画的种类。 (1)请学生根据例字说一说钩画的名称。 (2)教师导入本课主题并书写板书。		学生汇报: 根据图片上的显示,钩画有"卧钩、横钩和斜钩"之分。	意图:复习已学例字,导入卧钩教学,为下节课学习竖弯钩、横折钩做铺垫。
课中合作	探究问题一:卧钩的形态特点和书写要点。 1.问题设计: (1)指名读探究的问题。 (2)小组内合作探究卧钩的形态特点和书写要领。 (3)选1—2组进行组际交流。 2.教师讲解3+1模式: 　　a.第一层次:路线 起笔后笔锋向右下方行笔,在出钩之前蹲锋(便于蓄势跃起),后向左上方钩出。		探究问题一: 1.小组合作,自主学习: (1)学生读题。 (2)组内合作画一画、写一写、描一描卧钩的形态,并进行交流。 2.学生汇报: (1)我从图中看到,卧钩像一条弯弯的小船,书写方向是从起笔处向右下行笔到船头处左上出钩。 (2)我在图中发现卧钩的形态是由细变粗之后略顿,再由粗到细最后出尖。	观察点1: 通过自主学习环节(探究问题一)观察学生在小组合作时思维可视化的外化能力。 意图: 让学生通过小组合作学习的方式,引导学生在自主阅读中自我感悟和体验,进而促进学生深度学习。

续表

教师带领学生书空。路线:顺入—右下—蹲锋—左上。 **b.第二层次:提按** 卧钩在钩出前的弧形先轻后重,笔画渐按渐粗,弧形部分与钩部连接处是整个笔画最宽厚的地方,笔锋稍停用力,钩部由粗到细,到最后出锋时空中做收势。钩部形态看上去要含蓄、饱满。 教师带领学生书空并范写。提按:按下—稍停—倒收。 **c.第三层次:速度** 书写卧钩时顺锋入纸逐渐加速,由慢到快,运笔至卧钩处稍停轻顿,然后得势趯起,如跳高前之下蹲动作,峻快如锥,力送笔尖。 教师带领学生书空。速度:逐渐加速—稍停—再加速。 **d.核心笔法** 用笔毫自然换方向的换锋法,引出"八面出锋"的理念。用"球形轮胎横向入库"的视频,形象地还原出"横向出锋"的笔法。再播放毛笔书写视频强化"横向出锋"。	(3)我发现笔尖顺锋入纸之后渐渐下压,笔画渐渐变粗,向右下行笔,在出钩之前调整笔锋,顺势向左上方出钩。 3.学生体验书写卧钩。	**观察点2:** 观察教师运用思维可视化教学 3＋1 模式"(路线、提按、速度)＋核心笔法"后,学生接收并思维转化后的书写程度。 **意图:** ①设计 3＋1 模式"(路线、提按、速度)＋核心笔法",让学生循序渐进地掌握卧钩书写的技法要点。 ②使用线条、箭头、数字符号等可视化方式呈现教学要点,让书写变得更清晰直观,这有利于学生学习传统书法技法和继承中国传统文化。

续表

探究问题二:看看、想想"心""必"的书写要点。 1. 问题设计: (1)指名读探究的问题。 (2)小组内合作探究"心""必"的书写要点。 (3)选1—2组进行组际交流。 2. 教师讲解: **a. 例字"心"** "心"字中三个点形态各异,左侧长点,中间挑点,右为侧点。三点由低到高依次排列在一条斜线上,三点间距要注意疏密匀称。注意四个笔画间的呼应关系。播放书写视频并示范书写。 **b. 例字"必"** "必"字的笔顺与今天规范字笔顺不同,由于"必"从"弋"从"八",先写撇后写卧钩,然后写中间点,前三笔写的是"弋",后两笔的左右点是"八"。 撇和卧钩是"必"字中最重要的两个笔画,注意撇和卧钩的相交点靠近撇的末端,保持字形平稳。	**探究问题二**: 1. 小组合作,自主学习: (1)学生读题。 (2)组内合作画一画、写一写、描一描"心""必"的形态,并进行交流。 2. 学生汇报: (1)写好"心"字要注意点、钩有序,三个点由低到高在一条斜线上。钩的方向向左上方。 (2)写好"必"字要注意钩、撇配合是关键,撇画写得长,卧钩写得短,弧度稍小。	③播放球形轮胎横向入库的视频,形象地说明笔锋的方向转换,引出八面出锋。 ④播放特制的毛笔书写视频,让学生可以观察到在现实演示中无法看到的笔锋在纸面上的运动状态,体会钩画书写时的八面出锋。 **观察点3**: 运用思维可视化教学,促进学生思维发展,培养学生探究能力(探究问题二),观察学生学会自然书写的要领。

续表

3.尝试练习： 师:教师随时展示、点评、纠正学生的书写动作。	3.尝试练习： 生:学生观看微课视频,根据对卧钩的理解独立完成"心""必"字书写。	意图: ①通过小组合作学习的方式,培养学生明确责任分工以及共同完成任务的互助性学习能力。 ②每个学生都有其自身的独特性。他们通过自己独立地分析、探索和创造,找到适合自己发展的能力。教师尊重学生的差异性,因材施教。
课堂评价	教师强调 3+1 的环节是本节重点,随时展示、点评、纠正学生的书写动作。学生在教师的引导下进行自评、互评和他评。	学生在教师的引导下进行自评、互评和他评。	意图:新课程改革倡导改革评价主体单一的现象,本堂课采用自评、互评和他评相结合的方法,激发学生的个性发展。

续表

书法园地	教师现场示范研墨,讲解研墨四要点(重按、轻磨、墨正、向定)。	学生观察并体验研墨。	**意图**:古人研墨非常讲究,用力不可过大,速度也不可过快,以圆形轨道研墨。在写字前研墨还可以起到凝神养气、调节心境的作用。现在我们有了方便的墨汁,学生们就很少有机会体验到研墨的乐趣与方法。通过亲身实践,可以激发学生的学习兴趣,更好地传承中国传统文化。

续表

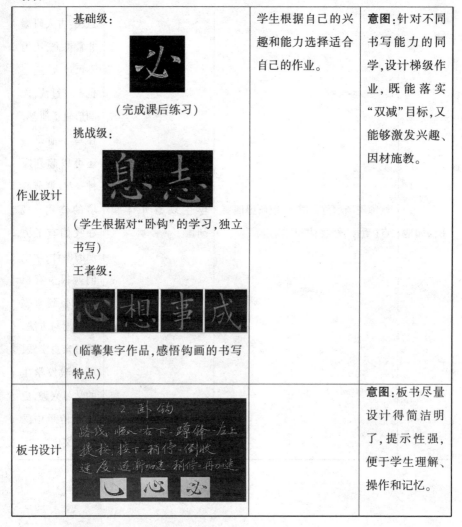

| 作业设计 | 基础级：

（完成课后练习）
挑战级：

（学生根据对"卧钩"的学习，独立书写）
王者级：

（临摹集字作品，感悟钩画的书写特点） | 学生根据自己的兴趣和能力选择适合自己的作业。 | **意图：**针对不同书写能力的同学，设计梯级作业，既能落实"双减"目标，又能够激发兴趣、因材施教。 |
| 板书设计 | | | **意图：**板书尽量设计得简洁明了，提示性强，便于学生理解、操作和记忆。 |

四、课堂观察与数据分析

本班 36 名学生，分为 6 个小组，每组 6 名学生。每组配备一名观察员，共 6 名观察员老师。下面是各位观察员老师提供的观察数据与建议。

王歌老师：第一组学生在探究问题一时，6 名同学都可以用日常生活中的物品形状外化出"卧钩"的基本形态特征。其中有 4 名同学可以通过笔画线条的粗细、用笔的力度方面去分析"钩画"的基本特征。6 名同学对 3+1

模式"（路线、提按、速度）+核心笔法"知识掌握得非常好，实现了当堂知识当堂会的教学效果。本组同学整体书写水平较高，可以通过老师的微课视频和老师提供的思维可视化线路图有效地完成本堂课的书写任务。据我的观察分析，教师设计课程的有效性达到了 A 级。

孙悦老师：我观察的对象是第二组学生，侧重点是观察学生自主学习和小组合作探究能力，在整个观察过程中，本组学生小组合作能力强，遇到问题会主动探究解决并付诸实施。例如，本组 3 号同学在练习书写"必"字时，卧钩线条的粗细和长短总是写不规范，这时她求助于本组同学进行探究。4 号同学经过研究之后发现，3 号同学笔顺书写错误导致卧钩起笔位置发生变化。2 号同学建议 3 号同学认真观看两遍老师播放的微课视频，从中学习书写笔顺和用笔力度等技巧。1 号同学书写能力强，为本组同学现场做了书写示范，并建议本组同学一起跟着老师的视频书空"必"字，感受自然书写的路线、提按、速度等书写要领。经过大家的合作探究，本组 6 名同学已全部掌握老师讲授的新知识。

董欣欣老师：我观察的对象是第三组学生，观察点侧重于教师运用思维可视化教学后，学生经过自己的转化之后是否能够有效地转化成自己的思维可视化。据我观察分析，本组有 6 名同学，在老师讲解 3+1 模式"（路线、提按、速度）+核心笔法"时学生们能够认真听讲并积极配合老师的提问。在学生内化思维可视化环节中，学生们开始进入书写练习环节，本环节中有 5 名同学可以有效地使用 3+1 模式"（路线、提按、速度）+核心笔法"，有 1 名学生对"核心笔法"的书写技法不是很明确，还不能够理解"万毫齐力""平动"等书写技巧。后来这名同学通过观看微课视频，理解了相关的书写技巧知识，但还不能熟练书写。建议崔老师在以后的课程设计上可以再次巩固复习相关知识，让学生可以温故知新。个人认为，教师设计的 3+1 模式"（路线、提按、速度）+核心笔法"思维可视化教学有效性达到了 A 级。

王静老师：我观察的是第四组学生，本组有 6 名学生。在自主学习环节（探究问题一）学生们可以很好地发挥小组合作精神，自主学习，共同探究，最后根据已有的知识经验外化出"卧钩"的基本形态特征。在 3+1 模式"（路线、提按、速度）+核心笔法"环节教师的思维可视化教学方法可以有效激发学生的学习兴趣,由于有2名同学书写技法较弱,还不能有效地书写出规范的例字"心""必",但针对"卧钩"的书写技巧和自然书写理念已经完全掌握。建议课后崔老师可以把课上播放的微课视频提供给学生做课后练习参考资料,这有利于提高学生的书写技能。

滕文抒老师:我观察的对象是第五组学生,主要侧重点是观察学生运用思维可视化教学是否学会自然书写的要领。本组共6名学生,经过老师对思维可视化线路图和微课视频的讲解,学生们都能够理解自然书写的技巧知识。学生们在书写训练时,6名学生都能做到书写动作连贯、一气呵成。学生们刚刚开始学习毛笔书法,尚处于笔画学习阶段,6名同学在老师的思维可视化教学之后都能将"卧钩"笔画练习技巧掌握得很好。其间,关于"心""必"两个例字,有3名同学的书写技巧可还原老师的思维可视化成果,有2名同学由于对"必"字的笔画顺序和位置不熟练,书写时线条会呈现出粗壮臃肿、钩画出锋不明显等现象,但这不影响他们理解自然书写的理念,只是他们的书写技巧不过关,还需要通过大量的书写来提升线条的质量。建议在今后的教学中崔老师可以增加课堂练习的时间,并多鼓励学生加强课后练习,快速提升学生的书写技巧。

霍子薇老师:我观察的对象是第六组学生,教师的思维可视化教学大大激发了本组学生的书写兴趣,学生可以直观地看见"心""必"的书写路线、提按、速度等,有利于学生高效理解"卧钩"技巧知识并把它们转化成自己的思维,最终运用到书写技巧上。本组6名同学都是零基础学员,通过观察发现,经过教师的思维可视化教学学生对于卧钩的理论知识和书写技巧已经全部掌握。个人认为,教师的教学设计有效性达到了A级。

五、授课者实验反思

目前我们的"运用思维可视化,促进小学生深度学习的策略研究"课题已经进入课堂应用探究的阶段,我所承担的研究任务主要是研究在书法课堂教学中使用思维可视化教学的有效性,以提高课堂效率。因此本节实验课主要设置了三个观察点:

观察点1:通过自主学习环节观察学生在小组合作时思维可视化的外化

能力。

观察点 2:观察教师运用思维可视化教学 3+1 模式"(路线、提按、速度)+核心笔法"后,学生接收并思维转化后的书写程度。

观察点 3:运用思维可视化教学,促进学生思维发展,培养学生探究能力,观察学生学会自然书写的要领。

观察方法主要是个案观察法和数据采集法。

针对学生自主学习环节中小组合作时思维可视化的外化能力观察点,观察员王歌老师提出本组同学都可以用日常生活中的物品形状外化出"卧钩"的基本形态特征。其中有 4 名同学可以通过笔画线条的粗细、用笔的力度方面去分析"钩画"的基本特征。另外,孙悦老师也提出学生在自主学习和小组合作探究过程中,本组学生小组合作能力强,遇到问题会主动探究解决并付诸实施。针对这两位老师的观察结果,我想在今后的教学中要尽可能地把知识与生活相联系,让课堂变得丰富多彩、学以致用。要多为学生提供自主学习的机会,发挥小组合作优势,提升学生主动探究解决问题的能力。

针对教师运用思维可视化教学 3+1 模式后,学生接收并思维转化后的书写程度观察点,观察员董欣欣老师发现我课上运用的思维可视化 3+1 模式有效性达到了 A 级,学生们听完之后可以有效地外化和使用 3+1 模式。但个别同学对"万毫齐力"和"平动"等技法掌握得不是很熟练,建议我在以后的课程设计上可以再次巩固复习相关知识,让学生可以温故知新。针对董老师的建议,我会认真采纳,并在今后的教学中为学生提供更多的复习与练习的时间。

针对运用思维可视化教学,促进学生思维发展,培养学生探究能力,观察学生学会自然书写的要领观察点,观察员滕老师、霍老师和王静老师都给出了详细的观察内容和建议。三位老师一致认为,通过本节课的思维可视化教学,学生们对于卧钩的理论知识和自然书写技巧已经全部掌握。由于课上练习时间较短,老师们建议我增加课上巩固和课后练习的时间,为学生课下学习提供学习资源。这三位老师的观点为我们的课题研究提供了有效的建议和思路,在今后的教学中我们会更多地录制高质量的微课为学生们自主学习提供丰富的学习资源。因此，结合大家的观察结果，个人认为，本节课零基础的学生已掌握"卧钩"的基本路线、方向和动作的书写要领，并了解了书写时要注意"提按"动作、粗细变化以及"八面出锋"等知识内容。已有知识经验的同学，在掌握基本教学内容之上理解了中国传统书论"趯法"等内容，并通过微课视频学会了"八面出锋"等书写技巧。

六、课题研究的下一步计划

本学期再进行一次课题实验课，在不同的学年、不同的班级，进一步对课堂"思维可视化理论指导下的'捺'教学"采取不同方法的数据统计和分析对比，注重提升"书法思维可视化 3+1 教学模式"有效性研究。

课题实验课研究案例
——"五色对板"一课的实验设计与实施过程

哈尔滨市继红小学校 林淑华 姜昆

一、课题研究情况简介

1. 课题名称

"以益智器具为载体,提升小学生思维能力的培养策略与方法研究"。

2. 课题研究的主要内容

以益智器具为载体,构建有益于学生思维素养发展的思维课程和思维课堂教学策略。

二、本节课的实验目标及课堂观察工具

实验目标:本次实验课以"课堂提问有效性"为观察重点,以核心问题策略引领学生思考,让学生在益智器具学习活动的过程中发现问题,提出问题,并以自己的独特视角和策略解决问题。

本节课的数据采集观察表:

表1　提升学生思维能力的培养策略与方法研究观察量表

课题	五色对板		记录人				
观课者姓名			时间				
观察中心							

	教学环节	培养学生思维能力	时间分配	教学策略	教师活动	有效性	
						A	B	C
观察记录	**观察点1：**通过引学猜谜语环节(谜语导入)观察能否提升学生学习兴趣,同时观察学生能否用已有的猜谜语的经验总结思维方法。	**概括能力**						
	观察点2：通过学生了解器具组成环节,观察学生能否抓住圆点的颜色、数量等特点,进行有序认真的观察,为后续的探索提供帮助。	**灵活性创造性**						
	观察点3：通过拼摆验证环节,观察学生能否进行深度思考,建立拼盘与拼板颜色之间的关联。	**逻辑性**						

续表

观察记录	观察点4: 通过梳理构建环节,观察学生能否找到思维突破点,从而突破此款器具的思维节点,观察学生接下来能否进行有序尝试拼摆。	迁移类推 思维深 刻性					
	观察点5: 通过展学联系生活环节,观察学生能否梳理探究策略,将良好的思维意识内化吸收,是否学会了观察分析、建立关联、有序尝试的思维方式,能否建立数学与生活的联系。	概括能力 逻辑性					

填表说明(量化标准):

有效性 A 级:活动或问题设计意义很大,学生参与充分,达到培养学生思维能力的目标。

有效性 B 级:活动或问题设计意义比较大,学生参与度一般,达成部分培养目标。

有效性 C 级:活动或问题设计无意义,没有达到培养学生思维能力的目标,建议改进。

学生参与学习过程观察量表

课题:五色对板　　　　　　　记录人:　　　　　　时间:

培养学生思维能力类型	学生参与问题人数					应用方法的人数				占全班人数百分比	
	问题统计（授课班级人数）		价值度（达到各等级的问题数）			观	操	讨	合	参	回
	提出问题	回答问题	A	B	C	察	作	论	作	与	答
灵活性											
创造性											
概括能力											
逻辑性											

填表说明(量化标准):

价值度 A 级:思辨性强,对学习过程产生积极作用。

价值度 B 级:思辨性一般,对学习过程产生一定的促进作用。

价值度 C 级:偏离主题。

三、课题实验课教学设计与实施过程

学校	哈尔滨市继红小学校	授课班级	四年十八班	授课教师	姜昆
授课题目	五色对板	授课时间	2021.11	授课地点	录播教室

实验课教学内容分析	学情分析	四年级的学生已经具备一定的逻辑推理、分析、总结规律的能力,但推理分析、统筹规划能力还不够完善、不够深入。通过对前测结果分析可知,虽然本节课是"五色对板"的起始课,但对于从未接触过这类游戏的学生来说,想要拼摆成功依旧很有难度,学生的思维处于混沌、盲试阶段,多数学生拿到器具并明确规则后,都是按照规则一块一块拼板进行拼摆,当无法继续拼摆时,全部推翻重新再拼,或者拼到最后几块无法继续时,不会做调整,而是全部否定。学生不能独立发现器具中蕴含的特点、规律、联系。
	学习内容分析	五色对板由12个正方形板块组成,12个板块上有5种颜色,分别是蓝色、白色、红色、绿色、黄色,每个板块上分别有4种颜色的圆点,且每个板块上没有重复出现的颜色。12个板块上一共有12个蓝色圆点、12个白色圆点、10个红色圆点、8个绿色圆点、6个黄色圆点。这是一款训练统筹规划能力的经典器具。拼摆要求是:把12个正方形拼板放入盒中,且使相邻板块衔接处的圆点颜色一致。要顺利完成相应任务,学生需要在观察的基础上发现规律,寻找最优策略,更需要统筹全局的意识和能力。

续表

目标设计	教学目标	1.通过探索了解五色对板的组成,建立拼盘图与拼板、圆点颜色之间的关联,能够进行准确的逻辑推理,有序尝试,从而成功完成拼摆。 2.通过观察、分析、猜测、验证、操作等多种活动,引导学生在探索中兼顾多种因素,发现结构规律,渗透分类思想、符号意识等数学思想。 3.培养逻辑推理能力、统筹规划能力、分析和总结规律的能力,养成分步、有序思考的学习习惯。
	教学重点	了解五色对板的组成,探究五色对板上圆点颜色特征与拼盘图之间的联系。
	教学难点	让学生在经历探索和交流的过程中,推理能力、统筹规划能力、分析和总结规律的能力得到提升。
	实验目标	本次实验课主要验证如何以益智器具"五色对板"为载体,提升学生逻辑推理能力、统筹规划能力、分析和总结规律的能力。
方法设计	教学方法	观察分析法:通过观察分析找到拼盘与拼板、圆点之间的联系。
		操作探究法:通过多次操作活动,积累思维活动经验,训练推理能力、统筹规划能力、分析和总结规律的能力。
		鼓励和表扬法:在教学过程中,我鼓励学生进行大胆的猜测并指导学生进行验证,对学生的观点多加表扬,激发学生的学习热情。
教学流程		尝试发现 探究形成 联想应用 谜语导入 激发兴趣　观察器具 了解组成　自创规则 尝试拼摆　汇报交流 梳理发现　明确要求 小试牛刀　总结经验 寻突破口　再次操作 验证规律　课堂小结 模型价值　联系生活 升华认识

续表

教学环节	教师活动	学生活动	实验意图
引学: 尝试发现 创境质疑	引学:尝试发现 创境质疑 1. 谜语导入: (1) 回顾玩过的益智器具。猜谜语。 (2) 能说说你是怎么知道的吗? 小结:抓住事物的特点寻找突破口,揭示课题。 2. 观察分析: 同桌合作,仔细观察"五色对板"有什么特点,把你们的发现记录到学习记录单上。(教师巡视并加以指导) 	1. 说说玩过哪些益智器具(七巧板、华容道、九连环、魔尺……)并说说怎么玩。 2.学生听谜语,并根据事物特点猜谜语。 3. 汇报谜语答案,并说明你是怎样猜的(判断的依据抓住事物特点)。 4. 学生观察器具特点,并把观察到的特点记录到学习记录单上。	观察点1: 通过引学猜谜语环节(谜语导入)观察能否提升学生学习兴趣,同时观察学生能否用已有的猜谜语的经验总结思维方法。 【设计意图】通过谜语引入,激发学生的学习兴趣,同时结合学生已有的猜谜语的经验总结思维方法——"抓特点,寻突破",为新课做铺垫。

续表

| 研学：
探究形成
构建模型 | **研学:探究形成 构建模型**
1.探索发现
(1)评价:观察真全面,能把色点数量和块数建立联系,不仅有观察也有思考,真了不起。
(2)小结:像这样一边色点颜色相同、能对到一起的我们叫"单边对称",同学们,你们找到单边对称的拼板了吗?
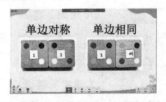
(3)我们来玩个游戏,找出完全相同的拼板,并将它们的序号按顺序填到记录单上。比一比,看谁找得又快又准,开始吧!
2.拼摆验证
(1)猜一猜,怎么玩呢?请你猜猜看!表扬你能利用单边对称的特点猜测玩法,做到了"找特点,寻突破"。
(2)下面请同学们轻轻地把拼板拿到桌面上,自己设计,摆一摆,玩一玩,看看你和小伙伴能找到哪些不同的玩法。开始吧!
3.构建模型
(1)摆长龙。大家看,这位同学把什么样的拼板拼在一起?谁的玩法和他一样? | 1.学生讨论并汇报:12块拼板,一共5种颜色,分别是蓝、白、红、绿、黄,色点有多有少,蓝白色点最多,都是12个,也就是每块拼板上都有蓝白色点,红色10个,绿色8个,黄色6个。
2.学生讨论并汇报:有的拼板的一边颜色相同,能对到一起,有的拼板一边的颜色相同,在同一位置。
3.学生找有单边对称的拼板。
4.学生讨论并汇报:还找到有两个拼板是完全相同的。
5.学生找完全相同的色板。
完全相同色板的序号:1-7,2-8,3-9,4-10,5-11,6-12。 | 若汇报不够完整,老师可加以指导。

观察点2:
通过学生了解器具组成环节,观察学生能否抓住圆点的颜色、数量等特点,进行有序认真的观察,为后续的探索提供帮助。

若汇报不够完整,老师可加以指导。 |

续表

(2)摆田字形。你又是怎样摆的呢?看来你不仅关注一边,还要关注另一边,这在数学中叫作"统筹"(板书:统筹),比摆长龙有难度。谁也是摆的田字形?你们摆的田字形一样吗?我们一起来看一下,大家找到完全相同的拼板了吗?像这样完全相同的两块拼板,其中一块绕着一点,旋转180度后,能够与另一块完全重合,就说这两块拼板成中心对称。几号和几号是中心对称?对,它们的位置在两个对角上,它和我们学习过的轴对称图形是不一样的,相同的图形都是对角相对。这两个田字形有什么相同点? 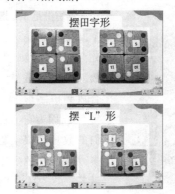 (3)摆"L"形。你是怎样摆的呢?没错,同板不同色,所以不可能拼成田字形。这两个"L"形有什么相同点呢?(板书:L形交点,3色相同)	6. 学生猜测五色对板的玩法。(单边对称的对在一起) 7. 学生自主尝试五色对板的玩法。和同桌交流不同的玩法。 8. 小组讨论并汇报:除了注意左右两边颜色相同的对在一起,还要注意上下两边的颜色也要相同才能对在一起。 9. 学生讨论并汇报:不一样,他们摆的田字形没有完全相同的拼板,而我们摆的田字形是两组完全相同的拼在一起。 10. 学生汇报:田字形中间交点四色相同。	若汇报不够完整,老师可加以指导。 **观察点3:**通过拼摆验证环节,观察学生能否进行深度思考,建立拼盘与拼板颜色之间的关联。

续表

4.梳理构建	11.学生讨论并汇报:把田字形中的一块去掉,成了"L"形。L形交点,3色相同。	**【设计意图】**学生能够根据自己设计的规则进行合理推理,选择合适的板块,通过拼摆局部的形式,完善对游戏规则的理解,为后续拼摆操作扫清障碍。
现在游戏开始,把12块拼板全部摆回拼盘中,想挑战吗?那我们一起试一试吧!观察拼盘,拼盘的凹槽是个什么形?刚才大家拼摆的田字形、"L"形,你在拼盘上找到了吗?(课件出示:"L"形和田字形)在哪里?(1人指)根据色点的数量推测一下,哪种颜色适合放到"L"形交点处,哪种颜色适合放到田字形交点处呢?他们说的你们听懂了吗?我们需要验证一下,请同学们把12块拼板按游戏规则放回到拼盘中去,比一比谁放得又快又好,开始!	12.学生开始游戏(1—2分钟),没成功。 13.小组讨论并汇报:黄色、红色适合放到"L"形交点处,因为两两相同,色点总数除以2,黄色每份是3个,红色每份是5个,都是单数,蓝、白、绿适合放到田字形交点处,因为它们的数量都很多,尤其蓝白色最多。	
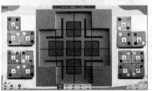		若汇报不够完整,教师可加以指导。
同学们拼成功了吗?谁来分享一下成功的经验?是个好方法,这在我们数学中叫作化繁为简。(板书:化繁为简)	14.学生拼摆验证,把12块拼板按游戏规则放回到拼盘中。	**观察点4:**通过梳理构建环节,观察学生能否找到思维突破点,从而突破此款器具的思维节点,观察学生接下来能否进行有序尝试拼摆。

续表

	同学们可真了不起,结合我们观察分析的特点,迅速准确地拼好了拼板,其他同学受到他们的启发,想再试试吗?那好,请没成功的同学再次尝试把拼板准确地放回拼盘中,成功的同学可以换一种思路再试试,开始!	15. 小组讨论并汇报:先把黄色放到"L"形的位置,再把红色也放到"L"形的位置,然后调整;先找田字形交点,一共有5个田字形交点,中间的最特殊,因为蓝、白、绿中绿色最少,所以绿色一定是中间的田字形,然后再拼蓝白色的田字形;先拼一半,因为拼好后的图形可能是一个对称图形,所以我只要拼出一半,再拼另一半就可以了。 16. 学生尝试操作。	若汇报不够完整,教师可加以指导。 【设计意图】通过有效观察,引导学生进行深度思考,建立拼盘与拼板颜色之间的关联。找到思维突破点,从而突破此款器具的思维节点,引导学生接下来进行有序尝试拼摆。

续表

	展学：交流表达联系生活	1.学生汇报：我	观察点5：
展学： 交流表达 联系生活	好了，同学们请坐好，愉快的时光总是短暂的，谁来说说，你在这节课有什么收获？ 同学们都是会学习的孩子，今天这节课我们在观察、操作、统筹、分析中，破解了五色对板的秘密，破解秘密的法宝就是分析色点数量——抓特点，寻突破，同时利用中心对称的数学知识化繁为简，让游戏更容易。其实中心对称图形在生活中随处可见，它广泛应用于商标设计，以简单的色彩线条就能勾勒出生动、富于创意的作品。同时中心对称的设计又能满足旋转物体具有稳定性的要求，小到闹钟的齿轮、电风扇扇叶，大到飞机、轮船的轮桨，生活中到处都有中心对称的影子。好玩的器具和数学知识有密不可分的联系，希望聪明的你们继续去探索。今天的这节课我们就上到这里，下课！	学会了在研究益智器具时要先观察器具的特点，然后分析这些特点对游戏规则有什么帮助，根据特点寻找突破口，当数量很多时我们还可以用到化繁为简的数学思想。 2.学生观看课件，欣赏生活中利用中心对称设计的美丽图案。	通过展学联系生活环节，观察学生能否梳理探究策略，将良好的思维意识内化吸收，是否学会了观察分析、建立关联、有序尝试的思维方式，能否建立数学与生活的联系。 【设计意图】通过回忆探究过程，帮助学生梳理探究策略，将良好的思维意识内化吸收，培养学生学会观察分析、建立关联、有序尝试的思维方式，建立数学与生活的联系。

续表

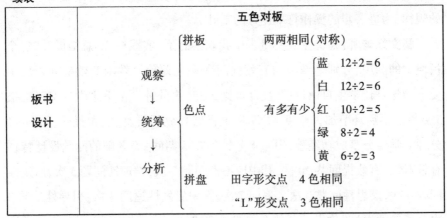

板书设计	五色对板

观察 → 统筹 → 分析

拼板　　两两相同(对称)

色点　　有多有少
蓝　12÷2=6
白　12÷2=6
红　10÷2=5
绿　8÷2=4
黄　6÷2=3

拼盘　田字形交点　4色相同
　　　"L"形交点　3色相同

四、课堂观察与数据分析

课后,课堂观察团队教师针对观察点观察到的现象和数据阐述自己的观点。

胡雪老师:我观察的是"初识器具、尝试发现"这个板块,从板块架构上来说这个环节一共有两次活动,总共用时12分钟。第一次活动是学生自主初步观察并记录器具特点。学生自主发现了拼板的数量、拼板的5种颜色、每种色点的数量,有的学生发现拼板上色点的排布规律,姜老师顺势给出单边对称的概念,并与单边相同做比较。当学生发现有相同色块时姜老师因势利导提出了第二次活动要求,寻找所有相同拼板并做好记录,引导学生深层次认识器具特点。姜昆老师的问题设计有针对性,有效提问共10次,其中识记性问题3次,应答性问题4次,推理性、启发性、反思性问题各1次。追问6次,其中启发性追问4次,引导性追问2次。活动中教师均进行了有效指导。学生汇报器具特点时,姜老师顺势提出了这样的加工性问题:为什么每块都有蓝色和白色呢? 这样的推理性问题,使学生的进一步观察不再浮于表面。姜老师评价学生观察全面,有序思考,在这个过程中学生能够有条理地观察,同时发展了思维的广度和深度。这样的层层追问逐渐让学生盲目的观察变得有序,有目的,逐步将学生散乱的思维进行聚合重组,呈螺旋式上升。通过这两次观察活动,学生能感受到这款益智器具存在很多奇妙的规律,为进一步的操作打下良好的基础。

杨文娟老师:在课堂观察量表中我观察的是"实践探究、总结提升"这个板块中的两项,分别是教师的有效提问和多元评价。教师有效提问板块中姜老师先是让学生自由拼摆、设计规则,用时 5 分钟。接下来学生交流汇报 5 分钟。最后环节加大难度,引导学生将器具放回拼盘,动手操作,用时 11 分钟。学生分享成功经验,用时 4 分钟。在这期间,姜老师的问题设计特别有针对性,有效提问共 20 次,其中应答性问题 7 次,推理性问题 5 次,启发性问题 5 次,反思性问题 3 次。追问 7 次,其中启发性追问 4 次,引导性追问 3 次。姜老师通过"你设计了什么游戏规则?"这一应答性问题,引导不同学生对拼摆规则进行个性认识,为后续拼摆操作扫清障碍。通过"你拼的田字形与同学拼的长龙有什么不同?""两个田字形有什么不同?"这样的启发性问题,引出"单边对称"概念及"统筹思想",让学生的思维动起来。追问"这几个 L 形一样吗?",通过对比,进一步感受多种拼摆方法,为后面放进拼盘做好铺垫。还通过"你认为田字形和 L 形分别放在拼盘什么位置合适?"这样的推理性问题,引导学生聚焦色点数量与拼盘位置的关系,探索发现其中蕴含的规律,教师顺势再次强调抓特点、寻突破的思维模式,既能培养学生思维的有序性,又能培养其逻辑性和条理性。在"实践探究、总结提升"板块教师进行多元评价,关于培养学生思维系统性的评价共 1 次,占比 12.5%,如学生在初次拼摆田字形时,教师及时引导,及时评价"这是一种统筹思想"。对培养学生抽象思维的评价共 3 次,占比 37.5%,如学生只摆了一半,教师提问为什么这样做,学生回答根据对称图形的特点。教师及时评价"这种化繁为简的数学思想方法我们以前经常用到",评价中巧妙地渗透了数学思想,同时提升了学生的逻辑思维能力。对习惯和态度的评价共 4 次,占比 50%,如"你真善于观察""你分析得很有道理"等多角度的鼓励式评价,鼓励学生通过自主探究、合作参与、反思体验等学习方式,发现和解决问题,养成乐学善思的良好习惯,促进学生思维品质和思维习惯的发展。

康晶老师:各位老师好,我观察的是学生参与活动的效果。在尝试发现阶段,姜老师出示一则关于彩虹的谜语,这种巧妙设计既把五色对板这种器具自然而然地介绍给大家,又把核心方法"抓特点、寻突破"呈现出来,还激发了学生的兴趣,可谓一举多得。此时学生的目光一直追随着姜老师,倾听时全神贯注,能做到100%全员参与。随后独立观察,并填写学习单,用时4分钟,占课堂总时间的10%。随后老师问:"你发现了什么?"孩子们跃跃欲试,呈现出多角度的观察结果。如:色板有12块,色点有多有少,还存在单边对称等重要信息。这时老师又给了学生2分钟时间找出哪两块拼板完全相同,占课堂总时间的5%。在小试牛刀环节学生自创规则,独立玩器具5分钟,占课堂总时间的12.5%。老师桌间巡视,发现有十几个学生(占学生总数的35%)理解不透彻,又做了个别指导,完善了对规则的理解,达到了良好的活动效果。交流能充分展示学生操作探究时的思维路径,有的孩子摆出长龙形,关注的是单边对称,这是比较简单的情况,约有8组孩子顺利完成,占比36.36%。还有5组学生摆出田字形,占比22.73%,这种情况略复杂,除了关注左右,还要关注上下。能摆出L形的有6组,占比27.28%。姜老师根据学生出现的问题进行后续的指导、点拨。在关注色点的数量与拼盘位置之间的联系时,将近15人思维处于混沌、无序的状态,占比34.09%,于是老师面向全体学生做出提示:"这套益智器具还有些小秘密我们没有发现,请再次观察。"接着通过课件演示、展台呈现、同学汇报等活动引导大家进行深度思考,由浅入深,巧用对称,建立色点的数量与拼盘位置之间的联系。这一系列活动约用时15分钟,占比37.5%。找到思维突破点后,姜老师说:"我们找到了这么多规律,还想再试试吗?"此时80%以上的孩子都进行的是有序拼摆。这一环节体现了生生交流、师生互动的有序性,活动效果显著。学起于思,思源于疑。学生探求知识的思维活动,总是由问题开始的,又在解决问题的过程中得到发展。让学生带着思考离开课堂,让思考继续,实现了益智器具课训练学生思考力的目的。这节课过后留给我们的思考是,在今后的课堂中,一方面要从数量上保证学生的参与,更重要的是在提高质量上下功夫,保证每一项活动都能收到积极的效果。

许晓微老师:我重点观察学生课堂回答问题效果,主要针对课堂的三个环节,从回答的准确性、完整性、多样性进行观察和分析。第一个环节,姜老师提出了2个核心问题,连带加工性问题,此环节学生回答问题的准确性是

16 次准确,4 次比较准确;完整性是 13 次完整,5 次比较完整,2 次不完整;多样性是 20 次都很单一。其中第一个核心问题"观察器具,你有什么发现?"是个开放性问题,学生认真观察记录、各抒己见,由于初次接触,在交流中可以发现学生对器具的认知比较分散浅显。姜老师根据学生的回答提出几个加工性问题,如"色点分别是什么颜色?各有几块?",将观察聚焦在块数、颜色上,找准观察重点,所以孩子再次表达时可以做到更加准确完整。第二个环节围绕着 2 个核心问题展开讨论。此环节学生回答问题的准确性是 11 次准确,2 次比较准确;完整性是 9 次完整,3 次比较完整,1 次不完整;多样性是 2 次多样,11 次单一。第一个核心问题:请大家自己设计游戏规则,看谁设计的规则多。3 人准确清晰地说出自己设计的规则,但表达不够完整。老师又提出加工性问题:"有几个 L 形交点?有几个田字形交点?"细化的问题引领,让后面回答的 2 个学生的表述更加完整,思维得到进一步发展。第二个核心问题:哪些颜色适合放田字形交点,哪些适合放 L 形交点?这是学生本节课思维提升的聚焦点。学生能简单准确地说出自己的发现。在姜老师几个加工性的问题"拼板有几块是相同的?""这让你想到了哪个数学知识点?"的引领下,学生不断总结、细化拼摆方法,在不停的头脑风暴中,思考层层深入,思维愈发活跃,师生合作将拼摆方法完整地、准确地表达清晰,真正体现了生本课堂。第三个环节提出两个核心问题,其中第二个核心问题"谁成功了?说说你是怎么摆的?",学生回答得不仅准确,而且非常完整。在这个过程中,展现了学生思维的严谨性,逻辑的严密性,学生从开始的思维混沌无序到现在的自主总结,此时学生已经对"五色对板"的操作方法有了更深刻的认知,再通过生生经验交流,更能激发学生进一步研究的兴趣。

尹晓璐老师:我的观察角度是从思维能力层面观察学生。本节课学生的思维培养内容主要有:直观动作思维、具体形象思维和抽象逻辑思维。第一个环节初步感知、观察器具,教师让学生观察器具是什么样子,有什么特点,并记录到记录单上,学生在观察、触摸和摆弄器具,记录信息的过程中培养了直观动作思维和概括整理的能力。在实验探究、尝试发现环节里,学生经历"观察分析—合理预测—有序尝试"的思维过程,教师在本环节也设计了有效的问题,促进了学生抽象逻辑思维能力的发展。其中启发性问题 8

个,占比 35.17%。如本节课学生在初次尝试按自己的规则拼摆时,学生的思维虽是开放性的,但是缺少深度的对比和分析。此时教师通过一系列的加工性问题,将学生的思维逐步引入有序思考和对比中。如在第一个同学汇报拼摆的图形后,教师追问:"还能摆出什么形状?摆田字形与摆成长龙形状的单边对称图形有什么不同呢?"看来摆成田字形不仅要考虑左右对称,还要考虑上下对称。教师引导学生在思考时要全面,渗透了统筹和化繁为简的数学思想。在有的学生拼摆出"L"形时,教师通过加工性问题引导学生在对比中发现,同样是 L 形,但却有不同的情况。正是在教师这一次次的有效追问中,学生才有意识地在观察中思考,在思考中对比,在对比中分析,逻辑思维能力逐步提升。基于突破思维难点的加工性问题 6 个,占比 24.32%。如在学生第二次尝试在拼盘中拼摆时,教师出示了拼盘的形状规律,引导学生发现拼盘的形状和刚才拼摆的形状之间的关系,再通过分析圆点的颜色、数量,引导学生思考:是不是什么颜色都适合放在田字形交点和 L 形交点上呢? 选取哪种颜色更适合作为中心点拼摆的颜色? 正是这些直指操作节点的问题让学生从原来的无序、简单的思维,向有序的、有深度的思维方向发展,逐渐地开始分析、推理出拼摆的技巧,发现并探究出运用对称图形的方法,将问题化繁为简,教师的这种对思维有意识的引导,推动了孩子的思维向逻辑推理的方向发展,积累了解决问题的方法和策略。每一次操作后的反思和分析,可以发展学生的归纳概括能力和综合分析能力。如学生第三次进行拼摆操作时,教师通过让学生反思和总结几次尝试过程中获得的经验,发展了学生的分析、总结规律能力,深化了学生对此款器具的理解,归纳概括能力也得到进一步发展。

五、授课者实验反思

本节课,我通过让学生"三观察""三操作",以及教师的"三提问",使学生整节课都积极参与探究活动,激发了学生浓厚的探究兴趣,在探究的过程中训练了学生的推理能力、统筹规划能力、分析和总结规律的能力,使学生思维有序,培养了学生的思考力。

1.三观察——实现如何使观察有效、层层深入

第一次是观察器具的特点,使学生对五色对板这款器具的组成有了初步了解。

第二次是观察拼盘与拼板上圆点之间的联系,找到思维节点的突破口。

第三次是观察拼摆成功的五色对板的布局,找到其中蕴含的规律。

2.三操作——实现对学生统筹规划能力的培养

第一次操作,利用几块拼板的拼摆,深入理解游戏的规则。

第二次操作,初步尝试拼摆12块拼板,充分展示学生的思维方式、思维节点。

第三次操作,在建立圆点与拼盘的关联基础上,寻找最优策略,统筹规划,成功完成此款器具的拼摆。

3.三提问——三个问题引导学生,培养了学生思维的深刻性

第一问:器具的特点是什么?

第二问:拼盘与圆点有什么关联?

第三问:你发现了五色对板中有什么秘密?

大量的精准数据、多角度的分析,使我再次明确以益智器具为载体,利用核心问题引领学生有效思考是培养和提升学生思维能力的有效手段。同时我们也发现了一些问题,这引导着我在下一步课堂教学研究中继续探索,精准教研。

六、课题研究的下一步计划

本学期以益智器具为载体进行"创新杯益智课竞赛",进一步对如何"以益智器具为载体"采取不同方法的数据统计和分析对比,注重加强"提升小学生思维能力"的有效性研究。

课题实验课研究案例

——《总也倒不了的老屋》一课的实验设计与实施过程

哈尔滨市大同小学校　顾兴杰

一、课题研究情况简介

1. 课题名称

"小学语文阅读教学中的思维能力培养的策略研究"。

2. 课题研究的主要内容

(1)研究小学语文阅读教学中学生思维能力培养现状及分析。

(2)研究小学语文阅读教学中思维能力培养的维度、原则。

(3)研究小学语文阅读教学中思维能力培养的策略。

二、本节课的实验目标及课堂观察工具

实验目标:运用"一边读一边合理预测"的教学策略,引导学生积极参与,培养学生分析、推理和流畅表达的思维能力。

本节课的数据采集观察表:

课题实验课《总也倒不了的老屋》课堂观察量表

授课题目	总也倒不了的老屋	授课教师	顾兴杰	授课班级			三年六班
观察员		观察人数	人	授课地点			
教学环节	观察内容	观察重点	量化数据			分析与建议
			A	B	C	
课前：预测题目激发兴趣	根据"老屋"二字,预测老屋的样子。请选择: a.颜色比较暗,看着很老气的屋子。 b.年龄比较大,看着已经很旧,门窗可能有破洞的屋子。 c.房间里有老式的沙发、柜子、床等的屋子。 请选a的同学举手,选b的同学坐好,选c的同学起立。	观察学生预测老屋样子的情况,统计各选项人数。 a(举手) b(坐好) c(起立)	A %	B %	C %	
课中：依据情节合理预测	依据文本(课文第2—4自然段)预测:老屋会答应小猫的请求吗?(学生用表情包报告结果)	观察学生举出的表情包,统计学生对老屋是否会答应小猫请求的预测情况。	A %	B %	C %	
课中：依据课文预测结局	学生小组合作交流,预测老屋最终是否会倒。 小组汇报:说说老屋最终会不会倒,说说预测的依据。	听小组讨论情况,观察学生预测老屋最终的结局。	A %	B %	C %	

续表

课后：创编故事练习仿写	学生预测:还有谁会来请求老屋的帮助？请仿照课文续编故事。	依据原文，观察学生续编故事的情况。	A	B	C	
			%	%	%	

填表说明(量化标准)：

1. 学生针对题目,预测"老屋"的样子。

A. 预测合理

B. 预测不合理

C. 不能预测

2. 依据文本(课文第 2、3、4 自然段)预测,老屋是否会答应小猫的请求。

A. 预测老屋会答应

B. 预测老屋不会答应

C. 不能预测

3. 小组合作,结合剩下的内容或全文预测结局,老屋最终会不会倒。

A. 预测老屋不会倒,理由充分

B. 预测老屋会倒,理由充分

C. 不能预测或理由不充分

4. 预测还有谁会来请求老屋的帮助,学生仿照课文续编故事。

A. 预测内容合理,表达流畅生动

B. 预测内容合理,表达一般

C. 不能预测或没有完成续编

三、课题实验课教学设计与实施过程

学校	哈尔滨市大同小学校	授课班级	三年六班	授课教师	顾兴杰
授课题目	总也倒不了的老屋	授课时间	2021.12	授课地点	多功能厅

目标设计	教学目标	引导学生能试着一边读一边预测,知道可以根据题目、插图和故事内容里的一些线索进行预测,也可以结合生活经验和常识等进行预测,使学生感受预测的乐趣,感受阅读的快乐。
	教学难点	能够发现文本中的细节,有理有据地预测出不同的故事情节,表达流利、准确。
	教学重点	学会从题目、插图去猜想,结合文字和生活实际进行合理有据的预测。
	实验目标	本节实验课,通过"一边读一边合理预测"这一阅读策略引导学生积极参与,培养学生分析、推理和流畅表达的思维能力。
方法设计	教学方法	预测、探究式教学法
	学习方法	观察预测、对比修正

教学环节	教师活动	学生活动	实验意图
一、紧扣主题预测题目	1.出示单元主题、阅读目标。 2.出示题目中的"老屋"。出示选项,请选 a 的同学举手,选 b 的同学坐好,选 c 的同学起立。	1.师生合作朗读单元主题学习目标。 2.学生自读"老屋"。教师请学生**第一次预测**:根据**"老屋"二字,你能预测一下老屋可能是什么样子的吗?** 学生进行第一次预测,预测老屋的样子,做出选择:	1.单元主题的导入,使学生初步了解什么是预测,激发学习兴趣。 设置观察点1:观察学生预测老屋样子的情况,统计各选项人数。通过预测,培养学生抓

续表

	3.文中的老屋是什么样的呢?你的预测合理吗?	a 举手(a.颜色比较暗,看着很老气的屋子。)	住关键词进行分析的能力。
		b 坐好(b.年龄比较大,看着已经很旧,门窗可能有破洞的屋子。)	2.通过第一次预测,学生初步感受大胆预测的快乐。
		c 起立(c.房间里有老式的沙发、柜子、床等的屋子。)	3.本环节主要是让学生体会预测后及时验证、及时修正的过程,培养学生理性的思维过程。
	4.请选择 b 的同学说说自己预测的根据是什么。 5.指导朗读。	3.一名学生朗读课文第 1 自然段。 学生:根据文中"一百多岁了""窗户变成了黑窟窿""门板也破了洞""很久很久没人住了",很显然选择 b 的同学预测合理。	
		4.请选择 b 的同学说说自己预测的根据是什么。(学生发现预测的方法之一:抓住关键词来预测)	
		5.学生抓住关键词朗读这一段,体会老屋的"老";再齐读这一段。(关键词:一百多岁、黑窟窿、破了洞、很久很久没人住了)	

续表

	在这样老的一个老屋身边,发生了什么事呢? (一) 学习"小猫"请求部分: 1. 指名读课文。 2. 学生预测。 3. 验证。 4. 请预测"会答应"的同学说说自己预测的根据是什么。教师明确预测的方法。	1. 请学生朗读课文第2—4自然段。 2. **第二次预测:请你大胆地预测一下,老屋会答应小猫的请求吗?** 请预测老屋会答应小猫请求的同学举起笑脸;请预测老屋不会答应小猫请求的同学举起哭脸。(通过举起不同的表情包来表达自己预测的结果。) 3. 指名读课文第5自然段内容,看看结果,你的预测和课文是否一样。 4. 学生说出自己预测的根据——抓住文中线索或插图进行预测。	1. 引导学生根据文本进行预测,培养学生分析、推理的思维能力。 2. **设置观察点2:观察学生举起的表情包,统计学生对老屋是否会答应小猫请求的预测情况。** 通过举起表情包这一举动,使学生的思维呈现可视化,让学生的思考过程得以外显。 3. 让学生更多地去阅读文本,使学生理解课文内容,便于寻找更多的预测依据,培养学生的逻辑思维能力。
二、结合课文合理预测	(二) 学习"老母鸡"请求部分: 1. 帮助了小猫后,老母鸡又来了。请同学们自由读老母鸡发出请求的语段,你觉得老屋会帮助它吗? 2. "好了,我到了倒下的时候了。"这句话在文中反复出现了几次?此时,你想到了什么?	1. 学生自由读课文第7自然段,针对老屋会不会帮助老母鸡发表自己的见解。(会,因为老屋很善良,会坚持帮助他人;不会,因为"不耐烦""需要二十几天"……)	再次说明预测依据,使学生掌握"预测"这种阅读策略,培养学生分析、概括的思维能力。

续表

3.此时的你能用一个词语说明一下,这是一座什么样的老屋吗?	学生自由读第8、9自然段,感受老屋的善良。 2.学生回答:"好了,我到了倒下的时候了。"这句话在文中反复出现了3次;根据前面的阅读经验,此时我想一定是又有人来向老屋求助了。 3.学生:这是一座"倒不了"的老屋。(根据学生的想法,教师板书关键词语。)它这种乐于助人的精神真是令人感动,总也倒不了。	给予学生自由阅读的时间,让学生学会寻找依据进行预测,同时培养学生有根据地表达的理性思维能力,感受自由阅读的快乐。 此时的猜测完全是根据学生的阅读经验在进行,使学生感受到这种反复写法的魅力,培养学生有根据地进行大胆预测的能力。
(三)学习"蜘蛛"请求部分: 1.分角色朗读他们的对话。怎样才能读好呢? 那么,课文的结尾内容是什么呢? 2.请同学们先自己默读课文剩下的内容,然后小组合作交流:老屋最终是否会倒?	1.全体学生分角色朗读第11至16自然段: 一位学生读旁白,男生读老屋的话语,女生读小蜘蛛的话语。 学生: 一个是急切地请求帮助的小蜘蛛的话语,应该小声读、语速快。一个是很乐于助人的老屋的话语,应该语气和蔼、语速缓慢。 学生先各自练读自己喜欢的角色内容,再合作分角色朗读课文内容。	语文课堂阅读教学离不开朗读。让学生带着问题去读,能更好地培养学生边读边想的思维能力,提高学生的语文分析能力。

续表

	3.教师启发学生明确预测方法。 4.播放录音,朗读原著的故事结局。此时,如果在"倒不了的老屋"前再加一个修饰语,你会加什么?	2.学生根据今天所学的课文内容和板书中提到的预测方法,第三次预测:老屋最终是否会倒?(给予学生思考、交流的时间。) 请预测"不会倒"的同学说说自己预测的根据是什么(不会倒:现在还在那晒太阳,听故事;还会有小动物来请求它帮助;它有乐于助人的精神……) 请预测"会倒"的同学也说说自己预测的根据是什么。(会倒:一百多岁了,不能长生不老;又经历了暴风雨;墙壁吱吱呀呀地响了……) 3.学生发现: 可以依据课文的线索来预测,可以结合生活经验、生活常识等进行预测。 4.学生听录音: 学生:我会在"倒不了的老屋"前面加上"总也"。 教师呈现完整板书后学生齐读课文题目——12 总也倒不了的老屋。(读时要重读"总也""倒不了")	设置观察点3:听小组讨论情况,观察学生预测老屋最终的结局。第三次预测的设计,通过学生回归课文的整体和总结学习方法,强化学生对学习重点的掌握,提高学生提炼概括、有理有据地表达的思维能力。 使学生学会抓住文中的关键词句进行有依据的表达。 扩展课外内容,激发学生的学习兴趣,深化主题,引导学生学会查找学习资料,勇于探究。让学生在愉快的语文阅读学习中接受高尚的品德教育,在培养学生良好的思维能力过程中落实立德树人的根本任务。

续表

三、模仿句式尝试续编	"好了,我到了倒下的时候了。" 1.同学们,请发挥你的想象力和创编力,依据你今天的阅读经验,进行第四次预测,续编故事。 2.找3位同学依次朗读自己的续编。 3.教师总结。	1.学生根据学到的预测方法,第四次预测:还有谁会来请求老屋的帮助?它们请求帮助的理由会是什么? **续编故事情节:** "等等,老屋!"一个(　　)的声音在它门前响起,"(　　　　),行吗?(　　　　),我找不到一个安心(　　)的地方。"老屋低头看看,吃力地眯起眼睛:"哦,是(　　)啊。好吧,我就再(　　)。" 2.请3位同学依次朗读自己的预测。 3.学生齐读课文题目。	设置观察点4: 　依据原文,观察学生续编故事的情况。通过学生根据语言的范式预测,培养学生分析、创编和流畅表达的能力。 给予学生较为充分的续编时间,使学生能够根据自己本堂课对课文内容的理解体会和阅读方法的学习,较好地进行语言文字的运用,做到读写相结合,提高学生的语文思维能力。
板书设计	12 总也倒不了的老屋 预测方法 ⎰ 抓关键词 看文中图 结合课文 联系生活 ……		

四、课堂观察与数据分析

本班 42 名学生,分为 4 个小组,每组 10 或 11 名学生。每组配备一名观察员,还有一名汇总的观察员,共 5 名观察员老师。下面是各位观察员老师提供的观察数据与建议。

刘洋老师:我们小组一共有 11 名学生,6 名男生,5 名女生。我针对第一个观察点预测老屋样子的情况进行统计、汇报。小组中有 2 名学生选择 a,占比 18%。其中,学生通过关键词老屋的颜色以及老气的状态来进行预测,体现了老屋的老。有 9 名学生选择 b,占比 82%。学生通过联系生活实际,从老屋的破旧和年龄大的特点来对老屋的样子进行预测。本组没有学生选择 c 选项。通过观察及数据分析可知,本小组学生具备一定的预测能力,预测有一定的依据,表述得很清楚完整。其中,靠右手边的男孩儿思维比较灵活,对于自己的理由能有条理性地进行表述。课堂上,老师引导学生根据题目进行预测,这样就有效地对预测方法进行了渗透,让学生有了一定的抓手。同时,在预测中,老师引导学生采用不同的动作来展示自己的选择结果,对学生的思维进行了一个可视化的训练,也能清晰地让我们感受到学生的思维在变化着。有 2 名学生的语言还不够丰富,理由还不够充分,希望老师能再多给这样的学生一点时间和课下跟进关注。

孟莉娜老师:我这次着重研究观察点二,通过学生结合课文内容利用表情包进行预测,观察学生举起表情包,预测老屋会不会答应小猫的请求,培养学生的推理与表达能力。我们组一共有 11 名学生,其中 9 名学生能大胆预测,预测能力较强,占比 82%。通过数据得知,教师依托教材,在第一个观察点中,基于文本题目和插图进行猜想式阅读,帮助学生抓住外显线索进行预测。上面的铺垫,对学生预测能力的发展起到了重要作用。在第二个观察点中,教师帮助学生从文本中快速找出相关的关键词,进而抓住了内隐线索进行预测,所以大部分学生都能大胆预测。在观察中我发现,学生在阅读中能否对文本中的细节有一个恰当的把握,是学生推理能力形成的关键,也是这个实验观察点达成的原因。

另外 2 名学生不能做到大胆预测,占比 18%。从数据得知,这 2 名学生都是阅读经验不足的学生。我建议顾老师可以顺势把学生的思维引向课文插图,让学生借助插图中老屋的笑容进行猜测,降低预测环节中文本阅读的难度。根据学生的不同程度,激活学生的已有经验进行预测,也是提升学生预测能力的有效途径。

杨俊峰老师:我们小组一共有 10 名学生,6 名男生,4 名女生。第三个观察点"预测老屋最终是否会倒"主要考查学生联系上下文与关键词语进行预测的分析、推理的思维能力是否形成。小组中有 9 名学生获得 A 级,占比90%。有 1 名学生获得 B 级,占比 10%。通过观察及数据分析可知,这一组的孩子分析和推理的思维能力较强。学生在前面两次预测中习得了预测的方法,锻炼了思维,并在这里尝试运用。运用这样的方法进行思考并能清晰表达自己预测的结果与根据,体现了学生思维发展的连续性。其中有 3 名学生能找到 3 处以上的根据来支撑自己的预测,其余学生也能找到 2 处根据来支撑自己的预测,表达有理有据。可见前面的思维训练扎实有效,学生的思维水平有显著提升。值得注意的是孩子的求异思维在这里也有突出的表现,有 2 个孩子抓住了文中对老屋样子的描写,结合文中天气的变化、时间的推进预测老屋会倒。这说明思维能力不是孤立存在的,它们往往是交互存在、互相支撑的。在今后的教学中,我们也应尝试找到阅读教学中的训练点,以一种思维推动多种思维,培养学生运用多种思维来解决问题的能力。

裴明老师:我们小组一共有 10 名学生,6 名男生,4 名女生。在第四个观察点学生预测:还有谁会来请求老屋的帮助?请仿照课文续编故事。这主要考查学生运用所学预测方法,借助文中语言范式进行预测和续写的分析、推理思维能力的形成情况。小组中有 9 名学生获得 A 级,占比 90%。有 1 名学生获得 B 级,占比 10%。通过观察及数据分析可知,本组学生均能进行合理的预测并仿照文中语言范式进行续写。学生的分析、推理能力在前面的一次次预测中得到了有效的培养,学生在老师的激励和引导下有了较强的表达欲望,能运用所学方法进行续写。其中一名学生,在老师给出语言范式的基础上,想象出所有得到老屋帮助的小动物们一起修缮老屋的情节。可见顾老师平时的思维训练进行得扎实有效,学生的多种思维能力就是在这样一次次的训练中逐步培养起来的。在这里我也有个小建议,如果这里的续写能给孩子们更多的选择,而不局限于书中的语言范式,可能此处的设计会让更多的孩子更大胆地张开想象的翅膀,使他们的想象能力得到更有效的发展。

张慧姝老师:观察点一,观察学生预测老屋样子的情况,统计各项人数数据:数据 A 2 人,占比 4.8%;数据 B 40 人,占比 95.2%。观察点二,观察学生举出的表情包,统计学生对老屋是否会答应小猫请求的预测情况:数据 A 39 人,占比 92.8%;数据 B 2 人,占比 4.8%;数据 C 1 人,占比 2.4%。观察点三,听小组讨论情况,观察学生预测老屋最终的结局:数据 A 38 人,占比 90.5%;数据 B 4 人,占比 9.5%。观察点四,依据原文观察学生续编故事的情况,数据 A 40 人,占比 95.2%;数据 B 2 人,占比 4.8%。

通过观察量表我们可以看出,在教师有梯度有层次的引导下,学生逐渐学会了通过课文插图、故事情节中的一些线索进行预测的方法。我们可以看到,95%以上的孩子都能够进行合理的预测,而且理由充分,表达流畅。学生们感受到了预测的乐趣,体会到了阅读的快乐。同时,实验课目标也得以顺利达成。可以说这节课题实验课是成功的。那么,这节课题实验课的成功表现在哪些方面呢?一是巧借课前预测,激发学生的创新思维;二是抓住线索,预测故事情节,培养学生的分析思维;三是寻找依据,预测结尾,培养学生的发散思维;四是借助范式仿写故事,培养学生的抽象思维。

实验目的的达成和学生能力的培养,离不开老师方法指导的巧妙设计和教学策略的精心安排,如此能引导学生更好地进行文本阅读,进而培养学生的思维品质,提升学生的语文核心素养。另外,我也关注到了还有5%左右的孩子不能够进行合理的预测和顺畅的表达,我觉得可以给孩子增加充分朗读的时间,让这部分孩子有机会更加深入文本,寻找线索,进行预测。

五、授课者实验反思

众所周知,在语文课堂教学中,加强对学生思维能力的培养,可以使学生对文章的理解更加深入透彻,更加深入地体会到文字中表露的人文、情感信息,可以有效锻炼学生的语言组织能力,提高口语表达能力。除此之外,对学生进行思维能力的培养,还可以有效促进学生的个性发展,提升学生的综合能力。

　　本节课，我就是在单元阅读主题——要让学生掌握预测的方法、预测的依据，进而形成预测的意识基础上，落实"小学语文阅读教学中的学生思维能力培养的策略研究"。这种预测性思维就是要让学生利用已有的知识、经验在对事物过去和现在认识的基础上，对事物的未来或未知的前景，预先做出估计、分析、推测和判断的一种思维过程。

　　当学生把自己的思想准确地表达出来时，必须经过紧张的思维活动。我一共设计了4个观察点。第一个观察点是根据"老屋"这个词语预测老屋是什么样子的。这样的设计能够提升学生思维的活跃度，有助于观察学生能否抓住关键词并结合生活经验进行分析的能力。第二个观察点是学生结合课文第二、三自然段预测老屋是否会答应小猫的请求。我的设计意图是让学生学习运用"一边读一边猜"这种预测策略，为后文的学习做好铺垫，同时使学生养成良好的阅读习惯。第三个观察点是让学生根据故事结果及全文预测老屋最终会不会倒。这样的实验设计，使学生能够联系课文内容、插图等进行预测，促进了学生分析、推理以及组织语言流畅表达的思维能力的培养。第四个观察点是学生根据文中的语言范式续编故事，培养学生组织语言、流畅表达的创作能力，使学生的思维快乐、自由地驰骋。

　　我认为这节实验课的实验目标基本达成，但在实验中也有些许不足。那就是我对学生思维批判性的训练还有待深入研究，因为这节课只有理性判断，比如前两个观察点的采集。今后，我们还可以从不懈质疑、多元意见两方面来深入研究思维的批判性，从而提高学生的思维品质。

六、课题研究的下一步计划

　　本学期再进行1次课题实验课，在不同的学年、不同的班级，进一步对课题"小学语文阅读教学中的思维能力培养的策略研究下的《夜间飞行的秘密》教学"采取不同方法的数据统计和分析对比，注重提升"学生思维的批判性"有效性研究。

课题实验课研究案例

——《乡愁》一课的实验设计与实施过程

哈尔滨市第四十五中学校　张伟　葛鑫

一、课题研究自然情况简介

1. 课题名称

"通过文史融合培育学生思维素养的策略与方法的实践研究"。

2. 课题研究的主要内容

探究文史等人文学科融合的有效途径和文史融合综合课程的构建与实施。

二、本节课的实验目标及课堂观察工具

实验目标:以语文课为主,将历史课中史实融入其中,引导学生从史实角度对课文有更深层次的理解与思考,观察文史融合策略对学生思维素养培养方面的效果。

本节课的数据采集观察表:

课题实验课《乡愁》观察量表一

授课教师:张伟　　　　观察教师:　　　　　　观察人数:

项目	观察学生朗读诗歌时的状态								
	学生朗读诗歌的表现					学生朗读诗歌的情感			
学生表现	积极	百分比	一般	百分比	消极	百分比	饱满	百分比	一般	百分比
数据	( )人	%	( )人	%	( )人	%	( )人	%	( )人	%

观察点1 观察学生朗读诗歌时的状态	观察中的定性阐述	
	对存在问题的分析	
	提出建议	
观察点说明	学生在朗读诗歌时能够主动参与,不用督促就能主动朗读,且朗读流利、富有感情为积极,能主动朗读但缺少感情为一般,不主动朗读为消极。	

课题实验课《乡愁》观察量表二

授课教师:张伟　　　　　观察教师:　　　　　　　　观察人数:

项目	观察史实讲解加入前后学生仿写诗句的效果									
	史实讲解加入前学生仿写诗句效果				史实讲解加入后学生仿写诗句效果					
学生表现	能仿写	百分比	不能仿写	百分比	仿写单句	百分比	仿写一节	百分比	仿写多节	百分比
数据	( )人	%	( )人	%	( )人	%	( )人	%	( )人	%
观察点2 观察史实讲解加入前后学生仿写诗句效果	观察中的定性阐述									
	对存在问题的分析									
	提出建议									
观察点说明	史实讲解加入前学生仿写是学生课前自学完成【学习单】任务,此处观察学生的自学完成情况。 课堂展示中史实讲解加入后,学生进行二次修改仿写,观察学生的完成情况,前后形成对比。为使数据更为准确,需要对所观察学生的仿写回收并查阅,学生的二次修改保留痕迹。									

课题实验课《乡愁》观察量表三

授课教师:张伟　　　　观察教师:　　　　　　观察人数:

项目	观察史实加入和小组思考交流后的展示情况					
学生表现	有深层理解,表达清楚,展示积极		有理解,能参与,表达一般		思考不深入,理解不足,被动参与	
数据采集	人数	百分比	人数	百分比	人数	百分比
		%		%		%
观察点3 观察史实加入和小组思考交流后的展示情况	观察中的定性阐述					
	对存在问题的分析					
	提出建议					
观察点说明	从史实加入和小组思考交流并展示的表现情况来观察学生思维素养培养方面的效果。					

三、课题实验课教学设计及实施过程

1.学情分析

我校地处郊区,学生多为农村子弟,想要提升学生的思维素养,需从学科本身入手,借助文史融合手段达到思维转变的目的,实现思维素养的提升。

2.学习内容分析

《乡愁》是余光中先生的代表作品,是九年级语文第一单元第四课的一首抒情诗歌,本首诗歌结构整齐,主题鲜明,表达了作者强烈的爱国主义思想,契合课题中项目式学习要求。

3.学习方法分析

为实现本课设定的实验研究目标,我采用了先行组织策略、行为练习策略及认知发展策略。

先行组织策略:就是提前下发学习单,指导学生自主完成,提升学生思维的广阔性。

行为练习策略:就是通过仿写和给台胞寄语来提升思维的深刻性和独创性。

认知发展策略:就是通过课程逐步深入学习促进学生思维上感性和理性的融合,以此提升思维素养。

4.教学设计与实施过程

学校	哈尔滨市第四十五中学校	授课班级	9.2班	授课教师	张伟
授课题目	乡愁	授课时间	2020.11.23	授课地点	9.2班
目标设计	教学目标	本课是以语文课为主的文史融合课程,因此教学目标的设置融进了部分史料,以更好地培养学生的核心素养。(1)诵读诗歌,初步体会诗人的情感和作品的艺术特色;(2)通过史料实证,以时空观念领会重点诗句内涵;(3)分析诗中表达的意象,进一步体会诗人深沉的家国情怀。			
	教学难点	学习作者借助意象表达情感的方法,实现理性与感性思维共融。			
	教学重点	体会作者深沉的思乡之情和家国情怀,培养学生热爱祖国的思想感情。			
	实验目标	以语文课为主将历史课中史实融入其中,因此教学目标的设置融进了部分史实材料,通过语文课与历史课相关内容的融合,引导学生从史实角度对课文有更深层次的理解与思考,观察学生思维素养培养方面的效果。			

续表

方法设计	教学方法	探究式教学法	
	学习方法	利用学习单自主学习、小组合作学习、辩论学习	
教学环节	教师活动	学生活动	实验意图
引学 （5分钟）	教师情景导入： 　　在讲本课之前，我们先来共同聆听诗歌《乡愁》。 　　乡愁作为人类难以割舍的一种情感，历来是文人墨客笔下的永恒主题，李白的"举头望明月，低头思故乡"曾广为传颂，由此可见，对于家乡的思念从古至今都是海外游子心底的呼唤。今天我们来学习著名诗人余光中先生的诗歌《乡愁》，看看他心底对家乡有着怎样的情感。 　　教师出示【学习任务】： 　　1.有感情地朗诵《乡愁》； 　　2.体会、感悟作者的写作情怀及意象手法； 　　3.通过史实的学习升华对《乡愁》中家国情怀的理解。	学生共同聆听《乡愁》，带着【学习任务】开始本课的学习及小组活动： 小时候 乡愁/是一枚/小小的/邮票 我/在这头 母亲/在那头 长大后 乡愁/是一张/窄窄的/船票 我/在这头 新娘/在那头 后来啊 乡愁/是一方/矮矮的/坟墓 我/在外头 母亲/在里头 而现在 乡愁/是一湾/浅浅的/海峡 我/在这头 大陆/在那头	意图：通过播放《乡愁》，引起学生的共情，激发学生想要深入了解作者是怀着怎样的情怀完成作品的兴趣。 同时【学习任务】的下达让学生明确本课要完成的学习目标。

续表

| | 教师活动一：巡视点拨
　学生按【学习单】内容自学交流过程中教师巡视，了解学情，适时地进行点拨、引导，掌握学生思维动态，实现学生思维的转变与提升。 | 学生活动一：思考交流
　自主学习探究，各小组组内同学交流昨天下发的【学习单】。 | 意图：【学习单】的下发，可以提早让学生对课程脉络有个清晰的认识，通过课前自学、材料搜集整理以及课上的自主交流，以先行组织策略方式提升学生思维的广阔性，根据自己的理解感悟和思维碰撞去试着揣摩作者乡愁的情怀，以文史相融的涓流方式缓慢培养学生的思维能力。【学习单】是所有学生都要完成的。 |
|自主学习展示活动（25分钟）| 教师活动二：组织抽签
　班级一般分为9个小组(每组4人)，学习单共三个，其中史料两个，语文部分一个，为便于展示，将9个小组按照座位位置成立3个大组(每组12人)，展示前每个大组选派一个大组长抽签，领取展示任务。任务明确后，各小组组内进行快速研讨，整理本组观点，达成共识。最后再合理分派组内成员的展示任务。 | 学生活动二：抽签分配任务
　展示前组长按要求抽签，并给组内同学合理分配展示任务。 | **观察点 2：观察史实讲解加入前后学生仿写诗句的效果。**
重点观察：
①"史实讲解加入前学生仿写诗句效果"，包括"能仿写"和"不能仿写"。 |

续表

教师活动三：引导展示	学生活动三：任务展示	观察点3：观察史实加入和小组思考交流后的展示情况。
让3个大组通过史实加入和小组内思考交流的方式进行展示，教师聆听并适时穿插引导。	小组按照学习任务单进行小组展示。	重点观察：①有深层理解，表达清楚，展示积极；②有理解，能参与，表达一般；③思考不深，理解不足，被动参与。
	展示内容：作者简介：余光中 聆听乡愁：播放学生自行搜集的朗诵和在家录制的模仿朗诵音频。	
	诵读乡愁：请同学们自由朗诵这首诗歌，注意：读出节奏，读出重音，读出感情。	观察点1：观察学生朗读诗歌时的状态。 重点观察：①"学生朗读诗歌的表现"是"积极""一般"还是"消极"；②"学生朗读诗歌的情感"是"饱满"还是"一般"。
	品味乡愁：具体分析语句理解和感悟作者的家国情怀。	
	特色乡愁：从诗歌本身架构上分析其四节形式的特点，并理解"乡愁"是"小小的邮票""窄窄的船票""矮矮的坟墓""浅浅的海峡"时分别代表的时间背景和含义。	

续表

	教师再次引领学生自读，体会架构和借物抒情的意象写法特点。		意图:文史相融合后，带着对作者深深家国情怀的理解再看本诗的形式和结构特点，能够更深入地理解"意象"这种借物抒情的写作手法，也能够在自读之后更好地品味出本诗的深意!
迁移运用（10分钟）	**教师活动四:引评仿写** 以《乡愁》为蓝本框架，让学生在前面史实讲解学习的基础上，把【学习单】的仿写内容进一步研磨，在意象的写作手法初步掌握的基础上，以自己的笔触把对某人、某事、某物的情怀抒发出来，更进一步理解乡愁。教师在学生诵读自己的仿写作品之后引导学生进行评价，并给出修改意见。	学生活动四:二次仿写 仿写乡愁:大部分同学根据课前自学完成了【学习单】上的"仿写"，此处学生结合前面史实讲解学习和《乡愁》框架、"意象"写法的进一步理解之后，重新审视自己的仿写作品，思考后进行必要的修改，并诵读自己的二次仿写作品。	**观察点2:观察史实讲解加入前后学生仿写诗句的效果。** 重点观察: ②史实讲解加入后学生仿写诗句效果是"仿写单句""仿写一节"还是"仿写多节"。 意图:通过对史实的深入学习，作者的家国情怀跃然眼前，学生穿越时空与作者产生情感交融，在经过对《乡愁》架构和意象手法的学习后，对课前完成的仿写有了更深的认识，进而进行二次修改完善，通过行为练习策略即仿写的方式提升思维独创性和深刻性。

续表

	教师活动五:课堂小结	学生活动五:完成反馈单	意图:重点检测学生对于本课的理解掌握情况。
小结（5分钟）	余光中先生《乡愁》中的"邮票、船票、坟墓、海峡"这些事物看似没有太大关联,但是作者却能从时间跨度上把他们有机相连,通过意象手法让自己的情感得以融入和抒发,再通过我们对史实的学习,更进一步地理解作者的爱国情怀、思乡心切。为早日实现作者之企盼,我辈同学需努力! 下发课堂反馈单。	完成《乡愁》的课堂反馈。	
	教师活动七:作业布置 　引领学生再读《乡愁》。	学生活动七:第三次诵读(齐读) 　全班再诵读《乡愁》。	意图:带着对本课的理解,学生再次诵读。从认知发展策略角度,学生的思维素养经过本课史实讲解的加入而发生变化,彻底实现学生思维上感性和理性的融合。

四、课堂观察与数据分析

班级共 36 人,每 4 人一组,共 9 组,根据学习单和座位分布合并成 3 个大组,下面是各位观察员老师的观察数据和定性阐述,同时从观察者角度对存在的问题进行分析并提出调整意见。

董艳娣老师:我观察第一大组 12 名学生,重点观察"学生朗读诗歌时的状态",表现积极10人,表现一般2人,表现消极0人;学生朗读诗歌情感饱满7人,情感一般5人。学生交流环节的初表现是朗诵较积极,也有饱满情感展现,大声大胆,有技巧展现,但对作者的情感理解不到位,抒情的点找得不好。在经过史实展示和意象、架构学习环节之后,学生第二次自读和个人段落展示诵读就有了很大的提升,情感较之前浓厚了很多。最能体现变化的是本课结束时的第三次齐读。但也有少部分学生参与度较低,游离于课堂,不在状态,或胆小不读,只是按照老师和组长的要求完成任务,没有太高的朗读热情。

对存在问题的成因分析主要是朗诵技巧掌握不足,理性和感性思维融合不够,感情未升华。对于史实的学习不深入,只是被动式跟随。建议在学习单预习指导上多下功夫,小组交流合作环节上关注游离学生。史实加入部分要设计新颖,吸引学生深入学习。多多练习,熟悉并掌握朗读技巧,利用开展赏析课、组织比赛等方式激发学生的学习兴趣。

葛鑫老师:我观察第二大组12名学生,侧重观察的是"史实讲解加入前后学生仿写诗句的效果",史实加入前能仿写的有4人,不能仿写的有8人,史实加入后所有学生都完成了二次仿写,其中仿写单句的2人,仿写一节的3人,仿写多节的7人。第一组数据很明显显示出大多数学生还没有掌握仿写的技巧和方法,虽然读了《乡愁》,也有了一定思维上的认知,却未能掌握其架构特点,也未能完全理解作者的写作情怀,在缺乏感性和理性思维融合的前提下想要完成太难了。第二组数据呈现的是在史实展示讲解后,对本课架构和意象手法理解的基础上完成的二次仿写,从数据上看不仅都能完成,而且其中的情感表达也是很浓厚的,这显示出史实的加入对学生思维素养培育是有帮助的。但我们也不能忽视仿写单句和一节的5名学生,他们还存在一定的思维认知和理解上的困难。

学生虽然经过学习单的自学和课上史实讲解学习,但是受学习时间和学生个人思维素养程度限制,每个被观察学生呈现的结果都有所不同,同时史实的加入也要求学生从历史思维角度去理解,并与本课相联系,这个能力也不是一蹴而就的。再有就是学生语言文字功底欠缺,情感表达深浅不一。

建议下次上一节"仿写"专题课,延续本课教学。同时在今后的教学中精心设计学习单问题,实现课上有效交流,潜移默化地培养学生文史思维素养。课上展示环节覆盖面要广,让所有学生都有机会参与展示,使得学生在语言表达和文字梳理方面的能力能缓步提升。

钟慧老师:我观察第三大组 12 名学生,主要观察"史实加入和小组思考交流后的展示情况"。"有深层理解,表达清楚,展示积极"的有 3 人,"有理解,能参与,表达一般"的有 7 人,"思考不深入,理解不足,被动参与"的有 2 人。

大多数学生能够按照课前要求自学完成学习单,并能够在课上进行小组思考、交流、研讨,生生之间进行思想碰撞,在分配到具体任务后能够统一认识,并带着商讨后的最终答案进行展示分享。最关键的是在展示中史实部分的融入,让学生的认知思维更加活跃,各组学生都发表了自己的见解,使得史实融入部分的讲解更丰富,对本课作者家国情怀的理解更深刻。但也有占比 16%的学生还是没能融入小组学习研讨之中,呈现出被动完成任务的状态。

问题的产生应是学习单指导中对此类学生关注不足,小组研讨交流中对这类学生有所忽视,没有足够重视。同时这些学生本身学习力、理解力较弱,学习积极性不高。

建议今后学习单的制定要有层次,让这类学生有参与思考、交流的机会,同时在课前指导时注意倾斜关注,课上引导小组长多帮助他们。平时多鼓励他们参与研讨,多让他们参与展示,增强语言的表达能力。

张锐老师:我观察第一大组 12 名学生,主要观察的也是"史实加入和小组思考交流后的展示情况"。其中表现最好的学生占比 33%,正常参与的占比 58%,被动参与的占比 9%。

绝大多数学生学习单的完成情况很好,并能够按照学习单的内容参与到小组的研讨之中,发表自己的观点,产生思维上的碰撞,分享彼此观点之后又统一认识。展示之中能够很清晰地表达出本组观点,讲解也很细致,在各组提出质疑时,组内的成员也能够及时补充说明。但是依然有少数学生在参与组内研讨时表现欠佳,史实的加入也未能激发其参与热情,只是在听别人说,不做任何反应。

表现明显不在状态的这些学生,他们的学习单完成得不好,空的很多,在小组研讨中没有意见表达。还有就是学习习惯过于懒惰,不主动参与思考,存在"等靠要"的思想,有的同学在展示的环节中甚至不拿笔进行学习单记录,精神状态还很分散,这些都是交流展示效果不佳的原因。

希望教师在学习单下发之后,对这类学生要侧重关注,利用自习和课后服务等时间进行有意识的指导,对问题的设计要斟酌慎思。平时在小组合作学习中组长应发挥作用,分配给这类学生展示任务,让他们记录问题的观点和意见,整理出来,并代表本组进行展示。课上教师也多提问他们,激励他们进行思考,组织好语言回答问题,并在回答后给予他们建设性的意见,从而使其逐渐提升思维素养。

五、授课者实验反思

"通过文史融合 培育学生思维素养的策略与方法的实践研究"经过前期的不断摸索实践,已经有了一定进展,并进入到了深入研究阶段。我在课题中主要承担的任务是"项目式学习综合课开发与构建"的研究与实践,找准文史融合课程切入点,把史实有机融入语文教学之中,在学生更好理解语文主题的同时培育并提升学生的思维素养。

思维素养的提升离不开语言,思维是语言的内核,语言是思维的外壳,它们是一体两面,本次量表设计基于语言的重新建构理解,考查学生思维的发展与提升,因此本课设立了3个观察点:

观察点1:观察学生朗读诗歌时的状态,包括朗读表现和朗读情感。

观察点2:观察史实讲解加入前后学生仿写诗句的效果。

观察点3:观察史实加入和小组思考交流后的展示情况。

针对学生朗读时的状态,包括朗读表现和朗读情感这个观察点,观察员董艳娣老师提出第一大组12名学生大都能够参与到大声朗读之中,但是仍有2名学生参与度一般,有感情的朗读占比近60%,有些小组组长学习能力强,有调动和组织能力,则带动全组参与得就好,同时观察员董艳娣老师也根据自己的近距离观察对此现象进行了分析。针对此数据和董老师的分析及调整意见,在今后的教学中我将在学习单下发之后进行必要的指导,即使不能全覆盖，至少也要在小组长中进行点拨引导，由点及面地辐射。多组织一些赏析课，适当增加比赛形式，让学生能够熟练掌握带感情的朗读技巧。

针对史实加入前后学生仿写诗句的效果，观察员葛鑫老师提出史实展示讲解前，只有4人进行了简单的仿写，并且技巧性和感性都很匮乏，8人未动笔，不知怎么写。但经过史实展示讲解之后，课堂被激活，思想碰撞此起彼伏，学生对于史实很感兴趣，讲的内容明显要多于学习单上的内容，可见学生进行过搜集、整理和重组。史实和本课的融合讲解，使得学生的感性思维得到升华，能与作者的写作思想产生隔空交流，于是二次仿写修改进行得很顺利，效果明显。葛鑫老师也从课堂实地观察角度和作为多年语文教师的授课角度谈了自己的分析和调整意见。根据葛鑫老师的数据和意见，我将在本课之后继续上1—2节专题仿写课，并进行班级分享，让学生在聆听中赏析彼此的作品，在边学边独创作品的同时提升思维素养，夯实语言功底和意象情感运用。

针对史实加入和小组思考交流后的展示情况，观察员张锐老师和钟慧老师的观察数据结果很接近，并且两大组24名学生占班级总人数的67%，覆盖面也很大。观察员钟慧老师提出史实的加入让学生的讨论很激烈，而且各有观点，互相补充，这说明有的学生课前进行过史实部分的搜集、重组，并打算课上进行分享，这本身就是对文史融合课程的一种肯定，也是效果的一种体现，更是思维素养提升的有效做法。观察员张锐老师也提出小组交流出现分歧后，学生能够进行思考，并在争论之中达成共识，同时这种问题的争论也在展示中被展现出来，当小组展示的同学讲解遭到质疑时，同组内的同学及时进行补充，激发了全班同学思考，这是以往语文课上很少见的。对于交流、展示中表现欠佳的，两位老师也根据课堂观察和数据结果给出了自己的分析和建设性意见，我也欣然接受两位老师的意见，在今后的教学中对学习单的问题设计要体现层次性，课前的学习指导要有针对性，在巡视小组交流时多关注能力偏低群体，多鼓励他们发言，参与问题研讨，最后我还将尝试把历史教学中的课前"5分钟"史实分享引入课堂，为今后的文史融合课堂注入新活力。

总之，《乡愁》这节课已经经过了几次锤炼，每一次都会发现和分析出不同的问题,这也使得今后的《乡愁》教学逐渐走向深入研究,学生思维的提升从文史融合的手段上看,特别是从项目式学习的教学模式上来看是有效果的,但是需要我们不断地在实践中开发更好的项目,找准更为有效的切入点,这也是我今后需要不断努力的方向。

六、课题研究的下一步计划

本课可以在不同学年和班级、不同的教师中间进行,不断完善教学实施策略和流程,采集数据,发现问题并解决问题。

课题实验课研究案例

——"孟德尔的豌豆杂交实验"一课的实验设计与实施过程

哈尔滨市第六中学校　陈飞

一、课题研究自然情况简介

1. 课题名称

"高中学科教学中学生思维能力培养的策略与方法研究"。

2. 课题研究的主要内容

一是教学中针对高中生思维能力培养的策略与方法;二是思维导图教学策略应用案例。

二、本节课的实验目标及课堂观察工具

实验目标:针对本节生物学科课堂教学,优化教学环节,精心设计小组任务,应用思维导图辅助教学,落实科学思维的培养,验证教师运用相应方法与策略对学生思维能力培养的有效性。

本节课的数据采集观察表:

高中学科教学中学生思维能力培养的策略与方法研究

课堂中学生表现与对策观察量表

时间	地点	学科	班级		课程
授课教师		观察者			

	观察点	程度	比例	等级人数			典型记录
				A	B	C	
观察记录	**观察点 1:**通过任务一观察学生是否通过科学思维与之前学习的内容进行类比并拓展,以及教师运用引导策略对学生思维能力培养的有效性。						
	观察点 2:通过学生回答问题(活动二)的情况观察学生获取信息的能力、对拓展实验的科学探究能力、对实验成果的评价,以及教师运用策略对学生思维能力培养的有效性。						
	观察点 3:通过任务三了解学生对假说—演绎法的深入理解情况以及教师运用引导策略对学生思维能力培养的有效性。						

续表

	观察点 4:通过学生的拓展应用了解学生对自由组合定律的理解与应用情况;归纳总结应用思维导图辅助教学及教师运用干预策略对学生思维能力培养的有效性。					
观察分析与建议						

填表说明(量化标准):

A 级:学生思维能力培养很好,参与度达到 80%~100%。

B 级:学生思维能力培养较好,参与度达到 60%~80%。

C 级:学生思维能力培养不太好,参与度不足 60%。

三、课题实验课教学设计与实施过程

学校	哈尔滨市第六中学校	授课班级	高一（4）班	授课教师	陈飞
授课题目	孟德尔的豌豆杂交实验	授课时间	2022.3.8	授课地点	高一（4）班

目标设计	教学目标	1. 阐明自由组合定律，并能运用自由组合定律解释或预测一些遗传现象。 2. 通过对孟德尔两对相对性状杂交实验的分析，培养归纳与演绎的科学思维，进一步体会假说—演绎法。
	教学难点	两对相对性状杂交实验的分析，自由组合定律。
	教学重点	1. 对自由组合现象的解释。 2. 运用遗传规律解释或预测一些遗传现象。
	实验目标	针对本节生物学科课堂教学，优化教学环节，精心设计小组任务，应用思维导图辅助教学，落实科学思维的培养，验证教师运用相应方法与策略对学生思维能力培养的有效性。

方法设计	教学方法	任务驱动式、合作探究式、启发互动式、模型建构式教学方法
	学习方法	完成任务清单自主学习、合作学习

教学环节	教师活动	学生活动	实验意图
引学	**复习提问** 我们先来复习一下上节课所学习的内容。 1. 请回答分离定律的内容。 分离定律：在生物的体细胞中，控制同一性状的遗传因子成对存在，不相融合；在形成配子时，成对的遗传因子发生分离，分离后的遗传因子分别进入不同的配子中，随配子遗传给后代。	学生回顾上一节课的知识，思考并回答：分离定律的内容与孟德尔假说—演绎法的基本实验过程。	使学生在掌握由一对等位基因控制的相对性状的遗传规律的基础上，思考生物体是具有多种性状的，这些性状是怎样遗传的，遵循怎样的规律。

续表

	2.孟德尔是如何利用假说—演绎法得出分离定律的？  学生回答后，教师板书如图。 追问：孟德尔提出的分离定律针对几对相对性状？一种生物会不会只有一对相对性状？如果你是孟德尔，你会怎样继续实验呢？带着这样的问题我们一起来学习孟德尔的豌豆杂交实验。	学生带着问题进入本节课的学习中。	通过复习假说—演绎法，引导学生将此方法用于本节课的实验探究，形成科学的思维和探究能力。
自主 学习 活动 求证	**问题探讨：设置情境，转换身份，沉浸式探究学习** 1.决定子叶颜色的遗传因子对决定种子形状的遗传因子会不会有影响呢？ 2.黄色的豌豆一定是饱满的、绿色的豌豆一定是皱缩的吗？	结合生活实例进行回答，并思考接下来将要进行的杂交实验。	引导学生回顾分离定律，引入对两对相对性状的遗传的研究。通过"问题探讨"激发学生的兴趣，启发学生思考是否存在黄色皱粒和绿

续表

设问:如果你是孟德尔,你该怎么操作?		色圆粒的豌豆,从而引入本节的学习。
任务一:自主探究,观察现象,分析并提出问题,由现象分析推测性状的自由组合		
问题:	回顾之前的内容,结合孟德尔分离定律的应用条件进行回答。再由此及彼,在老师的引导下,运用数学思维思考两对相对性状杂交实验的性状分离比的来源。	**观察点1:**通过任务一观察学生是否通过科学思维与之前学习的内容进行类比并拓展,以及教师运用引导策略对学生思维能力培养的有效性。
1. 如何分别判断子叶颜色、种子粒型的显隐性?		
2. 两对相对性状是否符合孟德尔的分离定律?		
3. 什么现象用分离定律无法解决?		
任务二:由表及里提出遗传因子自由组合的推测,由分离到自由组合的小组合作学习		
阅读教材第10页,小组合作完成任务二。	小组合作,绘制两对相对性状杂交实验的遗传图解。运用教师提供的实验材料,以小球作为配子,设计两对相对性状的性状分离比的模拟实验。	教师基于研究一对相对性状的遗传得到分离定律的启示,提出由一对到多对的问题分析思路。让学生先单独分析每一对相对性状,说明每一对相对性状的遗传都遵循分离定律,再设置任务:
1. 孟德尔做出的解释是什么?		
2. 请按照孟德尔做出的解释完成黄色圆粒豌豆和绿色皱粒豌豆杂交实验的遗传图解。		

续表

	3. 以第一节性状分离比的模拟实验为参考,从老师提供的小桶、纸箱、乒乓球、彩色卡纸等材料中,选择适合的材料,设计两对相对性状的性状分离比的模拟实验。		通过阅读教材和建立数学模型,解释一对相对性状的数量比 3∶1 与两对相对性状的数量比 9∶3∶3∶1 的数学关系,从而推测两对相对性状的自由组合,培养学生的思维能力。
	引导学生回顾孟德尔假说中"生物的性状是由遗传因子决定的"观点,激发学生思考遗传因子的变化,提出问题:如果可以自由组合,那么遗传因子会有怎样的变化?用什么方法可以分析遗传因子的变化?学生讨论提出"控制两对相对性状的遗传因子自由组合"的假设,并选择科学符号进行遗传图解分析,为解释自由组合现象奠定基础。 在师生共同确定亲本的遗传组成后,设定活动一: 　　写出 F_1 的遗传因子组成,并回答以下问题: 　　哪些字母代表的遗传因子控制子叶颜色,哪些控制种子形状?根据分离定律说明在形成配子时这些遗传因子如何分离,根	将上节课"性状分离比的模拟实验"进行拓展,学生根据实验材料进行小组讨论,设计新的适合的实验方案,填写表格并进行成果展示,汇总实验结果。	**观察点2:** 通过学生回答问题(活动二)的情况观察学生获取信息的能力、对拓展实验的科学探究能力、对实验成果的评价,以及教师运用策略对学生思维能力培养的有效性。 使学生体会数据处理对实验结果的影响,引导学生做出对实验结果的合理解释。培养学生的思维能力。

续表

据遗传因子自由组合的假设分析不同的遗传因子如何组合。 活动二： 回顾"受精时，雌雄配子的结合是随机的"假说，采用棋盘法等方法绘制并分析 F_2 的性状组成及比例，并说明 F_2 的遗传因子组成及比例，从而对自由组合现象做出解释，培养学生的思维能力。 教师对学生设计的方案进行实时提问和评价，引导学生回答问题，指导学生填写表格及进行成果展示。 提供表格如下： **任务三**：设计实验，进行验证 请同学们阅读教材第 11 页，小组合作完成任务三。	实验后，学生将实验结果填写在表格中，并进行小组展示，相互评价。	对假说进行演绎、验证的过程，继续采取小组合作的方式，讨论并绘制测交实验遗传图解，预测实验结果，并根据测交实验结果，归纳自由组合定律的内容，培养学生的思维能力。

续表

	1. 如何设计测交实验？ 2. 请利用提出的假说演绎推理出实验结果，并写出遗传图解。 3. 孟德尔测交实验的结果是什么？说明什么？ 4. 得出的结果是否为一般性的规律，如何去验证？ 5. 总结自由组合定律的内容。	学生结合一对相对性状杂交实验的测交实验，尝试设计两对相对性状杂交实验的测交实验，演绎推理出实验结果，并尝试绘制出遗传图解。	**观察点 3：** 通过任务三了解学生对假说—演绎法的深入理解情况及教师运用引导策略对学生思维能力培养的有效性。
	得出结论 孟德尔在他所研究的豌豆相对性状中，任选两对性状进行杂交实验，结果都是一样的。这种情况在其他生物体上也常常看到。后人把这一遗传规律称为孟德尔第二定律，也叫作自由组合定律。 控制不同性状的遗传因子的分离和组合是互不干扰的；在形成配子时，决定同一性状的成对的遗传因子彼此分离，决定不同性状的遗传因子自由组合。	尝试总结自由组合定律的内容。	

续表

	拓展应用		
拓展应用与归纳总结	**拓展应用** 假如水稻高秆(D)对矮秆(d)为显性,抗稻瘟病(R)对易感稻瘟病(r)为显性,控制两对相对性状的基因独立遗传。现用一个纯合易感稻瘟病的矮秆品种(抗倒伏)与一个纯合抗稻瘟病的高秆品种(易倒伏)杂交,F_2中出现既抗倒伏又抗病类型的比例是_____。 **归纳总结**	小组合作,运用自由组合定律的内容,尝试对拓展应用中的试题进行分析,学会解决实际问题。	通过小组讨论,合作探究,解决实际问题,与育种方面知识相联系,培养学生科学的思维能力。 观察点4: 通过学生的拓展应用了解学生对自由组合定律的理解与应用情况;归纳总结应用思维导图辅助教学及教师运用干预策略对学生思维能力培养的有效性。 利用思维导图辅助教学,由学生完成,培养学生的思维能力。
板书呈现			

四、课堂观察与数据分析

王永老师:我重点观察记录的是在任务一中观察学生是否通过科学思维与之前学习的内容进行类比并拓展,以及教师运用引导策略对学生思维能力培养的有效性。

我观察的第一组共 6 名学生,陈老师用三个环环相扣的问题,为学生提供了由一对相对性状到多对相对性状的问题分析思路。本小组学生通过自主探究,观察现象,分析并提出问题后,合作探究,分析现象并推测性状的自由组合过程,学生们用之前学习的分离定律的知识,分别探讨每一对相对性状。本小组中,绝大多数同学的参与度都较高,课堂活跃,大家积极运用所学知识,并且分析到位。这说明陈老师以问题为导向的引导策略是积极有效的。有的学生还提出了目前知识所不能解决的问题,并尝试用自己提出的假说去解释。只有一名同学对其他学生有依赖心理,由于对孟德尔分离定律掌握不够,所以很难运用科学思维与新知识进行类比并拓展,但通过小组合作,相互讨论,这名同学在其他同学的帮助下逐渐领悟,有所收获。

我认为,在学习的过程中同学之间的鼓励、帮助很重要,我建议陈老师在以后的教学过程中可以让同学互帮互助,学生站在平等的位置上,更能阐述自己的想法,有助于培养学生的科学思维。

薛颖老师:我重点观察的是观察点 2,通过学生回答问题的情况观察学生获取信息的能力、对拓展实验的科学探究能力、对实验成果的评价,以及教师运用引导策略对学生思维能力培养的有效性。

第二小组共 6 名学生,在任务二中,学生需要由表及里提出遗传因子自由组合的推测,并以第一节性状分离比的模拟实验为参考,从老师提供的小桶、纸箱、乒乓球、彩色卡纸等材料中,选择适合的材料,设计两对相对性状的性状分离比的模拟实验。陈老师在进行小组任务的时候,提醒同学们阅读教材并绘制出遗传图解,这培养了学生获取信息的能力与自主学习能力。同学们在阅读中主动获取知识并加以运用,能给学生留下更加深刻的印象,在此过程中也培养了学生的科学思维。在学生小组合作进行模拟实验之前,陈老师以问题做引导,推动学生的思维过程。我观察到,6 名同学中的大多数均能积极主动地参与到课堂的互动中,仅有1名同学,在小组合作时有"偷懒"行为。

我想给陈老师提个建议,在处理学生依赖心理时还可以采取同伴互评方法,在小组合作学习的过程中,由小组长监督学生间的互动,合作共学完成任务。组内交流的过程中学生不仅要认真倾听同伴的发言,而且还要对同伴的表现从完成的速度、质量等方面给予相互评价。学生想得到同伴的肯定,自然会积极主动地参与,学习的热情就会有所提高,同时学生的思维能力也能得到提升。

侯丕新老师:我重点观察的是观察点2中学生对拓展实验的科学探究能力、对实验成果的评价及教师运用策略对学生思维能力培养的有效性。

这是一个需要学生自主探究设计的科学拓展实验,是对用孟德尔假说解释已有实验现象的初步检测。我们观察到两个小组对于雌雄生殖器官的处理不同,一个小组是把 YyRr 四种小球放在了同一个箱子里,另一个小组把 Yy 放在一个箱子里,把 Rr 放在另一个箱子里。同学们在展示之后,小组之间互相评价、对比不同的实验方案,指出了相应的优缺点,并且提出了问题——抽取小球的先后顺序是否对实验结果产生影响。在两个小组交流讨论后,学生们的科学思维得以拓宽。在同学们分析实验结果的过程中,我发现同学们都很善于自主学习,对实验的设计能力、实验结果的推理能力都很强,并且学生们的语言表述清晰、有逻辑,可见陈老师平时对学生实验探究能力的培养是很注重的。我注意到有一名男同学,在小组合作学习中,总能发现并勇于提出问题,思维能力很强,整个小组的讨论氛围特别好。小组交流设计实验以后,同学们填写表格进行成果展示,汇总实验结果,从中体会数据处理对实验结果的影响,并且陈老师运用恰当的语言引导学生做出对实验结果的合理解释,进一步提升了学生对于科学探究实验的归纳与总结能力。实验结束后,陈老师引导学生关注即将学习的细胞生物学相关知识,让学生利用所学知识去解决后续章节中遇到的问题,这样的处理方式不仅能让学生所学的知识得以利用、提高学生的学习兴趣,还能将科学思维进一步延伸,从而使前后所学知识联系起来,完善整个生物学的知识体系。由此可见,有趣的教学活动可以激发学生的学习热情,从而达到良好的教学效果。通过陈老师对教学活动的设计,学生们在动手实验、成果展示、小组互评的过程中,科学思维能力得到了进一步的提升。

常少华老师:我主要观察的是观察点3,了解学生对假说—演绎法的深入理解情况及教师运用引导策略对学生思维能力培养的有效性。

学生有了前面小组活动的铺垫,再进行小组合作探究时会更加轻车熟路,语言表达和思维能力相对于刚开始上课时有了明显的不同,小组分工更加熟练,思路也更加清晰。陈老师在课堂设计上采用层层渐进的方法,将知识点的教学分成几个层次,然后逐层探究分析,逐一突破知识难点,让所有学生都参与其中,并能进行自主分析。从中可以看出陈老师的引导不只限于语言,教学活动之间的联系也巧妙地体现出陈老师的引导作用。此外,还有"如何设计测交实验?孟德尔测交实验的结果是什么?说明什么?得出的结果是否为一般性的规律,如何去验证?"一系列层层递进的问题串,让学生通过思考去深度理解假说—演绎法的推导过程,使学生的科学思维得到进一步的延伸,思维能力得以提高。最后,小组之间讨论并合作绘制测交实验遗传图解,预测实验结果,归纳自由组合定律的内容,对本节课知识进行综合的总结归纳。在这个过程中同学们各抒己见,共同分析,进行思维的碰撞和学习,发现问题之后,成员和小组之间互相交流,良好的合作学习氛围让学生的质疑和见解都有表达的空间,提高了学生自主学习的兴趣,从而使学生的科学思维能力得到进一步的提升。

梁雯老师:我主要观察的是观察点4,通过学生的拓展应用了解学生对自由组合定律的理解与应用情况,归纳总结应用思维导图辅助教学及教师运用干预策略对学生思维能力培养的有效性。

我观察的第三组共6名学生。陈老师提出的问题比较经典,应用的是水稻抗倒伏和抗病类型的培育过程,使学生认识到所学的生物学知识可以应用于生产实践中。有2名学生不能很好地结合课上所学内容熟练应用,但是在陈老师言简意赅的思维导图的引导和帮助下,以及同学的鼓励下,这2名学生的科学思维得到了有效化培养。

陈老师又综合应用了本节课自由组合定律的内容,结合农业生产并联系到即将学习的杂交育种的相关知识,为后面学习基因重组埋下伏笔。同学们通过小组合作,充分沟通、分析,获得了强烈的成就感,所有同学都积极主动地参与,学习的热情十分高涨,同时学生的思维能力也得到了提升。

步红旭老师:我主要观察的是观察点4,归纳总结应用思维导图辅助教学及教师运用干预策略对思维能力培养的有效性。

在学生可能存在思维混乱的情况下,引导学生做出正确的选择,是本节课设计和授课时面临的挑战。学生的思维是跳跃的,是发散的,所以需要通过思维导图式的板书构建本节课的知识网络,使学生进一步将本节课的各种思维整合在一起。如设计一个完整的实验,首先要观察现象,然后进行分析并提出问题,做出相应的假设来解释现象,可以通过建立数学或物理模型,设计出测交实验,进行演绎推理及实验验证,最终比较结果,得出实验的最终结论,形成完整的知识串。这样便使学生对知识有了更加直观的认识,能够分清主次,整合信息,使本节课的时效性更强。

五、授课者实验反思

目前,我们的"高中学科教学中学生思维能力培养的策略与方法研究"课题已经进入了深入课堂应用探究的阶段,我所承担的研究任务主要是在学科教学中展开针对高中生思维能力培养的策略与方法的研究,以及对思维导图的应用研究的探索及课例的实践与积累。我以人教版高中生物学必修2中"孟德尔的豌豆杂交实验(二)"一课作为课题研究工具。本节课是在学习了孟德尔分离定律的基础上进行的,学生已经对假说—演绎法的科学研究方法有所体会,并对杂交实验的基本思路有所了解,本节课是在此基础上进行的科学研究方法拓展及延伸的过程,对学生的思维培养大有裨益。所以,我通过精心的教学环节设计、问题串的设置,对授课过程中学生科学思维培养的有效性进行观察与分析,并设置了四个任务与观察点。

观察点1:引导学生回顾之前的内容,结合孟德尔分离定律的应用条件进行回答。再由此及彼,在老师的引导下,运用数学思维思考两对相对性状杂交实验的性状分离比的来源。通过任务一观察学生是否通过科学思维与之前学习的内容进行类比并拓展,以及教师运用引导策略对学生思维能力培养的有效性。

观察点 2：引导学生小组合作，绘制两对相对性状杂交实验的遗传图解。运用教师提供的实验材料，以小球作为配子，设计两对相对性状的性状分离比的模拟实验。通过学生回答问题（活动二）的情况观察学生获取信息的能力、对拓展实验的科学探究能力、对实验成果的评价，以及教师运用策略对学生思维能力培养的有效性。

观察点 3：学生结合一对相对性状杂交实验的测交实验，尝试设计两对相对性状杂交实验的测交实验，演绎推理出实验结果，并尝试绘制出遗传图解。通过任务三了解学生对假说—演绎法的深入理解情况及教师运用引导策略对学生思维能力培养的有效性。

观察点 4：小组合作，运用自由组合定律的内容，尝试对拓展应用中的试题进行分析，学会解决实际问题。通过学生的拓展应用了解学生对自由组合定律的理解与应用情况；归纳总结应用思维导图辅助教学及教师运用干预策略对学生思维能力培养的有效性。

本节课的教材内容量相对不大，但是增加了思维拓展和小组活动之后，整个课程变得极其紧凑，学生需要快速反应，所以我在上课之前安排了预习作业，课上取得了较为理想的教学效果，和学生在课下完成了大量的工作也有很大关系。本节课问题以问题串的形式呈现，任务驱动小组合作探究，并且有对以往实验的改良与拓展。在本节课中，我设置了三次小组合作任务，学生们在充分思考、激烈的讨论交流中，碰撞出智慧的火花，从自主思考由一对相对性状的杂交实验到两对相对性状杂交实验的设计，到小组合作动手操作，运用小球进行模拟实验，再到设计测交实验进行实验验证，最后学生们发动集体智慧，解决农业生产中的杂交育种问题。各个小组的同学都完成得非常认真，教学效果也比较好。其中仍然存在一些问题，也正如各位老师所观察和建议的那样，老师的评价与学生的评价引导需要非常到位，要及时在学生可能存在思维"跑偏"的情况下，引导学生做出正确的选择，这也是本节课设计和授课时面临的挑战。课后我自己反思，有一些问题对于学生来说，难度稍大，应给学生提供一些问题支架，或适当地拆开，让学生有层次地去回答。知识拓展方面可以再给一些时间进行变式拓展，而思维导图可以课下完成，下次课再进行集体展示，可能会使本节课的时间更充裕一些,节奏也会更好。

通过观察学生的学习效果及实验观察员们的分析,本节课在一定程度上有效地提高了学生的思维能力,我将对课程进行完善,合理调整时间分配,运用平行班级再进行授课,以课题内容为本,对学生思维能力培养的策略与方法进行深入研究。

六、课题研究的下一步计划

本学期,研究者将在不同年级、不同班级分别进行 3 次课题实验课授课,进一步对生物学科教学中高中生思维能力培养的策略与方法进行研究,同时对思维导图的应用研究进行深入探索,对课例进行实践与积累。在此过程中,采用不同的方法进行数据的分析与比较,以保证研究结果的准确性与科学性。同时,我们将进一步研发培养学生思维能力的新途径、新方法,丰富课堂教学的手段与内容,培养学生的科学探究能力,多角度提升学生的思维能力。